이 세계에서 쉽게 할 수 있는 것은 아무 것도 없다. 대가 없이 얻을 수 있는 것도 없다.
그렇기 때문에 무언가를 해내고 싶다면 최선을 다해 노력해야만 한다.
그것을 위해서는 많은 희생이 필요하다.

Yngwie Malmsteen
(기타 매거진 1999년 12월호 인터뷰에서)

존경하는 사람의 기술을 우선 이해해야 한다.
그래야만 비로소 실력자의 길을 걸을 수 있다.
하루아침에 실력자가 될 수는 없다.

Dimebag Darrell
(기타 매거진 2001년 10월호 인터뷰에서)

자신을 잃지 마라.
남의 말에 신경쓰지 마라.
연주하고 싶은 것을 연주해라!

Zakk Wylde
(기타 매거진 1994년 7월호 인터뷰에서)

정말 좋은 음악을 하기 위해서는 자신의 연주 스타일을
한없이 사랑하고, 그에 대해서 솔직해야 한다.

Paul Gilbert
(기타 매거진 1998년 6월호 인터뷰에서)

기타리스트이면서 기타 연주를 좋아하고
자신만의 '소리'를 내고 싶다면
매일 새로운 시도를 해야 한다는 점을 마음에 새겨야 한다.
지금까지 연주해본 적 없는 것,
지금까지 들어본 적 없는 것을 말이다.

Steve Vai
(기타 매거진 2005년 4월호 인터뷰에서)

지옥의 길안내
콘텐츠

제1장 지옥의 준비운동

제2장 지옥의 필수 기술

제3장 지옥의 기술 강화

제4장 지옥의 동영상 강의

제5장 지옥의 연습곡집

지옥도해

―――― 이 책의 내용에 대해서 ――――

이 책에 실린 엑서사이즈를 보는 방법을 설명하겠다.
트레이닝 효과를 최대한 살리기 위해 페이지 구성을 이해해두자.

엑서사이즈 페이지 구성

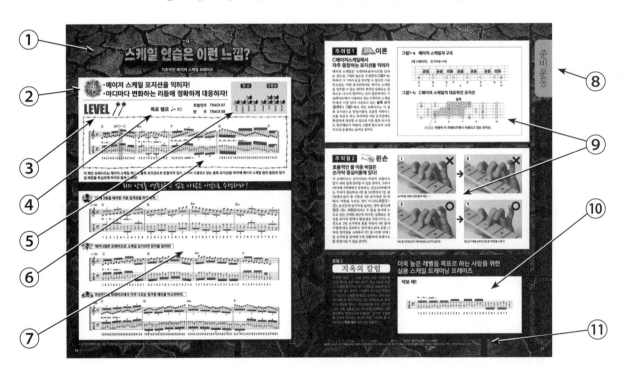

①**프레이즈 타이틀**: 저자에 의한 위트 넘치는 메인 타이틀과 프레이즈의 내용을 표현한 서브 타이틀.

②**지옥의 격언**: 이 항목의 프레이즈를 연주할 때의 주의점과 연주를 통해 단련되는 테크닉 정리.

③**LEVEL**: 이 항목 프레이즈 난이도. 5단계로 나뉘어져 있으며 철퇴가 많을수록 난이도가 높다.

④**목표 템포**: 최종적으로 연주할 수 있어야 하는 템포. 부록음원에 수록된 모범연주는 모두 이 템포로 연주되었다.

⑤**테크닉 그래프**: 메인 프레이즈를 연주했을 때 왼손&오른손의 어떤 점을 단련시킬 수 있는가를 나타낸다(상세한 내용은 오른쪽 페이지 참조).

⑥**메인 프레이즈**: 이 페이지에서 가장 난이도가 높은 프레이즈.

⑦**연습 프레이즈**: 메인 프레이즈를 마스터하기 위한 3가지 연습 프레이즈. 가장 간단한 초급자용부터 '초급', '중급', '상급' 순서로 난이도가 높아진다.

⑧**장 인덱스**

⑨**주의점**: 메인 프레이즈 해설. 왼손, 오른손, 이론의 3가지로 분류되어 있으며 각각 아이콘으로 표시되어있다(상세한 내용은 오른쪽 페이지 참조).

⑩**칼럼**: 메인 프레이즈와 관련된 테크닉 또는 이론, 프로 기타리스트의 명음반 소개.

⑪**주**: 키워드 해설. 음악용어와 명언 또는 약간의 폭주와 망상이 담긴 코멘트.

테크닉 그래프에 대해서

테크닉 그래프는 메인 프레이즈를 연주함으로써 어떤 점이 단련되는지를 나타낸 것이다. 수치는 3단계로 해골수가 많을수록 난이도가 높으며 그 요소를 중점적으로 단련시킬 수 있다. 자신의 약점에 특화된 연습 프레이즈를 찾을 때에 참고하자.

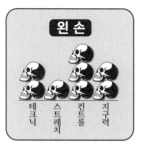

테크닉: 초킹, 해머링&풀링 등, 기타 특유의 테크닉이 어느 정도 사용되는지를 나타낸다.
스트레치: 스트레치의 폭과 얼마나 많이 사용되는지를 나타낸다.
컨트롤: 핑거링의 정확성을 나타낸다.
지구력: 왼손 근력을 어느 정도 사용하는지를 나타낸다.

테크닉: 스위프 또는 이코노미 피킹, 스키핑, 태핑 등의 테크닉을 어느 정도 사용하고 있는가를 나타낸다.
리듬: 리듬이 어느 정도 복잡한지를 나타낸다.
컨트롤: 피킹의 정확성을 나타낸다.
지구력: 오른손 근력을 어느 정도 사용하는지를 나타낸다.

주의점 아이콘에 대해서

메인 프레이즈 해설은 왼손, 오른손, 이론의 3가지로 나뉘며 각각의 아이콘으로 표시했다. 해당 프레이즈에서 왼손, 오른손, 이론 중 어느 부분이 포인트인지 이해하면 더욱 집중해서 연습할 수 있다. 해설을 읽을 때에는 이 아이콘도 함께 확인하자.

메인 프레이즈에서 사용되는 핑거링과 초킹, 해머링&풀링 등의 기타 테크닉에 대한 해설.

메인 프레이즈에서 사용되는 피킹에 대한 해설.

메인 프레이즈에서 사용되는 스케일이나 코드, 리듬 등에 대한 해설.

모범연주 음원과 유튜브 동영상에 대해서

이 책에 수록되어있는 메인 프레이즈 및 연습곡은 저자가 직접 연주한 모범연주 음원, 동영상(제4장) 및 반주가 제공된다.

모범연주 음원, 반주음원 다운로드 방법
SRMUSIC 홈페이지 '파일 다운로드'에서 다운로드 가능
검색방법: https://www.srmusic.co.kr → '파일 다운로드' 메뉴

제4장 모범연주 동영상은 YouTube에서 시청이 가능하다.
검색방법: YouTube → '서울음악출판사' 검색 → 재생목록에서 '지옥의 메커니컬 기타 트레이닝 20주년 기념판! 스파르타 베스트편' 검색!

모범연주 & 반주음원 QR

제4장 YouTube 모범연주 동영상 QR

이 책의 사용방법

이 책은 독자의 수준에 맞추어 읽을 수 있도록 구성되어있다. 기본적으로는 '초급' 프레이즈부터 연주를 시작하는 것이 좋다. 초보자라면 '초급' 프레이즈만 연습하는 것도 권장한다. 반대로 연주에 자신이 있다면 가장 어려운 메인 프레이즈만 연주해도 좋을 것이다. 첫 번째 프레이즈부터 순서대로 보아도 좋으며, 자신의 약점이라 생각되는 프레이즈만 골라서 연습해도 좋다. 와이드 스트레치와 운지가 복잡한 프레이즈가 많이 수록되어있으므로 연습 전에는 손가락 스트레치를 충분히 해서 건초염 등의 부상을 입지 않도록 주의하자.

'지옥의 스파르타 베스트'를 시작하는 그대에게

~머리말~

<지옥의 메커니컬 기타 트레이닝 (1)>이 발매된 후 어느새 20년의 세월이 흘렀습니다. 2004년에 첫 책을 출간한 후, 여러분의 사랑 덕분에 18권의 속편을 내놓을 수 있었습니다. 20주년을 기념하여 지금까지 출간된 내용의 집대성이라 할 수 있는 이 '베스트판'을 낼 수 있게 되어 정말 기쁩니다. 여러분, 정말 고맙습니다!

이번 베스트판은 단순히 이미 나온 책의 내용을 모아놓은 것이 아닙니다. 지금까지 나온 주요 7권의 지옥 시리즈의 내용을 정리해 담으면서 테크닉 습득에 필수적인 프레이즈를 장르나 순서를 고려해 엄선하고 새로이 재편성했습니다. 과거에 출간한 <DVD편> 프레이즈도 YouTube 동영상으로 제공하여 더욱 편리하게 트레이닝을 할 수 있게 해보았습니다.

각 편의 '최종연습곡'에 추가로 <클래식편>의 명곡을 포함한 총 9곡의 '베스트 연습곡집'도 수록되어있습니다. 또한 20주년의 감사의 마음을 담은 신곡을 '최종연습곡'으로 특별히 준비했습니다. 이것이 바로 지옥의 <스파르타 베스트편>인 것입니다.

이제 지옥의 문으로 들어서는 분에게.
이 책에는 록 기타의 기초부터 초절정 테크닉 플레이까지 폭넓은 내용의 트레이닝 프레이즈가 수록되어 있습니다. 기본구성은 펼친면 2페이지에 하나의 테마를 담고 있으며, 왼쪽 페이지에 연습 프레이즈, 오른쪽 페이지에는 주법해설을 실었습니다. 연습 프레이즈는 5단계 레벨로 나뉘어져 있습니다. 아무리 기초적인 프레이즈라도 최종목표인 상급 프레이즈로 연결되어있으므로 초보자도 높은 목표를 향해 연습할 수 있을 것입니다.

부록음원은 다운로드 받으실 수 있습니다. 모범연주와 반주음원을 통해서 글만으로는 전달하기 힘든 세밀한 뉘앙스를 귀로 확인하고 실제로 연주함으로써 더욱 효과적인 연습이 가능할 것입니다.
지금 당장 기타를 잡고 20년간 쌓아온 지옥의 엑서사이즈를 익혀봅시다!

코바야시 신이치

제 1장
지옥의 준비운동

지옥의 초절정 기타리스트를 목표로 이 책을 읽기 시작했다면
우선 '지옥의 준비운동'으로 몸을 풀자.
핑거링, 피킹, 코드 체인지, 리듬 유지 등
기타 연주의 기본이 되는 동작을 복습한다.
이것은 시작에 불과하다.
여기서 충분히 몸을 풀고 앞으로 나아가자.

나의 사랑, 나의 꿈, 지판이여 ~크로매틱~

왼손 워밍업 프레이즈

- 우선은 각 손가락을 자유롭게 움직이자!
- 기타 줄의 간격을 익혀라!

LEVEL 🌟

목표 템포 ♩=160

모범연주　TRACK 01
반　　주　TRACK 02

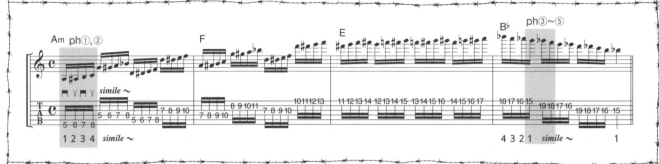

지판에는 기타리스트의 '꿈'과 '낭만'이 무한하게 펼쳐져 있다. 우선은 순서대로 손가락을 움직이는 것부터 익히자. 1번→4번 손가락, 그 반대로 4번→1번 손가락의 순서로 움직이고, 또한 줄 뛰어넘기 이동으로 각 줄의 간격을 손가락에 숙지시키자. 침착하고 정확하게 연주하는 것이 중요하다.

위의 악보를 연주할 수 없는 사람은 이것으로 수행하라!

초급 모든 시련=손가락 단련은 여기서 시작된다. 속도보다 정확함을 목표로 하자!

중급 다음에 어느 줄로 이동할 것인가를 생각하면서 연주하자.

고급 가로로 이동하는 1줄 프레이즈. 음이 끊어지지 않도록 하자!

<지옥의 메커니컬 기타 트레이닝 (1)>에서

주의점 1 왼손

4번 손가락 운지 때에 다른 손가락은 떼지 말 것!

우선 왼손의 기본적인 운지를 체크해보자. 1번 손가락부터 2번, 3번, 4번 손가락 순서로 누르는 경우, 지판을 누른 후에는 손가락을 떼지 않아야 한다. 즉, 4번 손가락 운지 때에는 **사진②**처럼 1번 손가락부터 4번 손가락까지 네 손가락 모두가 줄을 누르고 있는 것이 중요하다. **사진①**의 나쁜 예는 보기에도 힘들어 보인다. '어쨌든 연주는 되니까 상관없잖아?'라는 사람도 있겠지만, 이렇게 쓸데없는 힘이 들어가서는 손가락도 팔도 피곤해지고, 속도도 낼 수 없다. 보기에도 흉하다. 느린 템포라도 상관없으므로 정확하게 연주하자. 기본을 소홀히 한다면 나중에 후회하게 된다!

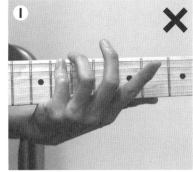

6번 줄 8프렛을 4번 손가락으로 누를 때에 다른 손가락이 지판에서 떨어져서는 안 된다!

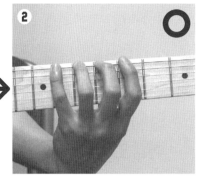

익숙해질 때까지 힘들겠지만, 이렇게 4번 손가락 운지 때에 다른 손가락이 지판에서 떨어지지 않는 것이 중요하다.

주의점 2 왼손

다음에 누를 손가락은 항상 공중 대기시켜라!

이러한 크로매틱 프레이즈에서는 손가락을 하나씩 차례대로 움직이는 것이 중요하다. 이번에는 너무 기계적인 연습이 되지 않도록 줄 뛰어넘기 이동도 넣어보았다. 우선 전반부분에서는 1번 손가락이 이동할 곳을 생각하면서 연습하자. 다음 포지션을 항상 확인하면서 연주하면 원활한 이동이 가능할 것이다. 3마디째 가로 이동에서는 1번 손가락의 이동에 의식을 집중시키자. 그리고 4마디째의 4번→1번 손가락 패턴에서 1번 손가락을 누르고 있을 때, 다음의 4번 손가락을 공중에 대기시켜두는 것이 중요하다(**사진 ③~⑤**).

1번 줄 15프렛을 누르고 있을 때에 다음 운지를 확인하자!

4번 손가락 운지 때에는 이미 다른 손가락 운지 준비도 해둔다.

4번 손가락을 떼기만 하면 2번 줄 18프렛 소리가 나온다.

주의점 3 오른손

피킹 궤도를 낮추어 당황하지 말고 줄 뛰어넘기를 하자

1, 2마디째에 등장하는 줄을 뛰어넘는 피킹에도 주의하자. 이 프레이즈는 줄 이동을 하기 직전에 업 피킹을 한다. 즉, 줄 뛰어넘기를 하기 직전에 오른손은 이동하고 싶은 줄의 역방향을 향하고 있는 것이다. 원활하게 다음 줄을 다운 피킹하기 위해서는 오른쪽 그림처럼 오른손 궤도를 작게 할 필요가 있다. 이것에는 저자도 많은 고생을 했다. 깔끔하게 연주하기 위한 요령은 직전의 업 피킹 종료 시에 바로 다운 피킹 자세로 옮긴다는 생각을 가져야 한다. 오른손의 움직임을 눈으로 잘 보면서 연습하는 것이 중요하다. 거울을 사용해서 오른손의 움직임을 확인하는 것도 좋다.

그림1 군더더기 없는 피킹

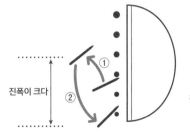

✕ 피크의 움직임이 커서 쓸데없는 동작이 많다.

진폭이 크다

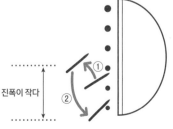

○ 피크의 움직임이 작아서 쓸데없는 동작이 적다.

진폭이 작다

-2-

그러고도 너가 오른손잡이냐?

기초적인 얼터네이트 트레이닝

지옥의 격언
- 얼터네이트 피킹의 기초를 이해하라!
- 리듬변화에 대한 대응력을 익혀라!

왼 손				오른손			
테크닉	스트레치	컨트롤	지구력	테크닉	리듬	컨트롤	지구력

LEVEL

목표 템포 ♩= 155

모범연주 **TRACK 03**
반 주 **TRACK 04**

○
○= 개방현

음표에는 다양한 길이가 존재한다. 여기서는 완전기초인 4분, 8분, 16분, 여섯잇단음표를 사용한 프레이즈에 도전한다. 얼터네이트 피킹을 중심으로 음표의 변화에 따르는 피킹 스피드 컨트롤에 주의하면서, 너무 서두르지도 버벅거리지도 않게 플레이하자.

위의 악보를 연주할 수 없는 사람은 이것으로 수행하라!

초급 4분음과 8분음 프레이즈. 2배 또는 절반이 되는 리듬의 변화를 익혀라!

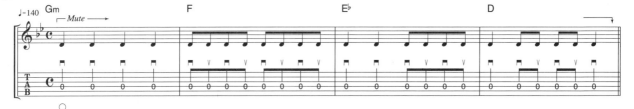

중급 8분음과 16분음 프레이즈. 초급보다 약간 세밀해졌다.

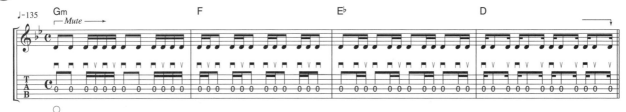

고급 8분음과 16분음, 여섯잇단음표를 조합한 프레이즈. 리듬을 카운트하면서 연주하자.

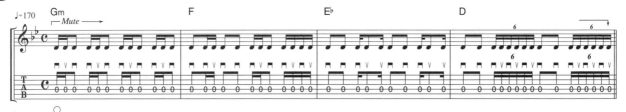

<지옥의 메커니컬 기타 트레이닝 (2) – 사랑과 열반의 테크닉 '강화편'>에서

주의점 1  오른손

당신은 어떤 타입?
피크 잡는 방법을 확인하자

우선은 대표적인 피크를 잡는 방법을 소개하겠다. **사진①**이 가장 일반적인 '순(順)방향 앵글'이다. 1번 손가락을 구부려 피크를 잡고 다른 손가락은 뻗는다. 백킹부터 솔로까지 다양한 플레이에 대응할 수 있다는 것이 특징이다. 그에 비해 **사진②**는 피크를 역방향으로 기울이는 '역(逆)방향 앵글'이다. 존 사이크스 등 파워 있는 피킹을 하는 사람이 이렇게 많이 잡는다. **사진③**은 손가락 전체를 뻗는 타입. 조지 린치가 사용하는 방식으로 그의 독특한 리듬은 피크를 이렇게 잡아서 생기는 것일지도 모른다. 손을 가볍게 쥐는 **사진④**의 타입은 손목을 신속하게 흔들 때 좋다. 참고로 저자는 **사진①**과 **사진④**를 선택사용하고 있다.

순방향 앵글타입. 2번~4번 손가락은 보디 위에 둬도 된다.

역방향 앵글타입. 엄지손가락을 뒤로 꺾어야 피크를 잡을 수 있다.

1번 손가락을 뻗어 줄과 평행하게 피크를 대는 연주방법.

2번~4번 손가락을 가볍게 쥐는 타입.

주의점 2 오른손

리듬유지의 기본은
노래하면서 연주하는 데에 있다!

메인 프레이즈처럼 리듬변화가 많은 프레이즈를 연주하기 위해서는 얼터네이트 피킹을 정확하게 유지하는 것이 중요하다. 1마디째의 4분&8분음 프레이즈는 8분음을 기본으로 얼터네이트로 연주한다(**그림1-a**). '타앙타앙타카타카'라고 입으로 노래하면서 연주하면[주] '앙'의 타이밍이 헛 스트로크가 되므로 이해하기 쉬울 것이다. 마찬가지로 3마디째는 16분음을 기준으로 얼터네이트로 연주하면 '타앙타앙', '타카타카', '타타앙타', '타앙타타'라는 식으로 박자마다의 리듬을 이해할 수 있다(**그림1-b**). 이렇게 노래하면서 연주하면 리듬의 변화에도 대응할 수 있게 된다. 템포유지도 잊지 말자.

그림1-a 4분음과 8분음 얼터네이트 피킹

헛 스트로크

그림1-b 8분음과 16분음 얼터네이트 피킹

주의점 3 이론

정말 알고 있는가?
음표의 길이를 기억하자

여기서는 록 기타리스트가 소홀히 하기 쉬운 음표의 구조에 대해서 해설하겠다. 알아둬서 손해 볼 것 없으므로 읽어보기 바란다. 우선 4/4박자에서 1마디(4박자)의 길이를 온음표, 온음표의 절반이 2분음표…와 같이 절반씩 나누어 만들어지는 음표를 '단순음표'라고 한다(**그림2-a**). 이에 비해 음표를 2의 배수가 아닌 '3, 5, 7'과 같이 나눈 음표를 '잇단음표'라고 한다(**그림2-b**). 셋잇단음표, 여섯잇단음표는 록에서도 자주 등장하는 리듬으로 단순음표와는 다른 그루브감이 있어 연주가 어려운 경우가 많다.

그림2-a 단순음표

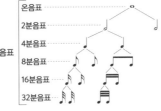

온음표
2분음표
단순음표
4분음표
8분음표
16분음표
32분음표

그림2-b 잇단음표

셋잇단음표
다섯잇단음표 여섯잇단음표 일곱잇단음표

※=로 표시한 이유는 잇단음표의 모든 음표를
연결한 전체의 길이가 같기 때문이다.

[입으로 노래하면서 연주한다] 입으로 노래할 수 없다면 그 프레이즈를 이해했다고 할 수 없다. 그렇기 때문에 매우 효과적인 연습법이다. 학교나 거리 등 다른 사람이 있는 장소에서 하면 이상한 사람으로 오해받을 수 있으므로 주의하자.

13

나의 사랑, 나의 꿈, 지판이여 ~스파이더운동~

각 손가락 독립운동 프레이즈

- 각각의 손가락을 독립시켜 움직여라!
- 이웃한 줄을 오가는 피킹에 도전하자!

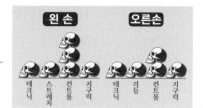

목표 템포 ♩=100

모범연주 TRACK 05
반　주 TRACK 06

1번, 3번, 4번 손가락이 교대로 바뀌는 콤비네이션 움직임이 정말 거미 같다. 각 손가락을 독립시켜서 움직이기는 어려우며, 또한 손가락을 확실하게 세우지 않으면 음을 깔끔하게 낼 수 없다. 게다가 한 음씩 다른 줄을 연주해야만 한다. 침착하게 연주하자!

위의 악보를 연주할 수 없는 사람은 이것으로 수행하라!

초급 1번과 3번 손가락, 2번과 4번 손가락의 조합을 파악하는 것부터 시작하자.

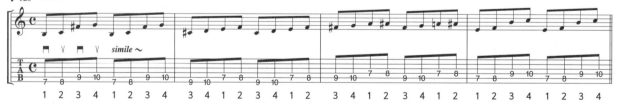

중급 다음은 1번과 2번 손가락, 3번과 4번 손가락의 조합이다. 3번과 4번 손가락의 조합은 처음 부딪히는 벽일 수 있다.

고급 메인 프레이즈보다 난이도가 높다. 3번과 4번 손가락의 움직임에 신경을 써라.

<지옥의 메커니컬 기타 트레이닝 (1)>에서

주의점 1  왼손

쓸데없는 힘을 빼고 깔끔하게 손가락을 세우자

이 프레이즈는 줄 이동이 많으므로 포지션을 숙지하는 것이 중요하다. **사진②**와 **④**처럼 손가락을 확실하게 세우도록 하자. 다만 손가락에 힘을 너무 주면 안 된다. 손가락에 힘이 들어가면 제1관절을 젖혀 주변의 줄도 누르게 될지 모른다. 그것을 해소하기 위해서는 엄지손가락으로 넥을 누르는 느낌으로 지판을 누르면 좋을 것이다. 1~4번 4손가락과 넥 뒤의 엄지손가락으로 넥을 확실하게 끼우는 자세를 이해하면 가벼운 힘으로도 확실하게 지판을 누를 수 있게 된다. 무엇이든 밸런스가 중요하다! 엄지손가락 위치를 여러 가지로 연구해보고, **사진①** 또는 **③**과 같이 되지 않도록 주의하자.

❶ ✕

운지 때에 다른 손가락이 지판에서 떨어지지 않도록 하자.

❷ ◯

엄지손가락 위치에 주의하면서 편안하게 누르자.

❸ ✕

1번과 2번 손가락이 지판에서 떨어지고, 4번 손가락이 누워버렸다.

❹ ◯

1~4번의 4손가락과 엄지손가락으로 넥을 확실하게 잡자.

주의점 2 오른손

피크를 약간 띄워서 미스 피킹을 방지하자!

이 프레이즈는 주의점1에서 왼손 운지를 이해한 것만으로는 잘 연주할 수 없다. 따라서 인사이드와 아웃사이드 피킹을 마스터 할 필요가 있다. 인사이드에서 주의할 점은 고음줄을 다운으로 연주하고 이어서 저음줄을 업으로 연주할 때, 고음줄을 업으로 연주하게 되어버린다는 것이다. 이것을 해소하기 위해서는 고음줄 다운 후, 약간 피크를 띄우는 느낌으로 저음줄을 업으로 연주하면 된다. 이어서 아웃사이드에서는 저음줄을 다운한 후, 고음줄도 다운으로 연주하지 않도록 하자. 저음줄을 다운한 후, 피크를 약간 띄우고 고음줄을 걸쳐서 업 하듯이 연주하면 된다. 익숙해질 때까지 미스 피킹이 많겠지만, 일단 이 움직임을 이해하게 되면 자연스럽게 할 수 있을 것이다.

그림1 인사이드 피킹과 아웃사이드 피킹

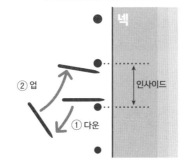

인사이드 피킹

② 업
① 다운
인사이드

고음줄을 다운한 후,
피크를 약간 띄우는 느낌으로
저음줄을 업으로 연주한다.

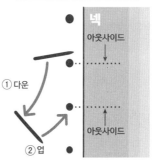

아웃사이드 피킹

넥
아웃사이드
① 다운
② 업
아웃사이드

저음줄을 다운한 후,
피크를 약간 띄우고 고음줄을
걸쳐서 업으로 연주한다.

칼럼 1
지옥의 칼럼

손가락을 깔끔하게 세우는 비결은 엄지손가락에 있다!

손가락을 세우려고 하면 처음에는 힘이 너무 많이 들어가게 된다. 때문에 오히려 관절이 휘거나 손가락이 누워버려서 음이 나오지 않게 된다(**사진⑤**). 우선은 손가락을 깔끔하게 세우는 버릇을 들이는 것이 중요하다. 지판을 왼손으로 누르면서 **사진⑥**과 달라 보이는 손가락은 오른손으로 교정해보는 것도 좋다. 아무리 해도 잘 되지 않는 사람은 넥 뒤의 엄지손가락 위치를 다양하게 바꿔보면서 제1관절보다 앞쪽 측면으로 넥 뒤를 누르듯이 하면 좋을 것이다. 1~4번의 4손가락과 엄지손가락으로 넥을 확실하게 끼우면 다섯 손가락 모두의 힘이 균등해져 누르기 쉬워진다!

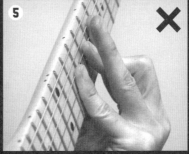

❺ ✕

'기타를 잘 치고 싶다!'는 생각은 강하지만 소리에는 반영되지 않는 경우, 원인은 쓸데없는 힘이 손가락을 젖히고 있기 때문이다.

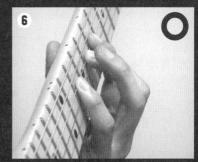

❻ ◯

다섯 손가락이 균등한 힘으로 균형 있게 지판을 누르고 있다는 것을 알 수 있다. 필요 이상으로 힘을 주면 안 된다!

-4-
스케일 연습은 이런 느낌?

기초적인 메이저 스케일 프레이즈

- 메이저 스케일 포지션을 익히자!
- 마디마다 변화하는 리듬에 정확하게 대응하자!

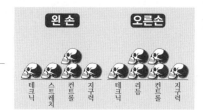

LEVEL ✦✦

목표 템포 ♩= 85

모범연주 TRACK 07
반　주　TRACK 08

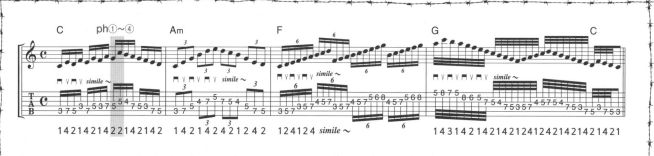

이 메인 프레이즈는 메이저 스케일 하나의 블록 포지션으로 만들어져 있다. 여기서 사용되고 있는 블록 포지션을 파악해 메이저 스케일 음의 울림과 핑거링 패턴을 확실하게 머리와 몸에 익혀라!

위의 악보를 연주할 수 없는 사람은 이것으로 수행하라!

초급 1줄에 3음을 배치한 기본 포지션을 파악하자.

중급 메커니컬한 프레이즈로 스케일 포지션의 감각을 길러라!

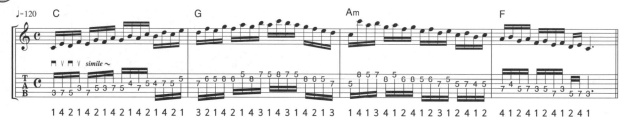

고급 여섯잇단음 프레이즈에서 자주 나오는 핑거링 패턴을 마스터하라.

<지옥의 메커니컬 기타 트레이닝 (2) – 사랑과 열반의 테크닉 '강화편'>에서

 **이론**

C메이저 스케일에서 자주 등장하는 포지션을 익히자

메이저 스케일은 '도레미파솔라시도'를 말하는 것으로, 7개의 음으로 구성된다(**그림1-a**). 따라서 그 7개의 음을 연주할 수 있다면 기본적으로는 어떤 포지션에서도 메이저 스케일을 연주할 수 있는 것이다. 하지만 실제로는 블록으로 나누어 연주하는 것이 일반적이다. 이 프레이즈에서 사용하고 있는 C메이저 스케일 안에서 가장 많이 사용되고 있는 **블록 포지션[주]**이 **그림1-b**다. 메인 프레이즈는 이 블록 포지션으로 만들어졌다. 초절정 기타리스트를 목표로 하는 독자라면 어떤 포지션에도 확실하게 대응할 수 있도록 다른 블록 포지션도 연구해보기 바란다. 그렇게 함으로써 프레이즈의 응용력도 늘어날 것이다.

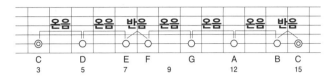

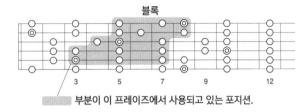

 왼손

효율적인 줄 이동 비결은 손가락 중심이동에 있다!

이 프레이즈는 포지셔닝도 비교적 심플하고 알기 쉬워 쉽게 연주할 수 있을 것이다. 그러나 1마디째 3박째에서 등장하는 조인트(바레)에는 주의가 필요하다. 4번 줄 5프렛에서 3번 줄 5프렛으로의 줄 이동은 2번 손가락을 한 번 떼서 지판을 누르는 것이 아니라(**사진①~②**), 순식간에 손가락을 눕히는 것이 좋다(**사진③~④**). **사진④**에서는 두 줄을 동시에 누르고 있는 것처럼 보인다. 하지만, 실제로는 중심을 손가락 끝에서 제1관절로 이동시키는 느낌으로 2번 손가락의 끝을 띄워서 4번 줄에 가볍게 대고 뮤트하는 것이 베스트다. 또한 그 뒤의 핑거링을 고려해서 3번 줄 4프렛 위에 1번 손가락을 준비해 두면 원활하게 프레이즈를 연결시킬 수 있을 것이다.

손가락을 세워서 준비를 하지만……

2번 손가락을 떼서 3번 줄로 이동하면 쓸데없는 동작이 많아져 좋지 않다.

4번 줄 5프렛 운지. 이때 중심은 손가락 끝으로.

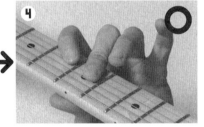
2번 손가락을 눕혀서 3번 줄 5프렛을 누른다.

칼럼 2

지옥의 칼럼

더욱 높은 레벨을 목표로 하는 사람을 위한 실용 스케일 트레이닝 프레이즈

'스케일 연습'……. 지금 저자는 새삼 '스케일'을 '연습'한다는 것이 어떤 일인가 하는 의문을 가진다. '스케일'을 익히는 것? '스케일'을 상승&하강시키는 것? 음~ 아마도 스케일의 포지션을 확인하고 '앞으로' 사용할 핑거링을 습득하는 것이 아닐까? 다만 이 '앞으로'라는 것이 포인트다. 즉, 단순히 스케일을 익히고, 상승&하강을 하는 것이 아니라, 더욱 실용성 높은 포지션을 이해하는 것이 중요하다. 따라서 저자 나름대로 '앞으로' 도움이 될 것이라 생각되는 간단한 '연습' 프레이즈를 소개하겠다(**악보 예1**). 이런 것은 어떨까?

악보 예1

[블록 포지션] 지판 위를 좌우로 이동하지 않고(움직인다고 해도 1, 2프렛 정도) 연주할 수 있도록 블록 형태로 정리된 스케일 포지션. '박스 포지션'이라고도 한다.

17

준비운동 필수기술 기술강의 동영상연동 연습곡집

많은 줄로 GO!

조지 린치 스타일 아르페지오

지옥의 격언

- 코드 체인지를 완벽하게 마스터하라!
- 손가락을 세우기 위해 힘을 넣는 법을 배워라!

왼 손	오른손
테크닉 스트레치 컨트롤 지구력	테크닉 리듬 컨트롤 지구력

LEVEL

목표 템포 ♩= 90

모범연주 TRACK 09
반　주 TRACK 10

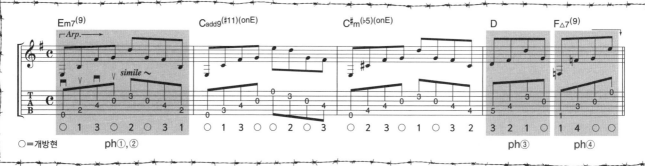

○=개방현　　　ph①, ②

기타를 깔끔하게 연주하기 위해 누구나 아르페지오를 배우고 싶을 것이다. 이 프레이즈에서는 줄 하나하나를 확실하게 누르고 정확히 피킹하는 것이 중요하다. '록에서 코드는 적당히 누르면 된다!'라는 시대와는 작별이다.

위의 악보를 연주할 수 없는 사람은 이것으로 수행하라!

초급 기본 아르페지오 패턴. 전반과 후반의 피킹이 다른 점에 주의하자.

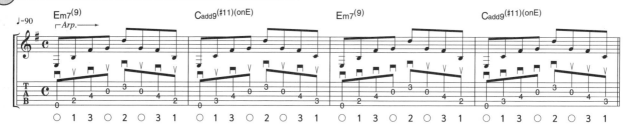

중급 개방현을 확인하면서 코드 체인지. 미스 피킹에도 주의하자.

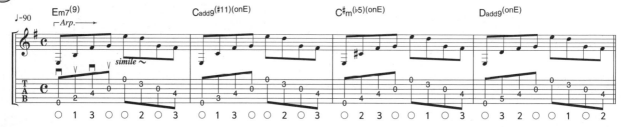

고급 셋잇단음 아르페지오. 빠른 코드 체인지와 피킹을 마스터하자.

 **주의점 1** 　✋　**왼손**

손가락을 확실하게 세워서 한 음 한 음을 깔끔하게 연주하자

아르페지오(분산화음)란 코드를 분해해서 연주하는 것이다. 여기서는 발라드에서 많이 사용되는 클린 톤 아르페지오에 도전한다. 아르페지오는 줄 하나하나의 음이 잘 겹쳐지지 않으면 깔끔하게 들리지 않으므로 인접한 줄에 닿지 않도록 지판을 누르는 것이 중요하다. 우선은 1마디째 Em7[9]을 눌러보기 바란다(**사진①**). 1번 손가락 등 코드에 따라서 세우기 힘든 손가락은 약간 비스듬해도 되므로 줄에 닿아있는 부분을 지지점으로 손가락을 띄우듯이 지판을 누르자. 이러한 개방현이 사용된 코드는 일반적인 코드에 비해서 손가락을 세우기 때문에 줄에 닿아있는 부분이 적다. 그렇기 때문에 힘을 너무 주면 지판을 누르는 힘이 약해지거나 손가락이 누워 버리기도 한다(**사진②**).

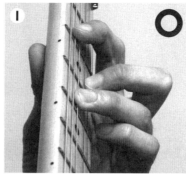 ⭕

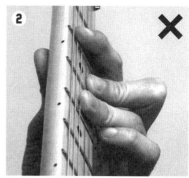 ❌

인접한 줄에 닿지 않도록 손가락을 세워서 누른다. 넥 뒤의 엄지 손가락이 넥 자체를 누르는 느낌으로 지판을 누르면 좋다.

손가락이 젖혀지면 안 된다. 관절을 반대로 젖히면 줄을 아래로 끄는 힘이 들어가게 된다. 위로 들어 올리는 느낌으로 잡자!

 주의점 2 　✋　**왼손**

'아르페지오=멜로디'의 느낌으로 연주하자

이 프레이즈는 반드시 악보대로 연주하기 바란다. '당연한 거 아니야?'라고 생각될 것이다. 하지만 아르페지오는 코드를 제대로 누르고 있다면 피킹은 적당히 해도 괜찮다. 요컨대 피킹 패턴이 악보와 달라도 된다. 하지만, 오른손 연습을 위해서는 반드시 악보의 피킹 표기로 연주하기 바란다. 그리고 아르페지오는 일종의 '멜로디'이므로 음을 잘 연결시켜 노래하게 하는 것이 중요하다. 특히 4마디째(**사진③**, **④**)는 코드가 크게 바뀌므로 신속하게 이동하지 않으면 음이 연결되지 않아 멜로디가 무너져버린다. 코드 체인지를 신속하게 할 수 없다면 우선 루트음(D는 5번 줄 5프렛, FΔ7[9]은 6번 줄 1프렛)을 연주하고 그 사이에 다음 포지션을 누르는 것이 좋다.

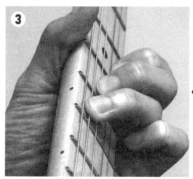 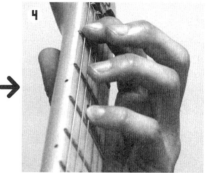

4마디째 1~2박째의 D. 3번 줄이 개방현이기 때문에 4번 줄 4프렛을 누르는 2번 손가락 배 부분이 3번 줄에 닿지 않도록 손가락을 세우자.

4마디째 3~4박째의 FΔ7(9). 4번 줄 3프렛을 누르는 4번 손가락과 6번 줄 1프렛을 누르는 1번 손가락이 3번 줄에 닿지 않도록 주의하자!

칼럼 3

지옥의 칼럼

프로에게 배우자! 아르페지오 명플레이

발라드에서 자주 나오는 클린 톤 아르페지오. 심플하면서도 임팩트 있는 아르페지오 패턴을 만들 수 있다는 것은 기타리스트의 센스와 연관된 일이라고도 할 수 있다. 도켄의 명 발라드 'Alone Again'의 인트로에서 들을 수 있는 16분음 아르페지오에서는 조지 린치의 센스가 빛난다. 또한 본 조비의 'Wanted Dead Or Alive'의 아르페지오는 12줄 기타로 연주되어 두께감 있는 사운드가 특징적이다. 마지막으로 TNT의 'Tonight I'm Falling'의 아르페지오는 하드한 곡 안에서도 눈에 띄는 선율을 가지고 있다.

Dokken
'Alone Again'
from <TOOTH AND NAIL>

BON JOVI
'Wanted Dead Or Alive'
from <Slippery When Wet>

TNT
'Tonight I'm Falling'
from <Intuition>

준비운동

스키퍼군

기초적인 스키핑 프레이즈

지옥의 격언
- 줄을 뛰어넘을 수 있는 피킹 능력을 익혀라!
- 줄을 뛰어넘을 수 있는 핑거링 능력을 배워라!

LEVEL

목표 템포 ♩= 145

모범연주 TRACK 11
반　주 TRACK 12

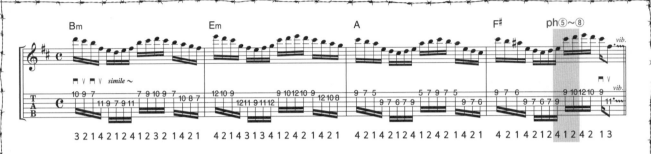

폴 길버트에게서 시작됐다는 '스트링스 스키핑'. 현대의 기타리스트라면 단순히 줄을 뛰어넘는 것은 물론, 다양하게 응용된 스키핑 프레이즈를 연주할 수 있어야 한다! 그래서 기초는 중요하다. 우선 이 프레이즈로 줄 뛰어넘기의 기초적인 움직임을 확실하게 마스터하자!

위의 악보를 연주할 수 없는 사람은 이것으로 수행하라!

초급 우선은 1음만 줄 뛰어넘기를 연습해서 감각을 익히자.

중급 메인 프레이즈와 같은 16분음에 도전하자.

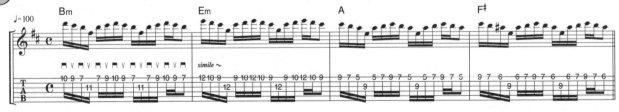

고급 스키핑으로 스케일을 상행, 하행해보자.

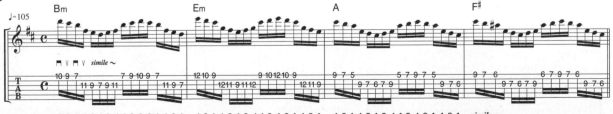

<지옥의 메커니컬 기타 트레이닝 (2) – 사랑과 열반의 테크닉'강화편'>에서

주의점 1  오른손

줄을 뛰어넘는 피킹에서는 폼이 일정해야 한다!

스트링스 스키핑은 1줄 이상 걸쳐서 피킹하기 때문에 큰 이동과 정확성이 요구된다[주]. 기본적으로 줄 이동을 동반한 피킹은 피킹폼을 일정하게 유지시키는 것이 중요하다(사진①&②). 순식간에 줄을 이동해야 한다고 해서 손목에 스냅을 주어 피킹하면(사진③&④), 이동 후의 프레이즈를 신속하게 연주 할 수 없게 된다. 1음만 줄을 뛰어넘고 바로 원래의 줄로 되돌아오는 프레이즈에서는 손목의 스냅을 이용한 피킹을 해도 된다. 그러나 줄 뛰어넘기에 너무 신경을 써서 무리한 피킹폼으로 계속 연주하면 좋지 않은 버릇이 들 수 있다.

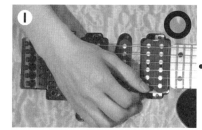
1번 줄을 피킹하는 시점에서 3번 줄을 노린다.

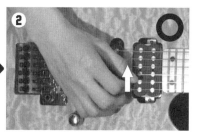
1번 줄을 피킹한 폼 그대로 3번 줄로 이동한다.

1번 줄을 피킹한 후……,

손목을 구부려 3번 줄을 연주하는 것은 좋지 않다.

주의점 2 왼손

스키핑 공략의 열쇠는 왼손의 선행&세트 이동!

스키핑 프레이즈는 피킹뿐만 아니라 왼손 핑거링에도 주의가 필요하다. 오른손과 마찬가지로 크게 이동하기 때문에 우선은 느린 템포로 연습해서 줄 뛰어넘는 감각을 익히자. 이 프레이즈에서는 특히 4마디째 2~3박째가 어려우므로 주의하자. 3번 줄 9프렛에서 1번 줄 9프렛으로 세로뿐만 아니라 가로로도 이동하므로 3번 줄 9프렛을 4번 손가락으로 누르는 시점에서 1번 손가락을 떼서 이동을 시작하자(사진⑤). 이어서 1번 줄 9프렛을 1번 손가락으로 누른 순간에는 이미 다른 손가락도 1번 줄 위로 이동시켜 운지를 준비하는 것이 중요하다(사진⑥). 줄 이동하는 손가락을 미리 움직이고, 또한 다른 손가락은 세트로 이동하자.

3번 줄 9프렛 운지 때에는 1번 손가락을 떼서 이동시켜 두자.

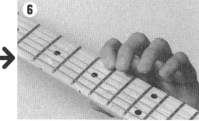
1번 손가락뿐만 아니라 다른 손가락도 이동시킨다.

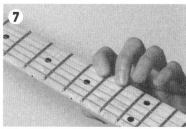
모든 손가락이 줄 이동을 하면 그 후의 운지가 쉬워진다.

칼럼 4

지옥의 칼럼

학창시절에 저자는 스키핑 연습을 상당히 많이 했다. 다만 지금의 기타 키즈에게 스키핑은 스위프나 태핑에 비해 화려한 느낌이 없어서인지 별로 칠 생각이 없는 것 같다. 그러나 테크니컬 계열 기타리스트를 목표로 한다면 왼손&오른손 양손의 정확성을 단련시킬 수 있는 스키핑을 진지하게 연습하기 바란다. 스키핑 프레이즈를 연주함으로써 길러진 힘은 틀림없이 화려한 초절정 프레이즈를 연주할 때에도 도움이 될 것이다. 여기서는 저자가 학창시절에 많이 연습했던 스키핑 프레이즈를 소개하겠다(악보 예①). 열심히 연습하기 바란다.

더욱 높은 레벨을 목표로 하는 사람을 위한 필수 스키핑 프레이즈

악보 예1

[큰 이동과 정확성이 요구된다] 멀리 떨어진 줄을 연주할 때는 당황하기 쉽다. 그것은 원거리 연애 중 오랜만에 연인을 만났을 때의 두근거림 같은 것이다. 하지만 그런 때일수록 편안한 마음으로 연인을 만나야(스키핑 해야)한다.

레가타군

기초적인 2줄 레가토 프레이즈

- 해머링&풀링 연계 플레이를 배우자!
- 강인한 핑거링 능력을 익히자!

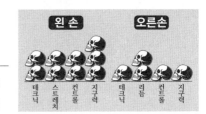

LEVEL

목표 템포 ♩= 150

모범연주 TRACK 13
반 주 TRACK 14

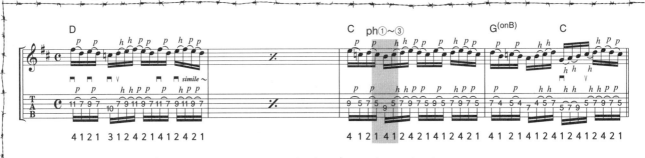

왼손 궁극의 아름다운 기술 레가토. 왼손 핑거링 능력에서 중요한 레가토를 멋지게 연주하기 위해서는 해머링&풀링을 불필요한 동작 없이 원활하게 연속해서 할 필요가 있다. 이 기초적인 레가토 프레이즈를 연주함으로써 강력하고 정확한 해머링&풀링 능력을 손에 넣자!

위의 악보를 연주할 수 없는 사람은 이것으로 수행하라!

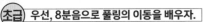
초급 우선, 8분음으로 풀링의 이동을 배우자.

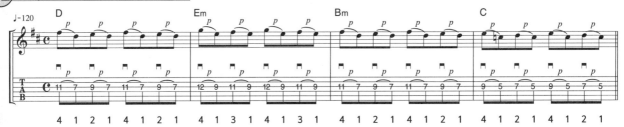

중급 셋잇단음 연속 해머링 프레이즈에 도전하자!

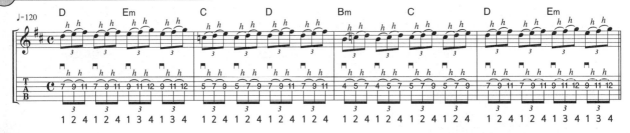

고급 1마디 1패턴의 레가토로 핑거링 능력을 향상시키자.

<지옥의 메커니컬 기타 트레이닝 (2) – 사랑과 열반의 테크닉 강화편>에서

주의점 1  이론

메이저 스케일의 자리바꿈형 '모드'를 배워보자

이 프레이즈는 D믹솔리디안 모드[주]로 구성되어있다. 이것은 D메이저 스케일과 비교하면 제7음째가 반음 낮은 스케일(**그림1-a**)로, 대표적인 포지션은 **그림 1-b**다. 이 프레이즈에서 실제로 사용하는 줄은 3, 4번 줄뿐이다. 이 스케일 그림을 보고 눈치 챈 사람도 있을 것이다. D믹솔리디안 모드는 G메이저 스케일과 같다. 즉 G메이저 스케일을 루트음부터 세서 5음째인 D음부터 재배열하면 D믹솔리디안 모드가 된다. 메이저 스케일을 재배치하면 여러 가지의 모드 스케일이 된다는 것은 더 높은 단계를 목표로 하는 이 책의 독자라면 기억해두어야 할 것이다.

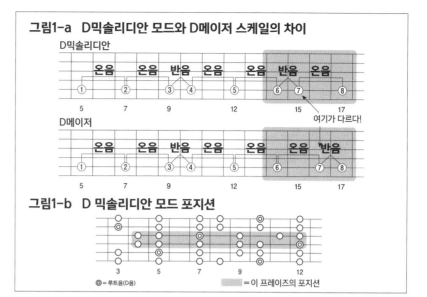

그림1-a D믹솔리디안 모드와 D메이저 스케일의 차이

그림1-b D 믹솔리디안 모드 포지션

◎ = 루트음(D음)   = 이 프레이즈의 포지션

주의점 2 왼손

스피드만 추구하지 말고 부드럽고 정확한 운지를 목표로 하자

레가토를 부드럽게 하기 위해서는 음이 깔끔하게 연결되도록 해머링&풀링을 할 필요가 있다. 그러기 위해서는 쓸데없는 움직임을 하지 않는 것이 중요하다. 이 프레이즈는 3마디째 1~2박째에서 손가락이 많이 벌어지고 줄 이동을 하기 때문에 난이도가 높다(**사진①~③**). 스피드만 추구하는 기타 키즈는 빨리 연주하는 것에만 너무 집중해서 빨리 줄에서 손가락을 떼려고 한다. 하지만 그렇게 하면 풀링음이 짧게 끊어져버린다. 마음이 급해지는 것은 어쩔 수 없지만 한 음 한 음 정확하게 연주하는 것이 중요하다.

줄 이동을 위해 4번 줄 9프렛 위에 4번 손가락을 준비시키자.

4번 손가락 운지. 3번 줄 5프렛으로 되돌아오므로 1번 손가락은 떼지 않는다.

운지를 하고 있었으므로 3번 줄 5프렛을 원활하게 연주할 수 있을 것이다.

칼럼 5

지옥의 칼럼

더욱 높은 레벨을 목표로 하는 사람을 위한 격렬한 트릴 프레이즈

전 세계의 '레가타'(레가토 명인)들을 보면, 우선 손이 크다는 것(웃음)을 알 수 있다. 그리고 핑거링의 가벼운 터치와 해머링&풀링 속도다. 손 크기는 어쩔 수 없지만 왼손 핑거링 능력은 누구든지 단련시킬 수 있다. 따라서 여기서는 왼손을 단련시키는 지옥의 트릴 프레이즈를 소개하겠다(**악보1**). '트릴은 해머링&풀링을 반복하는 거잖아?'라고 생각하는 당신은 다시 생각해보기 바란다. 속도와 정확함을 추구하기 위해서는 항상 지판 위로 손가락이 되돌아오도록 풀링을 해야 하며, 그 궤도는 작게 하는 것이 중요하다. 쓸데없는 동작이 적은 손가락의 움직임을 목표로 연습하자.

악보 예1

[모드] 메이저 스케일을 구성하는 음들의 자리바꿈으로 구성되는 스케일=처치 모드(교회선법)의 약칭. 메이저 스케일에는 7음이 있으므로 모드도 7가지가 있다. 상세한 것은 음악이론서를 읽어보기 바란다.

-8-
이 연주를 할 수 없다면 록을 할 수 없다 ~1~

지구력을 높이는 트릴 트레이닝

- 트릴 근육을 단련시켜 지구력을 키워라!
- 핑거링 능력을 키워 레가토에 대비하라!

왼 손	오른손
테크닉 스트레치 컨트롤 지구력	테크닉 리듬 컨트롤 지구력

LEVEL ✦✦

목표 템포 ♩=135

모범연주 TRACK 15
반 주 TRACK 16

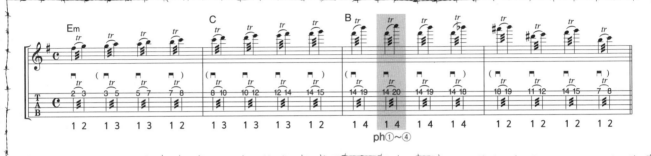

트릴은 2음을 빠르게 해머링&풀링을 반복하는 매우 심플하고 남자의 로망스가 담긴 연주법이다. 이 프레이즈로 속임수가 통하지 않는 트릴 스피드와 지구력을 단련한다. 한 단계 위의 핑거링 능력을 내것으로 만들자!

위의 악보를 연주할 수 없는 사람은 이것으로 수행하라!

초급 우선은 리듬에 주의하면서 트릴의 원활한 흐름을 파악하자.

중급 다음은 개방현을 사용한 트릴 프레이즈. 한 손가락씩 단련시키자.

고급 줄 이동과 평행이동을 연습해서 트릴 근육을 단련하고, 지구력을 키워라.

<지옥의 메커니컬 기타 트레이닝 (1)>에서

24

주의점 1  왼손

손가락 궤도와 1번 손가락에 주의하면서 트릴을 하자!

트릴을 균일한 톤으로 하기 위해서는 '풀링→해머링' 동작에 주의해야 한다(**그림1-a**). 풀링은 줄을 아래 방향에 거는 테크닉으로, 트릴에서는 해머링도 연속으로 하기 때문에 지판 위로 손가락이 되돌아오는 궤도를 항상 의식하는 것이 중요하다. 이때 이 궤도를 조금이라도 작게, 빠른 움직임이 가능하도록 함으로써 세밀하게 트릴을 연주할 수 있다. 그리고 해머링을 기다리고 있는 1번 손가락 운지가 어긋나지 않도록 주의하자. 1번 손가락 운지가 어긋나면 음질이 흐트러지기 때문이다(**그림 1-b**). 이러한 것들에 주의하면 나머지는 지구력만 키우면 되므로 여러 번 연주해서 트릴 근육을 단련시키자.

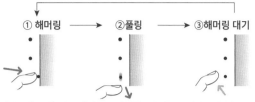

그림1-a 트릴의 움직임

① 해머링 → ② 풀링 → ③ 해머링 대기

트릴은 ①~③을 신속하게 반복한다. 그때 ③으로 이동하는 궤도를 조금이라도 작게 하는 것이 중요하다.

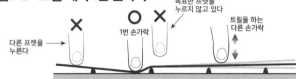

그림1-b 트릴 때의 1번 손가락

다른 프렛을 누른다
1번 손가락
목표한 프렛을 누르지 않고 있다
트릴을 하는 다른 손가락

트릴 때에 1번 손가락 운지가 어긋나거나 초킹을 해버리면 음질이 흐트러진다!

주의점 2 왼손

1번&4번 손가락 스트레치 트릴

1번 줄만 평행 이동하는 트릴 프레이즈다. 포지션 이동은 1번 손가락을 선두로 신속하게 하자. 프레이즈 자체의 난이도는 그다지 높지 않지만, 최대의 난관은 3마디째 1번, 4번 손가락 스트레치 트릴일 것이다(**사진①~④**). 사진에서는 넥 위로 가볍게 엄지손가락을 내밀고 있는데, 손가락이 벌어지지 않는 사람은 클래식폼으로 연주해도 된다. 포인트는 우선 1번 손가락으로 확실하게 14프렛을 누르는 것이다. 1번 손가락 운지가 어긋나면 트릴을 하는 4번 손가락 움직임도 흔들리게 된다. 또한 4번 손가락은 힘이 약하므로 트릴의 궤도와 손가락을 대는 지판의 포인트를 확실하게 의식해서 연주하는 것이 중요하다.

1번 줄 14프렛을 누른다. 4번 손가락은 20프렛 위에 대기시킨다.

4번 손가락 해머링. 1번 손가락으로 2번 줄을 뮤트하자.

4번 손가락 풀링. 너무 큰 동작이 되지 않도록 하자!

다시 해머링. 음이 확실하게 나도록 하자.

칼럼 6

지옥의 칼럼

프로에게 배우자! 트릴 명플레이 소개

여기서는 트릴 명연주를 들을 수 있는 곡을 소개하겠다. 첫 번째 곡은 오지 오스본의 'Mr. Crowley'. 트릴 상승 프레이즈로 올라가고, 디미니시의 줄 이동 트릴로 내려온다. 가슴을 조이는 듯한 감동을 주는 랜디 로즈의 명연주다. 다음은 게리 무어의 특기인 개방현 트릴을 들을 수 있는 'End Of The World'. 곡 시작부분의 프리타임 솔로는 압권으로 상당히 빠른 트릴을 들을 수 있다. 마지막은 조지 린치의 'In My Dreams'. 누구나 라이트 핸드라고 생각했던 초절정 스트레치 트릴은 전대미문의 플레이다.

Ozzy Osbourne
'Mr. Crowley'
from <Tribute>

Gary Moore
'End Of The World'
from <Corridors Of Power>

Dokken
'In My Dreams'
from <Under Lock And Key>

당신은 악전고투 or 악센트?

악센트를 넣은 피킹 프레이즈

- 16분음 리듬을 몸에 익혀라!
- 피킹에 악센트를 넣는 방법을 배워라!

왼 손	오른손

LEVEL

목표 템포 ♩=120

모범연주　TRACK 17
반　주　TRACK 18

초절정 기타리스트를 목표로 하는 사람이라면 빠르게 연주하는 것뿐만 아니라 어떠한 비트에도 대응할 수 있는 리듬감도 가지고 있어야 한다. 16분음을 중심으로 악센트 위치가 마디마다 변화하는 이 프레이즈로 강인한 리듬감을 키우자! 다운 헛 스트로크도 익히자!

위의 악보를 연주할 수 없는 사람은 이것으로 수행하라!

초급 8분음으로 악센트를 넣는 연습이다. 마디마다 악센트 위치가 달라진다.

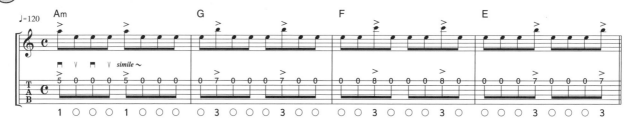

중급 이번에는 마디마다 16분음표 악센트 위치가 달라진다.

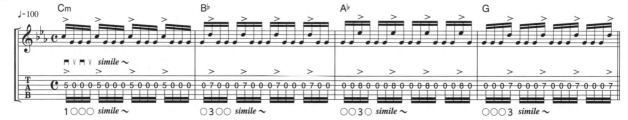

고급 '중급'을 더욱 복잡하게 만든 것이다. 4번 손가락의 3번 줄 8프렛에 모두 악센트를 넣는다.

주의점 1  이론

16분음 리듬을 이해하고 기초적인 리듬 연습을 하라

세상의 어떤 음악을 플레이한다고 해도 기분 좋은 비트를 내기 위해서는 16분음 리듬을 파악하는 것이 중요하다. 메탈 계열 기타리스트가 어려워하는 리듬이긴 하지만 한 단계 위로 올라가기 위해서는 익혀야 한다. 우선은 **그림1**에서 1박을 16분음 4개로 나누었을 때의 각 음을 부르는 이름을 기억하자. 이런 리듬의 명칭을 기억해두면 밴드 멤버와 리듬에 대한 의사소통이 원활해진다. 이어서 리듬 기초연습을 해보자. 지판을 누르는 포지션은 적당히 해도 상관없으므로 각 박자마다 발을 구르면서 16분음으로 얼터네이트 피킹을 해보자. 간단해보일 수 있겠지만, 이러한 리듬 기초 트레이닝을 하면 프로그레시브 계열의 변박자에도 대응할 수 있는 리듬감을 키울 수 있다.

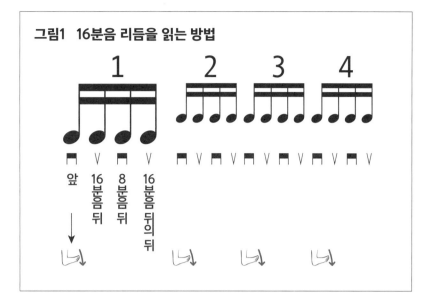

그림1　16분음 리듬을 읽는 방법

주의점 2 오른손

초보자에서 벗어나는 첫 걸음 16분음 다운 헛 스트로크

이 프레이즈는 마디마다 악센트의 위치가 달라지므로 악보를 보면서 그 위치를 이해하는 것이 중요하다. 실제로 연습할 때에는 반드시 각 박자의 앞부분에서 발을 구르고 악센트 위치에서는 강하게 피킹하자. 이렇게 함으로써 리듬을 몸에 기억시킬 수 있다. 다음은 2마디째에만 등장하는 풀링에 의한 헛 스트로크에 주의하기 바란다(**그림2**). 여기에는 다운 헛 스트로크가 들어가 있어서 초보자에게는 약간 어려운 내용이다. 16분음 뒤를 업, 그 후 풀링 때에 오른손 움직임을 멈추고 뒤의 뒤에서 다운해버려서는 안 된다. 해머링이나 풀링을 할 때에는 피킹을 멈추지 않고, 항상 손의 흔들림을 리듬에 맞추어 느끼는 것이 중요하다.

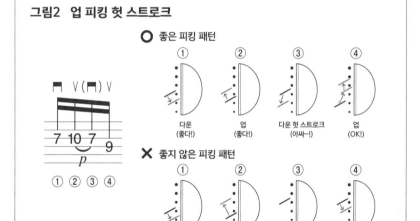

그림2　업 피킹 헛 스트로크

● 좋은 피킹 패턴

① 다운 (좋다!)　② 업 (좋다!)　③ 다운 헛 스트로크 (아싸~!)　④ 업 (OK!)

✕ 좋지 않은 피킹 패턴

① 다운 (좋다!)　② 크게 업 (응?)　③ 피크가 멈춘다 (어라?)　④ 다운 (이런, 이런…)

칼럼 7

지옥의 칼럼　지옥의 발 구르기 리듬연습

메트로놈을 사용한 효과적인 리듬 연습을 전수하겠다(**그림③**). 방법은 메트로놈에 맞추어 발 구르기를 하면서 '도레미파'를 연주하는 것이다. 우선은 1마디째를 연주해보자. 모두 4분음 앞에 발 구르기를 넣는다. 간단할 것이다. 이것에 익숙해지면 2마디째를 연주해보자. 여기서는 8분음 뒤에 발 구르기를 넣어 어긋나게 하는데, 혼란에 빠지지 않고 연주하는 것은 의외로 어렵다. 이 연습을 하면 박자 앞과 뒤의 감각을 파악하고 리듬감을 키울 수 있으므로 열심히 하자.

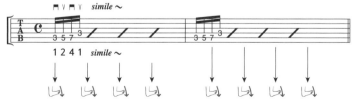

그림3　발 구르기 리듬 트레이닝

1마디째는 앞에 발 구르기를 넣고 2마디째는 8분음 뒤에 발 구르기를 넣는다.

−10−
1줄로 갈래!?

네오 클래시컬 스타일 1줄 프레이즈

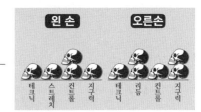

지옥의 격언
- 1줄의 빠른 횡이동을 마스터하라!
- 3손가락 1세트의 핑거링을 익혀라!

LEVEL ⚜⚜⚜

목표 템포 ♩=135

모범연주 **TRACK 19**
반 주 **TRACK 20**

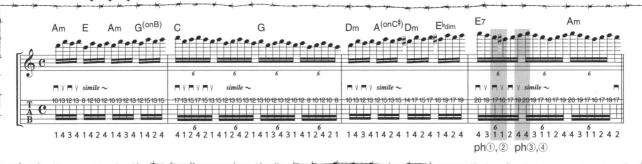

여기서는 네오 클래시컬 계열 프레이즈의 기본 중 기본이라 할 수 있는 1줄 프레이즈에 도전한다. 이 프레이즈는 내추럴 마이너와 하모닉 마이너로 구성되어있다.
1번, 4번 손가락이 선행하는 횡이동의 감각을 손가락에 익히고, 스피디하면서도 정확하게 풀피킹으로 연주하라!

위의 악보를 연주할 수 없는 사람은 이것으로 수행하라!

초급 우선은 A내추럴 마이너 스케일의 포지션을 확인하라.

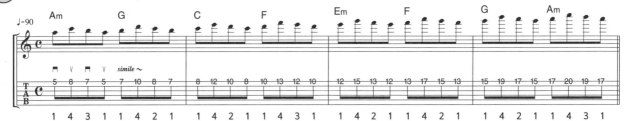

중급 이어서 A하모닉 마이너 스케일의 포지션을 이해하자.

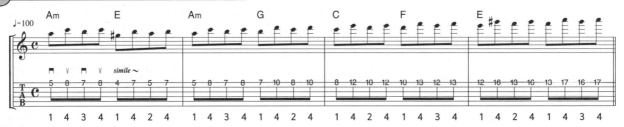

고급 메인의 여섯잇단음 패턴을 셋잇단음으로 연습하라!

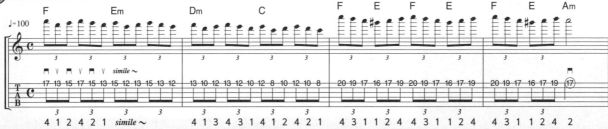

<지옥의 메커니컬 기타 트레이닝 (2) – 사랑과 열반의 테크닉 '강화편'>에서

주의점 1 이론

2가지 스케일의 울림 차이를 체감하라!

우선은 이 프레이즈에서 사용되고 있는 내추럴 마이너와 하모닉 마이너를 기억하자(**그림1**). 이 2가지 스케일은 루트음부터 세면 7번째 음이 반음 다르다. 양식미 계열 기타리스트는 이 프레이즈처럼 하모닉 마이너를 베이스로 다른 스케일을 더해서 프레이즈를 클래시컬 스타일로 연출하고 있다. 이 프레이즈는 나아가 3마디째 3박째에서 일시적으로 조바꿈하고, 제6음을 반음 올림으로써(여기서는 F#음) 클래시컬한 분위기를 고조시키고 있는 것이 특징이다. 지면상 상세한 이론을 해설할 수는 없다. 우선은 실제로 연주해보고 귀로 클래시컬 프레이즈의 분위기를 익히자.

그림1 A내추럴 마이너 스케일과 A하모닉 마이너 스케일

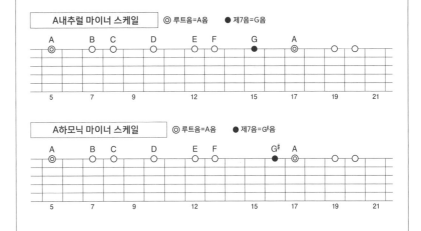

주의점 2 왼손

3손가락 1세트로 포지션 이동을 하라!

이 프레이즈를 연주하기 위해서는 3손가락 1세트의 핑거링 패턴을 익히고, 그 세트를 유지시키면서 포지션 이동을 할 필요가 있다. 3손가락 1세트의 운지는 네오 클래시컬 계열 기타의 상투적인 수법이므로 반드시 마스터하자. 이 프레이즈에서 1, 3마디째는 1번 손가락이 선두, 2마디째는 4번 손가락이 선두로, 다른 두 손가락과 1세트를 이뤄 이동하고 있다. 4마디째는 1번 손가락 끝 패턴(**사진①&②**)과 4번 손가락 끝 패턴(**사진③&④**)이 반박 3음씩 교대로 등장하므로 주의가 필요하다. 이 부분을 원활하게 연주하기 위해서는 **1번, 4번 손가락의 이동을 신속하게 하는 것[주]**은 물론 1번, 4번 손가락의 이동과 동시에 다른 손가락의 운지를 준비하는 것이 중요하다.

1번 줄 17프렛 운지. 다음 지판 누르기를 준비해둔다.

16프렛을 누른다. 왼손 전체를 이동시키는 것이 중요하다.

1번 줄 19프렛 운지. 여기서도 다음 운지를 준비해둔다.

20프렛을 누른다. 1번, 3번 손가락이 세트로 이동한다.

칼럼 8

지옥의 칼럼

더욱 높은 레벨을 목표로 하는 사람을 위한 비상(飛翔), 1줄 프레이즈

1줄 여섯잇단음은 초절정 기타리스트에게 있어서는 비교적 연주하기 쉬운 프레이즈다. 메인 프레이즈 2마디째는 대표적인 내용이며, **악보 예1**처럼 피킹 횟수를 줄여도 될 것이다. 풀 피킹과 레가토의 '합체 기술'이라고 할 수 있는 내용이다. 박자의 전반부에 피킹이 들어가므로 풀 피킹으로 들리면서도 연비가 우수한 내용이다. 종합적으로 보면 이것도 일종의 이코노미(경제적)다. 왼손 엑서사이즈도 되므로 이 악보 예도 많이 연주해보기 바란다.

악보 예1

1마디째와 2마디째의 피킹 패턴이 다르므로 주의하자.

[1번, 4번 손가락의 이동을 신속하게 한다] 세 손가락 1세트 핑거링 패턴의 선두가 되는 1번, 4번 손가락 음에 악센트를 주자. 이렇게 하면 포지션을 이동하는 감각이 명확해져서 템포를 유지하기 쉽다.

홀수 피킹 ~메탈편~

인사이드&아웃사이드 피킹 프레이즈 1

지옥의 격언
- 약간 복잡한 셋잇단음 계열 피킹을 익혀라!
- 3성화음(트라이어드)을 이해하라!

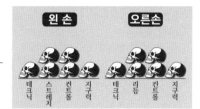

LEVEL

목표 템포 ♩= 155

모범연주 TRACK 21
반 주 TRACK 22

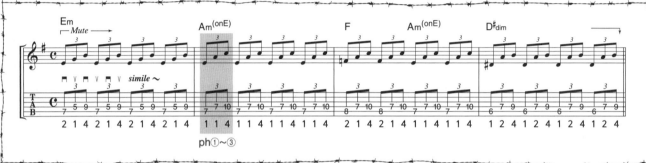

리치 블랙모어부터 마이클 쉥커, 그리고 잉베이로 시대와 함께 변화해온 3성화음(트라이어드). 클래시컬한 울림을 만들어내는 트라이어드의 기초를 배우고, 클래시컬한 멜로디를 연주해보자. 동시에 까다로운 셋잇단음 얼터네이트 피킹을 마스터하자!

위의 악보를 연주할 수 없는 사람은 이것으로 수행하라!

초급 우선은 줄 하나로 셋잇단음 프레이즈를 연주하자. 개방현에서 발 구르기를 넣자.

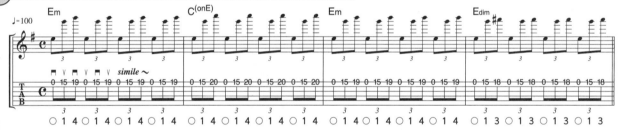

중급 인사이드와 아웃사이드가 역전되는 트라이어드에 익숙해지자.

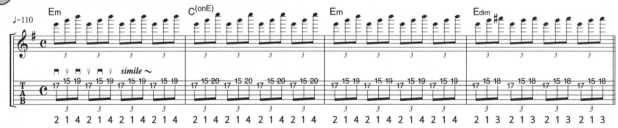

고급 스트레치 프레이즈. 저음줄이므로 특히 정확하지 않은 피킹은 속일 수 없다!

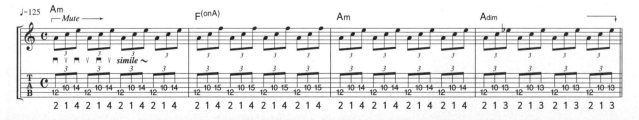

<지옥의 메커니컬 기타 트레이닝 (1)>에서

주의점 1  오른손

약간 복잡하게 변화하는 인사이드&아웃사이드

이러한 트라이어드 프레이즈를 연주할 때에는 셋잇단음 얼터네이트에 의한 인사이드&아웃사이드 피킹의 역전을 이해하는 것이 중요하다(**그림1-a**). 우선은 1박째는 다운에서, 2박째는 업에서 연주가 시작된다는 것을 기억하자. 자칫하면 2박째는 다운으로 들어가고 싶어지지만, 반드시 2박째는 업에서 시작해야한다. 다음으로 주의해야 할 것이 인사이드&아웃사이드 미스 피킹이다. 1박째 마지막 다운 후에는 확실하게 아래의 줄에 걸쳐서 업(아웃사이드)을 하고, 2박째 맨 처음 업 후에는 위의 줄에 닿지 않도록 아래 줄을 다운(인사이드)하자(**그림1-b**). 이 피킹 패턴은 다양한 프레이즈에 등장하므로 궤도를 오른손에 확실하게 기억시키자.

그림1-a　셋잇단음 얼터네이트 피킹

※1, 3박째는 다운 피킹, 2, 4박째는 업 피킹으로 스타트하자.

그림1-b　인사이드&아웃사이드 피킹의 궤도

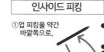

아웃사이드 피킹	인사이드 피킹
다운 피킹 후, 곧바로 바깥쪽으로 호를 그리는 느낌으로 업 피킹 준비에 들어간다.	①업 피킹을 약간 바깥쪽으로, ②다운 피킹은 직선적으로 한다.

주의점 2 왼손

1번 손가락 제1관절의 세밀한 움직임을 익혀라!

이 프레이즈는 4, 5번 줄만으로 구성되어있기 때문에 피킹의 궤도는 마지막까지 바뀌지 않는다. 즉 1마디째 피킹 패턴을 익히면 나머지는 핑거링 포지션을 마스터하기만 하면 된다. 여기서 가장 주의해야 할 것은 2마디째와 3마디째의 3, 4박째에 등장하는 Am(onE) 운지다. 여기서는 4, 5번 줄을 바레해서 누르지 않도록 주의하자(**사진①**). 4번 줄 지판 누르기 때에는 5번 줄을 누르고 있던 1번 손가락을 약간 띄우듯이 4번 줄 방향으로 이동시키자(**사진③**). 이 때에 1번 손가락 손끝으로 5번 줄을 뮤트해야 한다. 이 1번 손가락 제1관절만 사용하는 작은 움직임은 반드시 마스터하기 바란다.

4, 5번 줄을 바레로 누르면 음이 탁해지므로 NG.

5번 줄 운지. 4번 줄은 1번 손가락 배 부분으로 뮤트하자.

4번 줄 운지. 5번 줄은 1번 손가락 끝 부분으로 뮤트하자.

칼럼 9
지옥의 칼럼

삼각형이 멜로디를 바꾼다! 트라이어드의 기본형을 배우자

트라이어드란 3화음으로, '루트, 3도, 5도'의 3가지 구성음으로 이루어진 코드를 말한다. 이것을 다양한 테크닉을 사용해서 분산시켜 연주함으로써 멜로디어스한 프레이즈로 만들 수 있다. 우선 트라이어드의 기본형을 익히자(**그림2**). 메이저 트라이어드에 비해서 마이너 트라이어드는 3도가 반음 내려가 있다. 또한 마이너 트라이어드에 비해서 디미니쉬 트라이어드는 5도가 반음 내려가 있다. 각각의 형태가 미묘하게 다르지만, 확실하게 이름과 형태를 기억해두자. 루트를 바꾸면 어떤 코드에도 대응할 수 있으므로 여러 가지 포지션에서 시험해보기 바란다.

그림2　3가지 트라이어드 코드 그림

메이저 트라이어드
(예: E메이저)

7

◎ 루트음=E
△ 3도음=G#
□ 5도음=B

마이너 트라이어드
(예: E마이너)

7

◎ 루트음=E
△ 3도음=G
□ 5도음=B

디미니시 트라이어드
(예: E디미니시)

7

◎ 루트음=E
△ 3도음=G
□ 5도음=B♭

-12-
발판 승강 1줄

1줄로 하는 얼터네이트 엑서사이즈

지옥의 격언
- 얼터네이트 음의 입자를 고르게 하자!
- 깔끔한 개방현을 위해 손가락을 정확하게 떼자

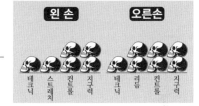

LEVEL 🌟🌟

목표 템포 ♩= 110

모범연주 TRACK 23
반　주 TRACK 24

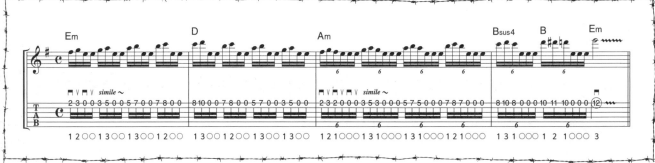

1줄 얼터네이트 피킹 엑서사이즈. 전반부는 16분음이고 후반부는 여섯잇단음이다. 리듬 체인지에 주의하자. 개방현을 확실하게 울리기 위해서 왼손 손가락을 줄에서 신속, 정확하게 떼자. 음의 입자를 고르게 하고 끝까지 리듬이 흐트러지지 않도록 하자.

위의 악보를 연주할 수 없는 사람은 이것으로 수행하라!

초급 8분음 기초 엑서사이즈. 소리 나는 위치가 앞박자와 뒷박자 모두에 있다.

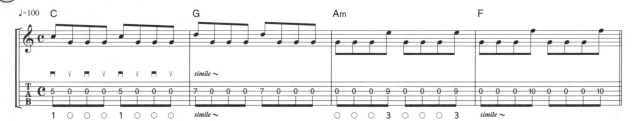

중급 1줄 기초 엑서사이즈. 전반부는 8분음의 2음 단위 프레이즈, 후반부는 3음 단위 프레이즈다.

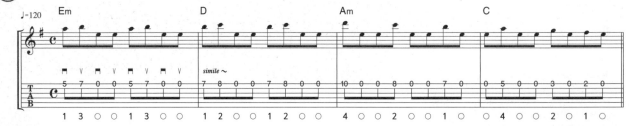

고급 16분음 응용 엑서사이즈. 3음 단위 프레이즈와 6음 단위 프레이즈를 철저하게 연습하라!

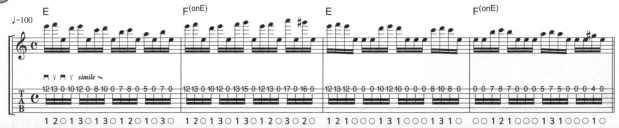

<지옥의 메커니컬 기타 트레이닝 - 입대편>에서

32

주의점 1 　📖 이론

2가지 마이너 스케일의 차이를 확인해두자!

메인 프레이즈는 1번 줄만 사용한 1줄 프레이즈다. 기본적으로는 E내추럴 마이너 스케일로 구성되어있으며, 4마디째 2박째만 E하모닉 마이너 스케일의 음(1번 줄 11프렛)을 한 순간만 사용하고 있다. 내추럴 마이너 스케일과 하모닉 마이너 스케일은 7th음만 반음 다르다(**그림1**). **양식미 계열[주]** 악곡에서는 그 7th음에 맞추어 코드를 변화시키는 것이 상투적인 수단이다. 이 프레이즈는 1줄 위에서 세밀하게 이동하므로 연주 전에 포지션을 숙지해두자!

그림1　E내추럴 마이너와 E하모닉 마이너 스케일

· E내추럴 마이너

◎ 토닉=E음　　● 7th음=D음

· E하모닉 마이너

◎ 토닉=E음　　● 7th음=D#음

반음만 다르다

주의점 2 　✋ 왼손

저공 자세는 안 된다!? 줄에서 손을 뗄 때는 과감하게!

메인 프레이즈는 1번 줄 개방을 많이 사용하기 때문에 지판에서 왼손 손가락을 떼는 것이 중요한 포인트이다. 왼손 손가락을 지판에서 떼는 타이밍이 늦어지면 브러싱 톤에 의한 노이즈음이 발생하므로 손가락을 과감하게 떼는 느낌으로 연주하자(**사진①~④**). 실제로 손가락은 줄에서 몇 ㎜만 떼면 된다. 그러나 이러한 개방현을 확실히 울리게 하고 싶은 프레이즈에서는 핑거링이 다소 커져도 상관없으므로 확실하게 줄에서 손가락을 떼도록 하자. 속주 때의 핑거링은 저공 자세가 기본이지만, 이처럼 프레이즈의 내용에 맞추어 발상을 전환하는 것도 중요하다!

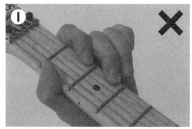
❶ ✕　1마디째 1박째. 3프렛에서 2번 손가락을 떼지만…

❷ ✕　손가락을 확실하게 올리지 않으면 노이즈가 날 우려가 있다.

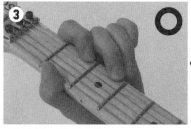
❸ ⭕　개방현이 제대로 울리도록 의식해서…

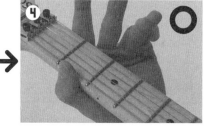
❹ ⭕　손가락을 과감하게 올려보자!

칼럼 10

지옥의 칼럼

얼터네이트 음의 입자를 합리적으로 고르게 만드는 허밍버드 피킹

에디 반 헤일런이나 조지 린치는 메인 프레이즈처럼 1줄 프레이즈를 연주할 때에는 허밍버드 피킹을 사용하는 경우가 많다. 허밍버드 피킹이란 손목을 90도 가까이 구부려 1번 줄보다 아래의 위치에 손목을 두고 옆에서 피킹하는 스타일이다(**사진⑤**). 일반적인 얼터네이트는 아무래도 다운 피킹 때에 악센트가 들어가기 쉽다. 그러나 허밍 버드 피킹을 사용하면 업 피킹 때에 자연스럽게 피크가 줄에 걸리므로 음의 입자를 고르게 할 수 있다. 참고로 에디는 피크를 엄지손가락과 가운뎃손가락으로 잡으므로 이 방법도 시도해보기 바란다.

❺　손목을 구부려서 연주하는 허밍버드 피킹. 엄지손가락과 가운뎃손가락으로 피크를 잡아보자.

Van Halen
<Best Live: Right here, right now>

새미 헤이거가 있던 시절의 라이브 영상. 테크니컬하면서도 풍부한 표정의 에디의 플레이를 볼 수 있다.

[양식미 계열] 레인보우를 원조로 하며, 그 후 잉베이에 의해 확립된 메탈 장르 중 하나. 클래식 음악의 요소를 대담하게 도입해서 멜로디어스하며 드라마틱한 사운드를 들려준다는 것은 이미 상식인가!?

발판 승강 2줄

2줄로 하는 아웃사이드 피킹 트레이닝

- 아웃사이드 피킹을 마스터하자!
- 핑거링을 철저하게 단련시키자!

왼 손	오른손
테크닉 스트레치 컨트롤 지구력	테크닉 리듬 컨트롤 지구력

LEVEL ✦✦✦

목표 템포 ♩= 100

모범연주　TRACK 25
반　주　TRACK 26

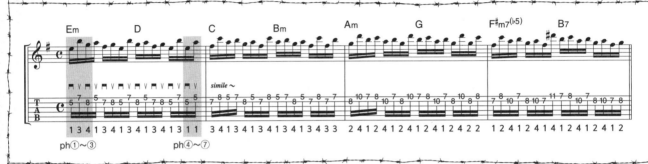

32페이지에 이어서 여기서는 2줄 얼터네이트 엑서사이즈 프레이즈에 도전하자. 피킹은 아웃사이드가 메인이므로 줄 이동을 정확하게 하는 것이 중요하다. 왼손도 조인트와 3번&4번 손가락의 세밀한 핑거링에 주의하자. 16비트의 리듬을 타고 리드미컬하게 플레이하자!

위의 악보를 연주할 수 없는 사람은 이것으로 수행하라!

초급 8분음 엑서사이즈. 아웃사이드 피킹을 집중적으로 연습하라!

중급 왼손 조인트 엑서사이즈. 양손 컴비네이션 능력을 기르자.

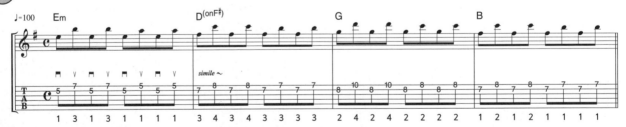

고급 응용 엑서사이즈. 메인 프레이즈의 6음 단위로 나뉘는 프레이즈를 셋잇단음으로 연습하자!

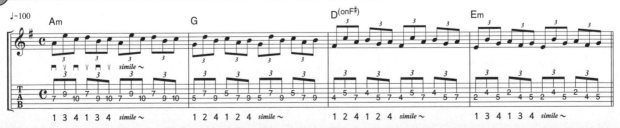

<지옥의 메커니컬 기타 트레이닝 – 입대편>에서

주의점 1  오른손

1번 줄 아래로 정확하게 줄 이동하고 파듯이 업 하자

메인 프레이즈는 2번 줄과 1번 줄을 빈번하게 오가기 때문에 아웃사이드 피킹을 많이 사용한다 (사진①~③). 1번 줄을 업으로 연주할 때에는 피크가 1번 줄을 확실하게 치고 뛰어 넘는 것이 중요하며, 2번 줄에서 1번 줄로 이동할 때에는 오른손 손목을 활 모양으로 움직이는 것이 좋다. 손가락 끝만 작게 움직이면 미스 피킹의 원인이 되므로 주의하자. 이어서 1번 줄을 업으로 연주할 때에는 줄을 파는 듯한 느낌으로 연주하자. '활 모양으로 줄 이동→파듯이 피킹'의 일련의 동작을 여러 번 반복 연습해서 오른손에 기본적인 움직임을 숙지시키자!

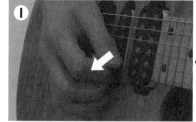
아웃사이드 피킹. 2번 줄을 다운으로 연주한 후…

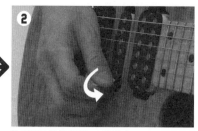
활 모양으로 1번 줄 아래쪽으로 이동하자.

1번 줄은 파내듯이 업으로 연주한다.

주의점 2 왼손

손가락 끝의 섬세한 움직임으로 1번, 2번 줄을 선택해 연주하자

메인 프레이즈 1마디째 4박째 뒤쪽의 2번 줄 5프렛→1번 줄 5프렛의 핑거링에 주의하자. 이러한 **다른 줄 같은 프렛[주]**은 군더더기 없는 핑거링을 고려해 조인트로 연주하는 경우가 있지만, 여기서는 1&2번 줄이 동시에 소리를 내서 사운드가 탁해질 우려가 있으므로 반드시 1음씩 나눠서 연주하자(사진④~⑦). 실제로는 1번 줄로 이동하는 동시에 1번 손가락의 끝부분을 띄워서 (제1관절을 순식간에 구부린다), 2번 줄을 뮤트하자. 이때 1번 손가락이 2번 줄에서 완전히 떨어지면 원활한 운지를 할 수 없으므로 약간 닿은 상태가 좋다. 손끝으로만 하는 섬세한 컨트롤로 연주하자.

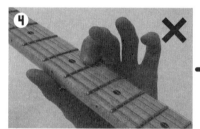
2번 줄 5프렛을 1번 손가락으로 누르고…

조인트로 1번 줄도 누르면 음이 탁해지므로 주의하자!

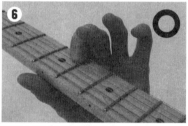
2번 줄 5프렛을 1번 손가락으로 누른 후…

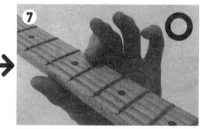
1번 손가락 끝부분을 띄워서 1번 줄만 누른다.

주의점 3 이론

음이 나눠지는 묶음을 이해해서 리듬을 정확하게 잡자!

메인 프레이즈와 같은 16분음으로 음을 가득 담은 프레이즈를 연주할 때에는 사전에 프레이즈가 나눠지는 묶음을 이해해두는 것이 중요하다. 메인 프레이즈 1~3마디째는 1마디가 16분음으로 '6음, 6음, 4음'의 묶음으로 되어있으므로 유념하자(그림1). 이러한 16분음이 6음씩 묶인 프레이즈는 익숙하지 않으면 6음을 너무 의식한 나머지 여섯잇단음이나 셋잇단음이 되는 경우가 많으므로 주의하자. 기본적으로는 4분음 길이의 타이밍으로 발 구르기를 한다. 항상 16분음을 느끼면서 계속 얼터네이트로 연주하는 것이 좋다.

그림1 메인 프레이즈의 음 나누기

· 1마디째

```
T    C   5 7 8   5 7 8 5   8 7 8 5 7 5   5
A
B
```
(7 5 / 7 / 5 / 5)

|← 6음 →| |← 6음 →| |← 4음 →|

4분음표 타이밍으로 발 구르기 하면서 리듬을 정확하게 잡자!

[다른 줄 같은 프렛] 다른 줄 같은 프렛은 속주의 어려운 관문이다. 특히 핑거링이 포인트가 되는 경우가 많으며, 뮤트의 난이도가 높다. 하지만 왼손 컨트롤 능력을 기르는 데에 좋은 재료가 되므로 열심히 연습하자!

-14-
헛 스트로크는 세 번 오지 않는다

해머링&풀링을 사용한 얼터네이트 피킹

지옥의 격언
- 대표적인 프레이즈로 헛 스트로크를 마스터하자!
- 블루스를 연주하기 위한 센스를 키우자!

왼 손	오른손
테크닉 스트레치 컨트롤 지구력	테크닉 리듬 컨트롤 지구력

LEVEL ✦✦

목표 템포 ♩= 110

모범연주 **TRACK 27**
반 주 **TRACK 28**

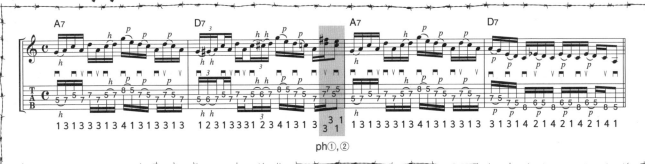

ph①,②

록에 필수적인 펜타토닉에 펜타토닉 이외의 음을 섞은 약간 블루지한 프레이즈. 이 프레이즈로 블루지한 필링을 익히자. 또한 해머링&풀링의 헛 스트로크를 완전히 마스터해서 리듬이 어긋나지 않는 기타리스트가 되자!

위의 악보를 연주할 수 없는 사람은 이것으로 수행하라!

초급 우선은 8분음으로 인사이드 피킹을 연습하자.

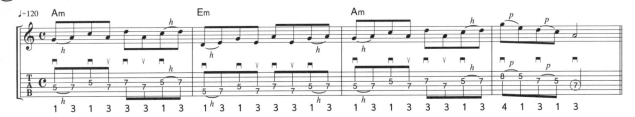

중급 이어서 아웃사이드 피킹을 완전공략하자.

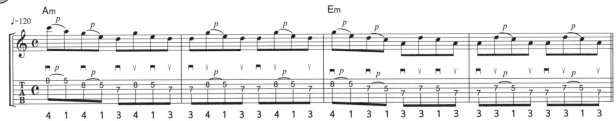

고급 헛 스트로크와 인사이드&아웃사이드 피킹을 마스터하자!

<지옥의 메커니컬 기타 트레이닝 (1)>에서

주의점 1 　오른손

항상 16분음으로 얼터네이트를 유지하는 감각을 가지자

이러한 펜타토닉 계열 프레이즈를 연주할 때에는 특히 리듬에 주의하기 바란다. 리듬이 너무 빠르거나 느려도 우습게 되므로 딱 맞는 타이밍을 익히자. 그러기 위해서는 항상 16분음으로 오른손을 흔드는 것이 중요하다(그림1). 얼터네이트 피킹을 유지하면서 해머링&풀링은 물론, 반박 셋잇단음 등이 들어와도 동요하지 않는 리듬감(16비트를 지키는 감각)을 단련시키자. 이 감각을 키우기 위해서는 템포 90~120 정도의 좋아하는 곡을 재생시켜놓고 발 구르기를 하면서 브러싱음을 16분음으로 계속 얼터네이트로 피킹하는 연습이 좋다. 기타에는 타악기의 요소도 있다는 것을 기억해두자.

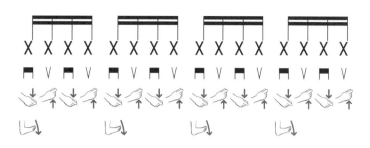

그림1　16분음 리듬 트레이닝

브러싱음을 16분음으로 얼터네이트 피킹을 계속한다.
박자 시작부분에 발 구르기를 넣는 것을 잊지 말자.

주의점 2 　이론

펜타토닉을 멋지게 바꾸는 스파이시음 'b5th'

록에 필수적인 펜타토닉 스케일은 펜타토닉 이외의 스파이시음을 사용함으로써 더욱 블루지한 느낌을 낼 수 있다. 그 스파이시음 중 대표적인 것이 'b5th'와 '6th'다(그림2). 특히 b5th는 펜타토닉 프레이즈를 단번에 멋지게 만들어준다. 다만 '마구 사용해주마!'라는 생각으로 연주해서는 안 된다. 이 음은 어디까지나 양념에 지나지 않는다. 그러므로 b5가 사용된 프레이즈를 많이 듣거나 연주함으로써 양념을 효과적으로 사용하는 센스를 키우자. 프레이즈 안에서 울리는 b5th음을 듣고 판별할 수 있게 되면 가장 좋다.

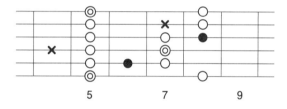

그림2　A블루스 펜타토닉 스케일의 스파이시음

◎ 루트음=A　　● b5th=Eb　　✕ 6th=F♯

b5th음을 효과적으로 사용함으로써 블루지한 분위기를 낼 수 있다.

주의점 3 　오른손

화음의 피킹은 크고 러프하게 하자!

이 프레이즈는 16분음의 얼터네이트 피킹을 계속 유지해야만 하므로 2마디째 4박째의 화음 피킹에는 주의가 필요하다. 실제로 연주할 때에는 단음을 연주할 때보다도 상당히 크게 피킹하는 것이 좋을 것이다(사진①, ②). 그렇게 하면 좋은 의미에서 러프한 사운드가 되어 록의 느낌이 증가한다. '여기만 2줄을 연주한다'라는 생각에 굳어버리면 리듬도 딱딱해져 16비트가 흐트러져버리는 경우가 있다. 16비트 리듬을 소중히 하면서 피크를 크게 움직이도록 하자. 다만 크고 러프하게 피킹하기 위해서는 남은 줄 뮤트를 확실하게 하는 것이 중요하다.

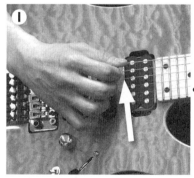

2&3번 줄 7프렛의 업 피킹. 피크의 궤도가 커지도록 연주하자. 남은 줄 뮤트도 잊지 말자.

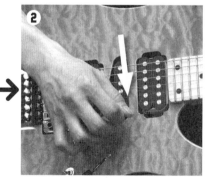

2&3번 줄 5프렛의 다운 피킹. 1번 줄 아래까지 내려가는 기세로 하면 좋을 것이다.

파워 코드가 아니면 무엇을 연주하리!

8비트 기초 파워코드 리프

- 모두 다운 피킹으로 연주하라!
- 브릿지 뮤트를 완전 마스터하라!

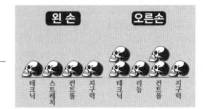

LEVEL 7

목표 템포 ♩= 160

모범연주 TRACK 29
반 주 TRACK 30

8분음으로 구성된 파워 코드 리프. 브릿지 뮤트를 하면서 모두 다운 피킹으로 연주하자. 도중에 들어가는 8분쉼표에서 리듬이 흐트러지지 않도록 주의하면서 파워 코드는 신속하고 정확하게 체인지하는 것이 중요하다. 끝까지 질주감을 유지하며 플레이하라!

위의 악보를 연주할 수 없는 사람은 이것으로 수행하라!

초급 다운 피킹과 브릿지 뮤트의 기초연습을 하자.

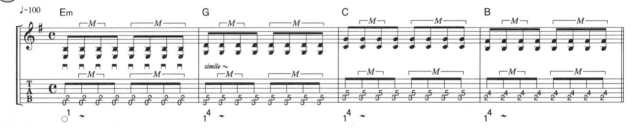

중급 온 코드를 사용한 백킹의 기초연습. 약간 변칙적으로 코드를 누르는 방법도 배우자!

고급 코드가 세밀하게 변화하는 기본 엑서사이즈. 코드 체인지가 늦지 않도록 하자!

<지옥의 메커니컬 기타 트레이닝 - 입대편>에서

주의점 1  오른손

피크를 끼워 넣는 느낌으로 다운 피킹을 하자!

메인 프레이즈는 모두 다운 피킹으로 되어있다. 이러한 리프의 다운 피킹에서는 피크가 줄 아래로 파고들듯이 비스듬하게 연주하는 것이 중요하다(**그림1-a**). 피크를 줄에 끼워 넣는 느낌으로 연주해서 결과적으로 저음줄이 지판의 프렛을 때리면 된다. 이렇게 연주하면 컴프레서가 걸린 것 같은 고음과 저음이 강조된 사운드를 낼 수 있다. 또한 다운 피킹 후에는 직선적인 궤도로 되돌아가자(**그림1-b**). 이렇게 연주하면 움직임에 군더더기가 없어져 신속한 다운 연타를 할 수 있다.

그림1-a 다운 피킹의 각도

○ 각도를 주어 피크를 줄에 끼워 넣는 느낌으로 연주한다.

✕ 피크를 지판에 대해 평행하게 내리지 않는다.

그림1-b 다운 피킹 후 되돌아갈 때의 궤도

○ 연주한 줄에 닿을 정도의 직선적인 궤도를 그린다.

✕ 큰 궤도는 쓸데없는 동작이 많아진다.

주의점 2  오른손

파워풀한 중저음을 내는 중요한 기술 브릿지 뮤트

메인 프레이즈와 같은 파워풀한 헤비 리프를 연주하기 위해서는 브릿지 뮤트를 마스터해야 한다. 브릿지 뮤트는 오른손 손날 부분을 브릿지 부근의 줄에 가볍게 대서 한다(**그림2&사진①**). 줄에 닿은 세기에 따라 사운드가 크게 달라지므로 주의하자. 브릿지 뮤트의 세기가 약하면 저음에서 조이는 느낌이 없어지고, 강하면 어택음만 들리게 된다. 그러므로 그 중간 정도의 세기를 목표로 하자. 다운으로 연주했을 때, 저음과 어택음 모두를 겸비한 '증!' 하는 강력한 사운드가 나올 수 있도록, 브릿지 뮤트의 세기를 연구해 보자.

그림2 브릿지 뮤트의 위치

2cm

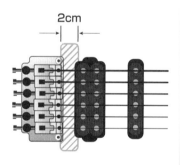

브릿지에서 2㎝부근 정도까지의 범위에 댄다.

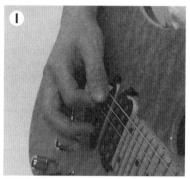

오른손 손날 부분으로 뮤트한다. 깔끔한 음이 나오도록 뮤트의 세기를 연구해보자!

주의점 3 왼손

1번&4번 손가락으로 파워 코드를 누르자!

파워 코드[주]는 메탈 리프에서 많이 사용하므로 격렬한 포지션 이동 때에도 지판을 누르는 폼이 흐트러지지 않는 방법을 마스터 해두어야 한다. 운지 방법은 1번&3번 손가락 폼(**사진②**)과 1번&4번 손가락 폼(**사진③**)의 두 가지가 있다. 저자는 1번&4번 손가락 폼을 권장 한다. 1번&3번 손가락 폼은 3번 손가락과 4번 손가락에 필요 이상의 힘이 들어가기 쉬우며, 그 결과 3번 손가락을 아랫방향으로 당기게 된다. 1번&4번 손가락 폼은 2번&3번 손가락을 사용해 6번줄을, 4번&1번 손가락의 밑 부분을 사용해 고음줄을 뮤트할 수 있다. 또한, 힘들이지 않고도 지판을 누를 수 있기 때문에 포지션 이동도 원활하게 할 수 있다.

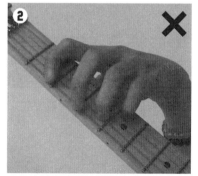

초보자가 많이 사용하는 1번&3번 손가락 폼. 이 폼은 남은 줄 뮤트가 힘들어 노이즈에 대처하기 어려우며, 필요 이상의 힘이 들어갈 수 있어 안정성도 떨어진다.

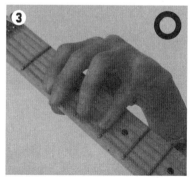

1번&4번 손가락 폼. 남는 줄을 뮤트하기 쉬우며 포지션 이동도 원활하게 할 수 있어 좋다.

[파워 코드] 루트음과 5th음만 누르는 간략한 코드. 메이저와 마이너를 결정하는 3rd음이 빠지기 때문에 화음의 느낌은 약하지만 파워풀한 사운드를 낼 수 있다는 장점이 있다.

16

메탈정신 리프동맹 ~L.A. 지부~

피킹 하모닉스를 사용한 하드록 리프

- 브릿지 뮤트의 감각을 익혀라!
- 피킹 하모닉스를 마스터하라!

	왼 손	오른손

LEVEL 🗡🗡

목표 템포 ♩= 180

모범연주 TRACK 31
반 주 TRACK 32

브릿지 뮤트를 하는 헤비 리프의 정말 대표적인 프레이즈다. 리프 없이 록을 논할 수 없다고 해도 과언이 아니므로 열심히 연습하라! 브릿지 뮤트와 넌 뮤트의 구분과 리프에 큰 악센트를 주는 피킹 하모닉스를 완전하게 마스터하자!

위의 악보를 연주할 수 없는 사람은 이것으로 수행하라!

초급 브릿지 뮤트를 하는 루트음과 넌 뮤트의 코드음을 구분해서 연습하라!

중급 메인 프레이즈와 비슷한 코드진행이다. 코드 체인지의 타이밍을 확인하라!

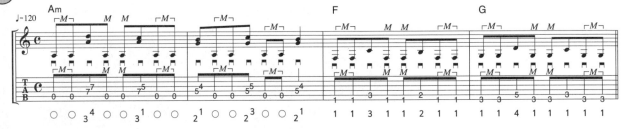

고급 피킹 하모닉스 때의 피킹 각도를 연구하자.

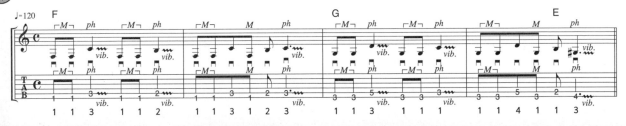

주의점 1  오른손

브릿지 뮤트 때는 강하게 피킹하자!

브릿지 뮤트를 하는 리프를 멋지게 들려주는 요령은 브릿지 뮤트를 하는 루트음과 뮤트를 하지 않은 코드음을 확실하게 구분해 연주하는 것이다. '뮤트음'과 '넌 뮤트음'의 차이를 명확하게 할수록 리프에 날카로움이 더해지므로 의식하면서 연주하자. 브릿지 뮤트 때와 넌 뮤트 때의 오른손과 브릿지의 거리감을 파악해두는 것도 중요하다(**그림1**). 브릿지 뮤트를 하면 줄 진동이 억제되므로 초보자는 코드음에 비해서 뮤트음이 작아지는 경향이 있다. 그렇기 때문에 약간 강하게 피킹하는 것이 좋다. 다만 힘을 너무 많이 주면 피킹의 날카로움이 떨어지므로 주의하자.

그림1　오른손과 브릿지와의 거리

루트음 　　　 코드음

브릿지 뮤트를 걸어서 연주한다. 약간 강하게 피킹하자. 　　　 뮤트를 하지 않고 연주한다.

주의점 2 오른손

엄지손가락을 신속하게 줄에서 떼서 하모닉스음을 내자

대표적인 헤비 리프에 강력한 임팩트를 주는 피킹 하모닉스. 록에서 빼놓을 수 없는 테크닉 중 하나이며, 익숙하지 않으면 제대로 연주할 수 없다. 하모닉스음은 피킹과 동시에 오른손 엄지손가락을 줄에 대서 낸다(**사진①**). 다만 엄지손가락을 줄에 대는 동시에 바로 손가락을 떼는 것이 중요하다(**사진②**). 이렇게 함으로써 서스테인 있는 **깔끔한 하모닉스음[주]**을 낼 수 있을 것이다. 또한 엄지손가락을 줄에 밀어붙이듯이 피킹하면 하모닉스음을 내기 쉽다. 하모닉스음이 나오기 힘든 위치도 있으므로 피킹하는 위치를 다양하게 시험하면서 하모닉스 포인트를 찾아보자.

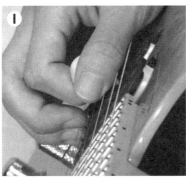
피킹 하모닉스 순간. 엄지손가락이 줄에 닿도록 피킹을 하자.

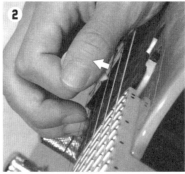
깔끔한 하모닉스음을 내기 위해서는 엄지손가락을 신속하게 줄에서 뗄 필요가 있다. 길게 닿게 해서는 안 된다.

주의점 3  왼손

리프 플레이 때의 코드음을 누르는 방법

여기서는 리프를 플레이할 때의 코드음 지판 누르기에 대해서 해설하겠다. 기본적으로 메인 프레이즈와 같은 대표적인 헤비 리프는 루트음과 코드음을 확실하게 구분하지 않으면 리듬의 조임과 사운드의 날카로움이 사라지므로 주의하기 바란다. 코드음을 한 음 한 음 확실하게 연주하기 위해서는 **사진③**처럼 두 손가락을 사용하면서, 그와 함께 손가락을 세워서 지판을 누르는 것이 좋다. **사진④**처럼 코드음을 3번 손가락 하나로 누르는 것도 가능하다. 그러나 불필요한 줄인 2번 줄을 동시에 누르고 연주할 위험이 있다. 누르기 편한 방법을 고려하되 노이즈 대책을 고려한 지판 누르기를 모색하면서 연주하기 바란다.

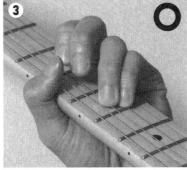
4번 줄 7프렛: 3번 손가락, 3번 줄 7프렛: 4번 손가락 지판누르기. 손가락을 세우면서 인접한 줄을 뮤트하는 것이 이상적인 폼이다.

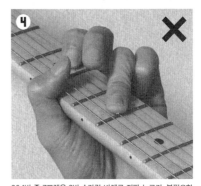
3&4번 줄 7프렛을 3번 손가락 바레로 지판 누르기. 불필요한 줄인 2번 줄을 누를 수 있으므로 이렇게 하지 말자.

[깔끔한 하모닉스음] 하모닉스음에 비브라토를 걸면 음이 뻗어나가는 것뿐만 아니라 악센트도 줄 수 있다. 피킹 하모닉스와 비브라토는 항상 세트로 연주해도 좋다.

17

이것도 코드 커팅의 숙명

쉼표를 활용한 코드 커팅 프레이즈

지옥의 격언
- 진폭이 큰 스트로크로 연주하자!
- 쉼표에서도 리듬은 계속 유지하자!

왼손	오른손
테크닉 / 스트레치 / 컨트롤 / 지구력	테크닉 / 리듬 / 컨트롤 / 지구력

LEVEL

목표 템포 ♩= 180

모범연주　TRACK 33
반　　주　TRACK 34

브러싱을 활용한 전형적인 코드 커팅. 리듬을 8비트로 잡으면서 얼터네이트로 리드미컬하게 플레이하자. 오른손 진폭이 작아지면 사운드가 약해지므로 6줄 모두 스트로크하는 것이 중요하다. 브러싱 때의 왼손 뮤트는 신속하고 정확하게 하자!

위의 악보를 연주할 수 없는 사람은 이것으로 수행하라!

초급 옥타브 위의 루트음도 누르는 3줄 파워코드 기초연습. 코드 체인지는 정확하게!

중급 브러싱을 추가한 기초연습. 왼손 뮤트의 온/오프를 컨트롤하라!

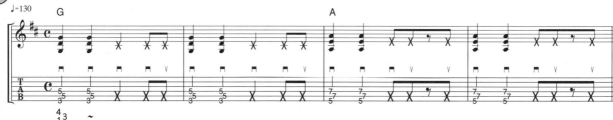

고급 8분음표의 뒷박자에 발음을 더한 기초연습. 도중에 오른손의 진폭이 흐트러지지 않도록 하자.

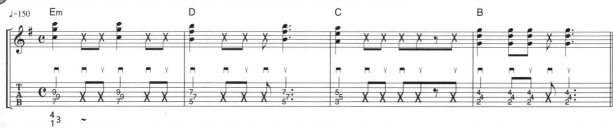

주의점1 왼손

왼손을 잘 활용해서 남은 줄을 완벽하게 뮤트하라!

커팅 프레이즈에서 왼손은 정확하게 뮤트를 하고 지판을 누르고 있는 음 이외의 줄도 동시에 연주해서[주] 프레이즈에 파워를 더하자. 브러싱 때에는 음을 확실하게 끊는 것은 물론이고 불필요한 줄의 뮤트에도 신경 쓰자. 메인 프레이즈와 같은 3음 파워코드를 누를 때에는 1번 손가락을 눕혀서 고음줄을, 2번 손가락을 뻗어서 저음줄을 뮤트하는 것이 좋다(사진①). 손가락을 세워서 지판을 누르면 남은 줄이 잘못 울리게 되므로 주의하자(사진②). 왼손은 확실하게 뮤트하면서 강력한 사운드를 내자!

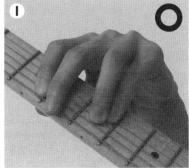

1번 손가락을 눕혀서 고음줄을, 2번 손가락을 뻗어서 6번 줄을 뮤트한다. 이렇게 하면 6줄 모두를 스트로크 할 수 있다.

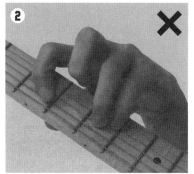

손가락을 세우면 남는 줄을 뮤트할 수 없다. 노이즈가 가득한 연주가 되어버리므로 주의하자.

주의점2  오른손

깔끔한 음을 내는 비결은 진폭이 큰 스트로크에 있다!

주의점1에서도 해설했듯이, 메인 프레이즈와 같은 코드 커팅 프레이즈는 지판을 누르고 있는 음 이외의 줄도 동시에 피킹하는 것이 좋다. TAB악보의 표기대로 3줄만 연주하면 사운드가 약해질 수 있다(그림1-a). 따라서 남은 줄을 뮤트하면서 6줄 모두를 스트로크하자(그림1-b). 이렇게 연주하면 남은 줄의 브러싱음이 더해져 엣지가 강하고 깔끔한 사운드를 낼 수 있다. 왼손 뮤트를 하고, 이웃한 줄도 연주할 정도의 큰 스트로크로 플레이하기 바란다.

그림1 코드 커팅 때의 스트로크 폭

(a)좋지 않은 패턴

3줄만 노리면 사운드가 약해진다.

(b)좋은 패턴

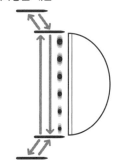

6줄 모두를 스트로크하면 강력한 사운드를 낼 수 있다.

주의점3 이론

4분음과 4분쉼표도 8비트 카운트로 리듬을 잡자!

메인 프레이즈가 8비트이므로 8분음표를 토대로 리듬을 잡아야만 한다. 그러므로 4분음과 4분쉼표도 8분음표 2개로 보는 것이 중요하다(그림2). 4분음표 부분에서 오른팔의 움직임이 멈춰버리면 리듬이 흐트러지거나 그루브감이 손상되는 원인이 될 수 있다. 스트로크도 팔꿈치를 지지점으로 크게 흔들자. 단음 속주만을 연습하면 스피드감을 너무 중시한 나머지 손목을 지지점으로 하는 피킹이 되기 쉽다. 이러한 코드 커팅은 손목을 지지점으로 하는 피킹으로 연주하면 그루브를 잘 표현할 수 없다.

그림2 메인 프레이즈의 리듬을 잡는 법

· 1마디째

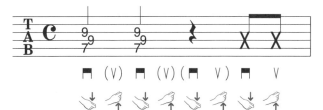

4분음과 4분쉼표라도 손을 8분음으로 계속 흔들자!

[지판을 누르고 있는 음 이외의 줄도 동시에 연주한다] 그루브감을 내기 위해서는 진폭이 큰 스트로크로 연주하는 것이 중요하다. 왼손 뮤트를 정확하게 하면 큰 스트로크로도 단음 커팅을 연주할 수 있다.

18

이제! 16비트에서 도망칠 수 없다

세밀한 브러싱을 넣는 16비트 계열 리프

- **비트를 타면서 그루브감을 만들어내라!**
- **브러싱음을 강력하게 연주하자**

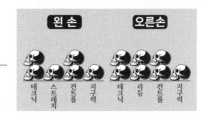

왼손	오른손
테크닉 스트레치 컨트롤 지구력	테크닉 리듬 컨트롤 지구력

LEVEL ✯✯

목표 템포 ♩= 90

모범연주　TRACK 35
반　주　TRACK 36

브러싱을 세밀하게 넣는 16비트 커팅 프레이즈. 오른손은 16분음으로 계속 흔들어 쉼표에서도 팔의 움직임이 멈추지 않도록 하자. 왼손은 파워코드를 확실하게 누르면서 뮤트 컨트롤을 신속하게 하자. 16비트의 그루브감을 정확하게 내도록 하자.

위의 악보를 연주할 수 없는 사람은 이것으로 수행하라!

초급 우선은 4분음과 8분음의 브러싱 기초연습을 하자. 오른손은 계속 8비트로 흔들자!

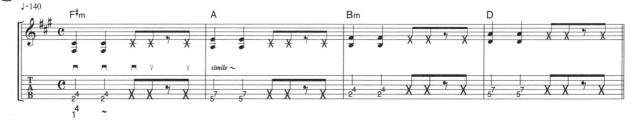

중급 8분음 브러싱 기초 엑서사이즈. 왼손 뮤트 컨트롤을 정확하게 하자!

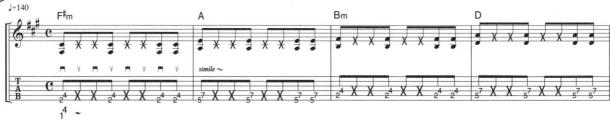

고급 16분음 중심의 응용연습. 3&4박째 싱커페이션에서 리듬이 흐트러지지 않도록 하자!

주의점 1  왼손

2번&3번 손가락의 빠른 움직임이 핵심! 파워코드 뮤트

메인 프레이즈와 같은 16분음을 중심으로 하는 커팅 프레이즈에서는 왼손의 브러싱 컨트롤 능력이 필요하다. 왼손 뮤트의 온/오프가 소홀하면 사운드가 깔끔하게 끊어지지 못하고 리듬도 흐트러진 것처럼 들리므로 주의하자. 메인 프레이즈는 파워코드를 중심으로 하는 백킹이므로 브러싱 때에는 지판을 누르지 않고 있는 2번&3번 손가락으로 진동을 억제하면 좋다(사진①&②). 2번&3번 손가락을 위아래로 신속하게 움직여서 저음줄을 정확하게 뮤트하자!

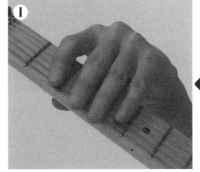 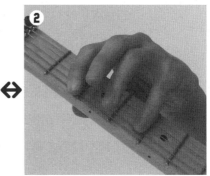

파워코드 브러싱을 할 때. 4손가락을 모두 사용해서 고음줄도 확실하게 뮤트하자!

2번&3번 손가락은 브러싱에 바로 대응할 수 있도록 약간만 띄워놓자.

주의점 2 이론

실제로 노래하면서 리듬을 확인하자!

메인 프레이즈는 '타츠타츠/웅타아타~'라는 식으로 **실제로 노래하면서[주]** 프레이즈 내용을 기억하는 것이 좋다(그림1). 헛 피킹과 브러싱 타이밍을 확실하게 염두에 두고 1박자씩 나누면서 천천히 연주하자. 실제로 연주할 때에는 브러싱 때의 피킹에 주의가 필요하다. 커팅 프레이즈에 익숙하지 않으면 브러싱음을 약하게 연주하기 쉬운데, 약한 연주로는 사운드가 깔끔해지지 않는다. 브러싱음에 악센트를 준다는 생각으로 강하게 연주하는 것이 좋다.

그림1 리듬을 유지하기 위한 연주법

· 메인 프레이즈 3마디째

타 츠 타 츠 앙 타 앙 타 － 타 － 타 －

헛 피킹과 브러싱의 타이밍에 주의하며
노래하면서 연주해보자.

주의점 3  이론

베이스음이 반음씩 하강하는 클리셰 느낌의 코드 진행

메인 프레이즈 3~4마디째에 등장하는 E→B(onD#)→D의 코드 진행은 베이스 클리셰 스타일의 흐름으로 되어있다(그림2). 클리셰란 이처럼 베이스음이 E음→D#음→D음으로 반음씩 내려가는 것을 말하며, 독특한 멋을 연출할 수 있다. 여기서 사용하는 B(onD#)는 온 코드의 생략형으로 B코드의 3rd음인 D#음과 루트음인 B음, 이렇게 2개의 음만 누른다. E코드에서 체인지할 때에는 1번 손가락을 1프렛 내리면 되며, 이때 손가락을 신속하게 이동시킬 수 있어야 한다. 특히 베이스음의 흐름을 의식하면서 연주하기 바란다.

그림2 클리셰 스타일 베이스 라인

· 메인 프레이즈 3~4마디째

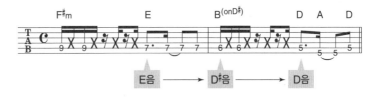

E음 ━━━━▶ D#음 ━━━━▶ D음

반음씩 하강한다.

[실제로 노래하면서] 입으로 노래할 수 없다면 그 프레이즈를 이해하지 못한 것이다. TAB악보를 보고 리듬을 잘 알 수 없는 프레이즈를 만났을 때에는 음원을 들으면서 함께 노래하는 연습을 해보자!

록 모임 ~제1회 담합~

다양한 초킹 패턴을 활용한 펜타토닉 프레이즈

지옥의 격언
- 여러 가지 초킹 패턴을 마스터하라!
- 펜타토닉을 기분 좋게 연주하라!

LEVEL ✦✦✦

목표 템포 ♩= 100

모범연주 TRACK 37
반　　주 TRACK 38

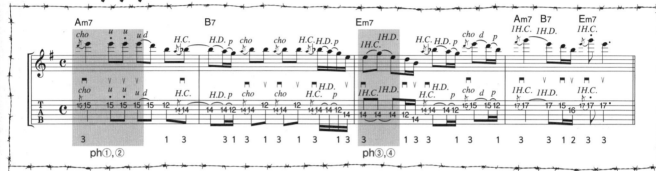

노래하는 듯한 마음이 담긴 애절한 연주를 할 수 있어야만 비로소 제대로 된 기타리스트라 할 수 있다. 반음, 1음반, 쿼터 등 다양한 음정의 초킹을 활용한 이 프레이즈로 초킹 패턴의 차이를 배우고, 애절한 기타를 익히자! 미묘한 뉘앙스를 연출하기 위해서는 세밀한 음정 컨트롤에 주의해야 한다!

위의 악보를 연주할 수 없는 사람은 이것으로 수행하라!

초급 1음과 반음 초킹의 음정의 차이를 귀로 익히자!

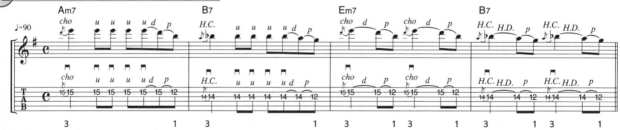

중급 초크 업&다운 프레이즈. 1음반 초킹도 연습하자!

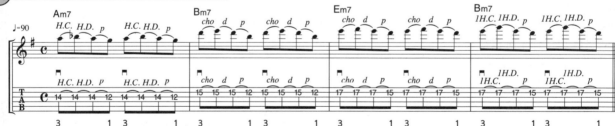

고급 목표음을 확인하면서 피치를 정확하게 맞추는 트레이닝을 하자.

<지옥의 메커니컬 기타 트레이닝 (2) - 사랑과 열반의 테크닉'강화편>에서

주의점 1  왼손

줄이 완전히 올라온 상태에서 피킹하자

1마디째에 등장하는 'U'라는 표기는 **초크 업 [주]**을 나타낸다. 초크 업은 1음 초킹한 상태(1음 올라간 상태)로 피킹하는 테크닉이다. 여기서 주의할 점은 줄을 올리고 있는 도중에 피킹해서는 안 된다는 것이다. 즉, 초크 업은 음이 확실하게 올라간 상태에서 연주해야 한다(**사진①&②**). 기본적으로 초크 업 앞에는 초킹을 넣는 경우가 많으므로 '초킹 상태를 지속시켜서 연주한다'라고 기억해두는 것이 좋다. 참고로 반음 초킹한 상태로 피킹하는 테크닉을 '하프 업'이라고 하며 'H.U.'라고 표기한다.

2번 줄 15프렛을 3번 손가락으로 초킹하는 준비단계. 엄지손가락으로 넥을 확실하게 잡자.

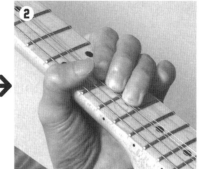

2번 줄 15프렛 초킹. 이 상태를 유지한 채로 피킹하는 것이 초크 업이다.

주의점 2  왼손

저음줄의 초킹은 아래쪽을 향해서 줄을 당기자

3마디째 1박째처럼 4~6번 줄의 와운드줄(철사로 감긴 줄)을 초킹할 때에는 종종 아랫방향(고음줄 쪽)으로 줄을 당기는 경우가 있다. 그 이유는 이 방법이 초킹을 하기 쉽기 때문일 것이다. 실제로 연주할 때에는 우선 일반적으로 위(저음줄 쪽)로 올리는 초킹과 마찬가지로 확실하게 엄지손가락을 내밀어서, 엄지손가락과 1번 손가락으로 넥을 잡는 것이 중요하다(**사진③**). 그러한 상태에서 손가락에 줄을 걸어서 내리자(**사진④**). 이때에 손목을 뒤틀어 1번 손가락은 어디까지나 넥을 잡고 있는 것처럼 하는 것이 중요하다. 이 초킹에서는 왼손에 의한 5&6번 줄의 노이즈 대책을 하기 힘들기 때문에 피킹한 후, 곧바로 오른손을 5&6번 줄에 대서 뮤트하자.

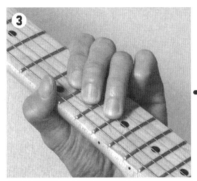

4번 줄 14프렛을 3번 손가락으로 1음 반 초킹하기 위해서 여기서는 확실하게 엄지손가락을 내밀어서 넥을 잡는다.

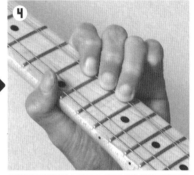

4번 줄 14프렛을 3번 손가락으로 1음 반 초킹. 줄을 아랫방향으로 당기는 느낌으로 손목을 뒤틀어 초킹을 한다.

칼럼 11
지옥의 칼럼

노이즈가 많은 부분의 진동대책은 문제없는가? 초킹 때의 뮤트를 마스터하라!

애절한 솔로에서 초킹할 때에 노이즈가 많으면 정말 울고 싶어진다. 그런 슬픈 사태를 피하기 위해서 초킹 때에는 모든 손가락을 활용해서 남은 줄의 진동을 억제해야만 한다. 여기서 **사진⑤&⑥**의 차이를 확인해보자. **사진⑤**에서는 1&2번 줄을 1번 손가락, 4&5번 줄을 3번 손가락과 2번 손가락, 그리고 6번 줄을 엄지손가락으로 뮤트하고 있다는 것을 알 수 있다. 한편 **사진⑥**은 줄을 올렸을 뿐 저음줄 뮤트는 하지 않았다. 이러한 연주방법이면 저음줄이 울려서 초킹음이 전혀 들리지 않게 된다. 항상 남은 줄의 뮤트를 고려하면서 초킹하도록 하자.

3번 줄 초킹. 1번, 2번, 3번 손가락으로 5~1번 줄을 뮤트한다. 나아가 엄지손가락으로 6번 줄의 진동을 억제하고 있다.

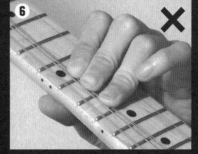

손가락을 젖히면 1&2번 줄의 뮤트를 할 수 없다. 또한 엄지손가락을 넥 뒤에 두면 저음줄 뮤트도 불가능하다.

[초크 업] 초크 업은 줄을 들어올리기 때문에 다운으로 연주하면 저음줄을 동시에 연주하게 된다. 따라서 업으로 연주하는 경우가 많다. 약간 힘들어하는 표정으로 연주하면 더욱 분위기가 날 것이다.

-20-
록 모임 ~제2회 담합~

여러 줄 초킹을 하는 펜타토닉 프레이즈

- 여러 줄 초킹 기술을 익혀라!
- 박력 있는 펜타토닉 프레이즈를 연주하라!

LEVEL ✦✦✦

목표 템포 ♩=100

모범연주 TRACK 39
반　　주 TRACK 40

왼 손	오른손
테크닉 스트레치 컨트롤 지구력	테크닉 리듬 컨트롤 지구력

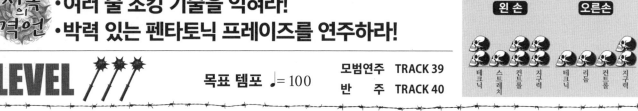

여러 줄 초킹은 펜타토닉 프레이즈에 큰 악센트와 다이내믹스를 줄 수 있다. 그러나 1줄 초킹에 비해서 힘 조절이 어려우며, 포지셔닝이 특수하므로 기본폼을 확실하게 손가락에 익히는 것이 중요하다. 철저히 연습하자!

위의 악보를 연주할 수 없는 사람은 이것으로 수행하라!

초급 우선은 하모나이즈드 초킹과 유니즌 초킹을 배우자.

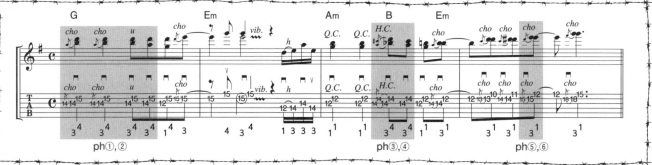

중급 여러 줄 쿼터 초킹과 더블 밴드를 연습하자!

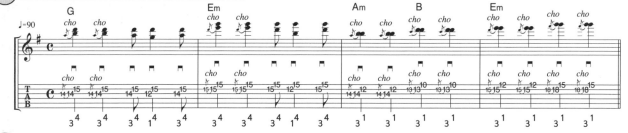

고급 초크 업을 하는 여러 줄 초킹으로 왼손 내구력을 키우자!

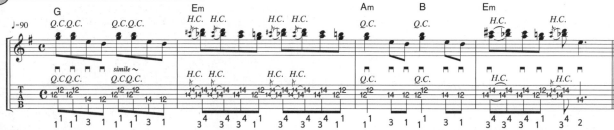

<지옥의 메커니컬 기타 트레이닝 (2) – 사랑과 열반의 테크닉 강화편>에서

48

주의점 1  왼손

4번 손가락 운지 고정으로 독특한 하모니를 내자

하모나이즈드 초킹은 초킹하는 줄과 하지 않는 줄을 동시에 울리게 해서 하모니를 만드는 연주법이다. 즉, 2줄을 동시에 피킹하고 한쪽은 초킹, 다른 한쪽은 그대로 지판을 계속 누르게 된다. 1마디째는 4번 손가락으로 2번 줄 15프렛, 3번 손가락으로 3번 줄 14프렛을 누르고, 이 상태로 2줄을 동시에 피킹한다(**사진①**). 이어서 4번 손가락 운지를 유지한 상태로 3번 줄 14프렛만 초킹한다(**사진②**). 이때, 4번 손가락도 따라서 초킹하지 않도록 4번 손가락 운지는 고정시키자. 3번, 4번 손가락 사이를 벌리는 느낌으로 손가락에 힘을 주면 잘 울리게 할 수 있다.

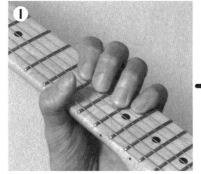

2번 줄 15프렛: 4번 손가락, 3번 줄 14프렛: 3번 손가락으로 지판을 누른다. 넥을 확실하게 잡고 3번 손가락만 초킹 준비를 한다.

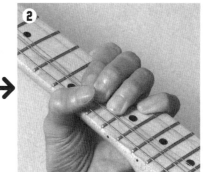

4번 손가락 운지를 유지한 상태로 3번 손가락만 초킹하자. 이때에 4번 손가락이 어긋나지 않도록 주의하자!

주의점 2 왼손

3번, 4번 손가락의 간격을 유지해서 2줄을 동시에 초킹!

'더블 벤딩'이란 여러 줄을 동시에 초킹하는 연주법이다.('벤딩'이란 초킹의 다른 이름). 이 프레이즈에서는 3마디째에 더블 벤딩이 등장한다. 3박째에서는 우선 4번 손가락으로 2번 줄 14프렛, 3번손가락으로 3번 줄 14프렛을 눌러서 2음 모두 울리게 하자(**사진③**). 이때 엄지손가락과 1번 손가락으로 넥을 확실하게 잡으면 초킹하기 쉬워진다. 이어서 2줄 모두 반음 초킹하는데(**사진④**), 2줄을 확실하게 반음 올리기 위해서는 3번과 4번 손가락의 간격이 초킹 전과 비교해 달라지지 않도록 하는 것이 중요하다. 2줄의 음이 올라가는 방식이 다르면 튜닝이 잘못된 것처럼 들리므로 주의하자.

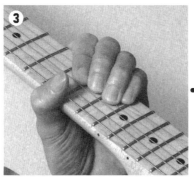

2&3번 줄 14프렛을 4번&3번 손가락으로 누른다. 넥을 확실하게 잡아서 초킹을 준비하자.

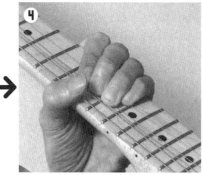

2&3번 줄 14프렛을 동시에 하프 초킹. 더블 벤딩 중에 3번 손가락과 4번 손가락의 간격이 벌어지지 않도록 주의하자.

주의점 3 왼손

2줄의 음정이 일치하도록 초킹을 해보자

4마디째에 등장하는 유니즌 초킹은 스티브 바이가 잘 하는 주법이다. 초킹하는 줄과 초킹하지 않는 줄을 동시에 울리게 하고 두 음을 같은 음정(유니즌)으로 맞추는데, 초킹음이 다른 줄의 음정과 딱 맞도록 하는 것이 중요하다. 4마디째 2박째 뒤에서는 1번 손가락으로 1번 줄 12프렛, 3번 손가락으로 2번줄 15프렛을 누르고, 이 상태로 2줄 모두 피킹한다(**사진⑤**). 이어서 2번 줄만 1음 초킹한다(**사진⑥**). 기본적으로 2음을 유니즌시키는데, **일부러 초킹 비브라토를 가볍게 걸어서[주]** 음을 흔들면 멋지다.

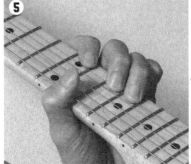

1번 손가락으로 1번 줄 12프렛, 3번 손가락으로 2번 줄 15프렛을 누른다. 엄지손가락을 사용해서 확실하게 넥을 잡자.

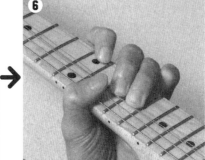

1번 줄 12프렛을 누르고 있는 1번 손가락은 그대로 두고, 3번 손가락만 초킹한다. 유니즌이 되도록 음정을 올리자.

[일부러 초킹 비브라토를 가볍게 건다] 기타에는 앰프, 햄버거에는 포테이토라는 세트 판매처럼 초킹과 비브라토는 반드시 세트로 하자. 그러는 편이 더욱 효과적이다!

'지옥'의 묵시록 -1- 지옥 시리즈의 시작

여기서는 2004년에 탄생된 지옥 시리즈가 어떻게 시작되었는지를 소개한다.
저자 코바야시 신이치와 당시 담당 편집자였던 스즈키 켄야의 대담이다.

'저를 1만 부의 사나이로 만들어주세요!'

스즈키 켄야: 테크니컬 계열의 기타 교본을 만들고 싶어서 잡지에서 여러 번 같이 일했던 코바야시 씨에게 제안을 했었지요.

코바야시 신이치: 처음에 전화를 주셨죠? 당시에 저는 MI의 선생님을 하면서 기타 잡지에서 연재를 했는데요, 아직 무명이라 '뭐든지 다 하겠어!'라는 열의가 넘쳤습니다. 다만 '내가 쓰면 좋은 교본이 될 거야'라는 느낌을 가지고 있어서 MI 학생들과 교본에 관한 잡담을 자주 했습니다 (웃음). 그래서 '드디어 왔구나!'라는 기분이 들었습니다. 자신감이랄까, 젊음의 패기였죠(웃음).

스즈키: 그 당시 코바야시 씨는 7현 기타의 강의를 하고 있었지요. 제일 먼저 '6현 기타 교본인데 괜찮으신가요?'라고 물었던 기억이 납니다(웃음).

코바야시: 아, 그랬죠! 그때는 6현 기타가 없어서 Schecter에서 빌렸습니다.

스즈키: 일반적으로 교본은 뒤로 갈수록 어려워지지요. 따라서 그 수준의 실력에 도달하지 못한 사람은 앞으로 나아갈 수 없고 나머지 내용은 볼 기회도 없어지는 경우를 많이 보았습니다. 그래서 각 테마의 메인 프레이즈에 '초급, 중급, 고급'이라는 3단계의 연습 예를 추가해 초보자라도 마지막 페이지까지 볼 수 있도록 했습니다.

코바야시: '초급, 중급, 고급' 연습 프레이즈가 있었기 때문에 메인 프레이즈는 처음부터 엄청나게 어려운 내용으로 만들어도 됐습니다. 나머지는 어떤 식으로 테크닉을 배치할 것인가를 생각했습니다. 다만 교본 집필은 처음이어서 어떤 순서로 진행해야 하는지 몰랐고, 악보도 그림도 원고도 모두 손으로 썼습니다(웃음).

스즈키: 악보의 손가락 지정도 처음에는 '약(藥)'으로 쓰셨지요. 도중에 '일일이 쓰기 힘드니 3라고 하면 안될까요?'라는 의견을 받았습니다 (웃음). '하나하나 한자로 쓰는게 너무 괴롭다'라면서요.

코바야시: 악보를 만들 때마다 힘이 빠졌어요. 악보를 팩스로 보내니 매번 '몇 페이지째부터 끊어졌어요. 다시 보내주세요'라는 연락도 많이 받았습니다.

스즈키: 우여곡절 끝에 책이 완성되었습니다. 그 당시에는 '재판까지만이라도 찍었으면 좋겠다'고 생각했습니다. 제1탄이 출간된 2004년에는 라우드 록이 인기여서 기타 솔로는 거의 없었던 때였습니다. 발매 당일 저는 여름휴가 중이었는데요, 회사에서 전화가 왔습니다. '어?! 뭐가 잘못됐나?'라고 긴장하며 받았는데 발매하자마자 재판을 찍어야 한다는 연락이었습니다. '만세!'라며 기뻐하면서 코바야시 씨에게 연락을 했습니다.

코바야시: 저도 그때 전화가 왔을 때에는 '어?! 뭐가 잘못됐나?'라고 생각했습니다(웃음).

스즈키: 제작 중에는 회사 내에서 '초판은 적게 찍는 편이 좋지 않겠나?'라는 이야기도 있었습니다. 제가 예상한 독자 층은 20대 중반부터 30대 전반의 테크니컬한 기타를 좋아하는 사람으로, 그 사람들을 구매층으로 판매부수를 생각했습니다. 하지만, 실제로 독자층을 분석해보니 대부분이 10대여서 깜짝 놀랐습니다.

코바야시: 10대가 이걸 연주할 줄은 몰랐어요.

스즈키: 교본을 만들 당시 코바야시 씨와 이야기한 것 중에 '왜? 폴 길버트가 10대에게 인기가 있나?'라는 의문이 있었습니다. 코바야시 씨는 '폴 길버트의 프레이즈는 잘 정리되어있어서 이해하기 쉽고 10대라면 게임을 하는 느낌으로 도전하는 것 같다'라고 분석하셨죠. 그 분석이 인상에 남아서 책을 게임처럼 만드는 것으로 편집방향을 잡았습니다. 도전할 요소가 있고 레벨 표시도 있죠. 그런 부분이 게임 느낌의 발상이었고 결과적으로 많은 젊은 독자들에게 어필을 할 수 있었다고 생각합니다.

코바야시: 게임 스타일이라면 마지막에 최종 보스가 있어야 한다는 생각이 들어서 '최종연습곡'을 추가했습니다. 교본을 만들면서 힘들 때도 있었지만 스즈키 씨가 말씀하신 '저를 1만 부의 사나이로 만들어주세요!'라는 말은 지금도 기억합니다. 그 말을 듣고 저도 완성될 때까지 힘을 낼 수 있었던 것 같습니다.

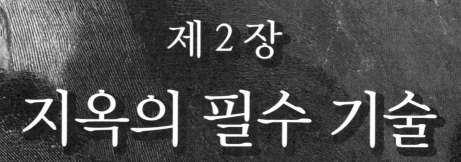

제 2 장
지옥의 필수 기술

'지옥의 준비운동'을 극복한 그대여.
진짜 지옥은 지금부터다!
이 '지옥의 필수 기술'에서는
록 기타리스트의 기초적인 테크닉을 양손에 완벽하게 익힌다.
초킹, 해머링, 풀링, 스위프 등 베이식한 주법과 함께
연주의 토대가 되는 리듬 워크도 단련시키자!

-21-
저······ 어긋나도 굉장해요!

운지&리듬이 약간 복잡한 크로매틱 프레이즈

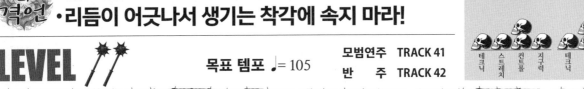

지옥의 격언
- 줄 이동 때의 실수를 해소하라!
- 리듬이 어긋나서 생기는 착각에 속지 마라!

LEVEL ★★

목표 템포 ♩= 105

모범연주	TRACK 41
반주	TRACK 42

왼 손	오른손
테크닉 스트레치 컨트롤 지구력	테크닉 리듬 컨트롤 지구력

줄 이동 프레이즈는 특히 정확성이 중요하므로 매우 어렵다. 이 프레이즈는 9음을 1세트로 세밀한 줄 이동을 하는 것이 특징이다. 또한 3&4마디째는 리듬이 어긋나는 듯한 느낌을 주는 음표로 배분되어있다. 핑거링과 피킹의 정확성뿐만 아니라 리듬감도 길러보자.

위의 악보를 연주할 수 없는 사람은 이것으로 수행하라!

초급 우선은 9음 프레이즈를 이해하고, 각각의 음을 정확하게 연주하자.

중급 9음 프레이즈를 16분음에 적용시킨 리듬 패턴에 익숙해지자.

고급 어긋난 듯한 리듬을 확실하게 몸에 익히자.

<지옥의 메커니컬 기타 트레이닝 (2) - 사랑과 열반의 테크닉 강화편>에서

52

 주의점 1 왼손

누른 상태로는 NG!
줄에서 손가락 잘 떼야 한다

이 프레이즈는 손가락이 크로매틱처럼 이동하지만, 실제로는 줄 이동을 하고 있으므로 1줄씩 손가락을 떼면서 다음 운지를 해야 한다(**사진 ①**). 줄 이동을 하면서도 각 줄의 뮤트, 노이즈 대책을 의식하는[주] 것이 깔끔하게 연주하는 열쇠가 된다. 그 전의 음을 누르고 있는 상태로 줄 이동을 하면 노이즈 대책은 물론 음이 연결되어버려 깔끔하게 들리지 않는다(**사진②**). 기본적으로는 손가락을 약간 세워서 지판을 누르는 것이 좋다. 반대로 **사진②**처럼 안쪽으로 꺾이면 힘이 너무 들어가서 손가락의 움직임이 둔해진다. 신속한 움직임을 떠올리면서 네 손가락을 정밀하게 움직이는 테크니션을 목표로 힘을 내자! 참고로 스위프 피킹의 핑거링도 이것과 같다.

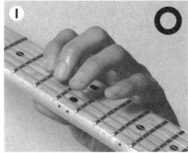
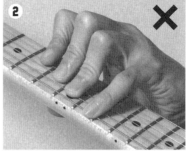

3마디 2박째의 3번 줄 10프렛 운지. 줄 이동은 뮤트가 중요하므로 줄을 이동할 때마다 손가락을 떼는 것이 철칙이다.

줄 이동을 했음에도 이렇게 각 손가락이 지판을 누르고 있으면 노이즈가 발생한다.

 주의점 2 왼손

머리도 쓰고 있는가?
포지션 그림을 기억해두자

이 프레이즈는 9음 프레이즈의 포지션(**그림1**)에서 왼쪽으로 1프렛씩 이동할 뿐이므로 간단해보일지도 모르겠다. 하지만 이것은 함정이다! 아무 생각 없이 횡이동을 하면 자신의 포지션을 잃어버릴 가능성이 높으며, 또한 3&4마디째에서 리듬이 흐트러져버릴 수 있다. 따라서 **그림1**의 포지션을 항상 머릿속에 떠올리면서 연주하는 것이 포인트다. 아마도 1&2마디째는 머리에 떠올리면서 연주하더라도, 운지가 익숙해진 3&4마디째는 무의식적으로 연주해버리고 있을 것이다. 최종적으로는 무의식에서도 정확하게 연주할 수 있게 되는 것이 베스트다. 연습 단계에서는 포지션 그림을 떠올리며 연주하자.

그림1 9음 프레이즈의 포지션 그림

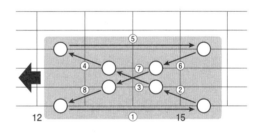

이 포지션을 유지하면서
1프렛씩 1프렛방향으로 이동한다.

칼럼 12
지옥의 칼럼

더욱 높은 레벨을 목표로 하는 사람을 위한 무한 크로매틱 프레이즈

메인 프레이즈는 4마디로 구성되어있으며, 이것을 바탕으로 응용연습 프레이즈를 간단히 만들 수 있다. 그것은 기본이 되는 9음 프레이즈를 6번 줄 12프렛부터 저음 쪽으로 1프렛씩 이동시켜, 최종적으로는 1프렛까지 연주하는 것이다. 다운 피킹으로 연주하기 시작하는 경우와 업 피킹으로 연주하기 시작하는 경우의 2가지로 연습하면 더욱 밀도 높은 연습이 될 것이다. 또한 **악보 예1**처럼 5&4번 줄에서 시작하는 프레이즈도 권장한다. 반대로 1프렛에서 고음 줄을 향해서 연주하는 것도 재미있을 것이다. 독자 여러분 각자가 자유로운 발상으로 연습 프레이즈를 생각해보기 바란다.

악보 예1

●5번 줄 스타트

1 4 3 2 1 4 3 2 1

●4번 줄 스타트

1 4 3 2 1 4 3 2 1

[뮤트나 노이즈 대책을 의식한다] 지옥 시리즈에서 귀에 못이 박힐 정도로 여러 번 해설한 중요 항목. 아무리 빠르게 손가락이 움직이더라도 노이즈 폭풍 앞에서는 의미가 없다.

22

줄 뛰어넘기의 길도 아웃부터

세밀하게 줄 이동을 하는 해머링&풀링 엑서사이즈

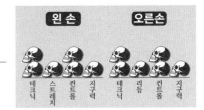

- 아웃사이드 헛 피킹을 마스터하자!
- 펜타토닉+♭5th음의 포지션을 익히자!

LEVEL

목표 템포 ♩=130

모범연주 TRACK 43
반 주 TRACK 44

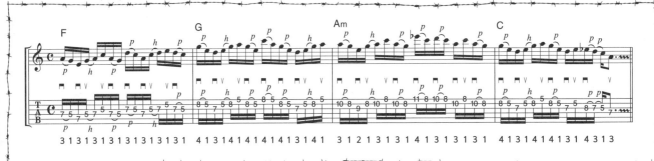

A마이너 펜타토닉을 토대로 하는 해머링&풀링 엑서사이즈다. 아웃사이드 헛 피킹이 많이 등장하므로 미스 피킹에 주의하기 바란다. 16분음 리듬에 확실하게 올라타는 리드미컬한 플레이를 목표로 하자.

위의 악보를 연주할 수 없는 사람은 이것으로 수행하라!

초급 업 헛 피킹 기초연습. 헛 피킹 때에 리듬이 흐트러지지 않도록 주의하자!

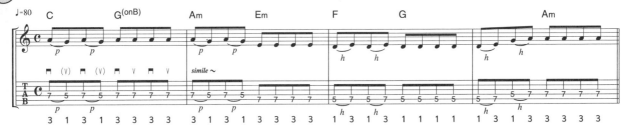

중급 세밀하게 줄 이동을 하는 기초 트레이닝. 아웃사이드 헛 피킹을 확실하게 배우자.

고급 슬라이드를 더한 해머링&풀링 엑서사이즈. 세밀하게 변화하는 포지션에 주의하자!

<지옥의 메커니컬 기타 트레이닝 - 입대편>에서

54

주의점 1 👉 오른손

헛 피킹과 앞뒤의 피킹은 반드시 세트로 연주하자

메인 프레이즈처럼 해머링과 풀링을 반복하는 프레이즈에서는 헛 피킹이 포인트가 된다(**그림 1**). 해머링과 풀링 때에 오른손의 흔들거림(얼터네이트)이 멈추면 리듬을 정확하게 탈 수 없으므로 항상 오른손의 진폭을 일정하게 유지시키자. 실제로 연주할 때에는 헛 피킹 앞뒤에 같은 방향의 피킹이 2번 오는 것을 너무 의식하지 말고, '다운 → 헛 피킹→다운', '업→헛 피킹 → 업'이라는 식으로 **일련의 움직임을 1세트로 연주하면[주]** 좋다. 익숙해질 때까지는 헛 피킹 동작을 과장되게 하면서 오른손에 감각을 익히자. 다만 헛 피킹의 궤도가 너무 커지지 않도록 주의하자!

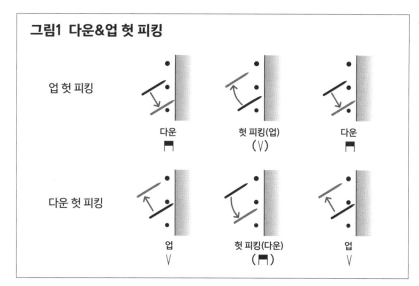

그림1 다운&업 헛 피킹

주의점 2 👉 오른손

헛 피킹의 타이밍은 노래하면서 포착하자!

메인 프레이즈를 연주하기 전에는 TAB악보를 꼼꼼히 보고 헛 피킹이 들어갈 위치를 이해해 두는 것이 중요하다. 실제 연주할 때에는 반드시 박자의 앞부분에서 발을 굴러 리듬을 정확하게 파악하자. 2마디째 4박째의 다운 헛 피킹은 난이도가 약간 높으므로 주의하자(**그림2**). 이 부분은 줄 이동을 세밀하게 하므로 2번 줄 해머링 뒤에서 오른손의 움직임을 멈추기 쉬우며, 얼터네이트의 규칙성이 흐트러지는 경우가 있을 수 있다. '타타라타'라고 노래하면서 '라'가 해머링=다운 헛 피킹이라고 이해해두면 리듬이 어긋나지 않을 것이다. 줄 이동에 따른 미스 피킹에도 주의하면서 헛 피킹을 정확하게 넣자.

그림2 메인 프레이즈 2마디째 4박째의 헛 피킹

○ 좋은 헛 피킹

① 다운 ② 업 ③ 다운 헛 피킹 ④ 업

✕ 좋지 않은 헛 피킹

① 다운 ② 업 ③ 피크가 멈춘다 ④ 다운

주의점 3 📖 이론

펜타토닉에 긴장감을 주는 ♭5th음을 익히자!

메인 프레이즈 3마디째 3박째의 1번 줄 11프렛(E♭음)은 펜타토닉의 ♭5th음이 된다. 이 ♭5th음을 심플한 펜타토닉에 더하면 스케일을 약간 벗어난 듯한 독특한 긴장감을 만들 수 있어서, 프로 기타리스트는 펜타토닉에 자연스럽게 ♭5th음을 더하는 경우가 많다. ♭5th음은 그 이름처럼 5th음의 반음 아래의 음이 되므로 지판 위에서는 항상 5th음의 1프렛 아래쪽이 된다. 실제로 익힐 때에는 펜타토닉의 기본 포지션을 확실하게 익히고 여기에 ♭5th음을 더하면 된다(**그림3**). 펜타토닉에 ♭5th음을 더한 음계를 '블루스 스케일'이라고 한다.

그림3 A마이너 펜타토닉+♭5th음의 포지션

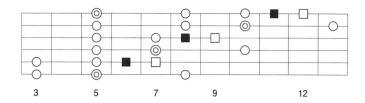

◎ 토닉=A음   ■ ♭5th음=E♭음   □ 5th음=E음

3   5   7   9   12

[일련의 움직임을 1세트로 연주한다] 1세트로 연주하면 프레이즈가 매끄럽게 연결된다. 헛 피킹은 누구나 한 번쯤 고민하는 테크닉 중 하나이므로 포기하지 말고 도전하는 것이 중요하다!

55

23

스트레처군

왼손을 확실하게 사용하는 스트레치 프레이즈

지옥의 격언
- 손가락이 가로로 펼쳐지는 폼을 완성하라!
- 스트레치 상태에서도 정확하게 지판을 잡아라!

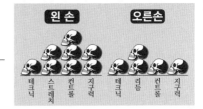

	왼 손	오른손

LEVEL ✦✦

목표 템포 ♩=100

모범연주　TRACK 45
반　　주　TRACK 46

'그렇습니다. 저자는 손가락 도착증입니다!' 쭉 뻗은 멋진 스트레치에서 나오는 사운드……. 초절정 기타리스트를 목표로 하는 사람이라면 누구나 한 번은 동경하는 아름다운 스트레치 폼을 익히자! 손가락이 펴지지 않는 것은 절대로 손이 작아서가 아니다. 여기서 스트레치의 요령을 파악해보자!

위의 악보를 연주할 수 없는 사람은 이것으로 수행하라!

초급 2가지 손가락의 조합으로 스트레치를 마스터하라.

중급 스트레치 상태를 유지하면서 줄 이동에 도전하자.

고급 각 포지션에서 4번 손가락이 지판을 누를 때에는 다른 손가락을 떼지 말자.

<지옥의 메커니컬 기타 트레이닝 (2) − 사랑과 열반의 테크닉 강화편>에서

주의점 1 　  왼손

엄지손가락과 손목의 위치가 스트레치의 열쇠!

'저는 손가락이 짧아서 스트레치를 잘 못합니다'라는 말은 젊은 기타리스트에게서 많이 듣는다. 평균적인 손의 크기는 분명히 **스티브 바이나 앨런 홀스워스와 비교하면 작다[주]**라는 건 맞는 말이다. 다만 이런 말을 하는 젊은 기타리스트의 연주 모습을 보면 기타를 잡는 방법에 문제가 있다는 것을 알 수 있다. 따라서 자세를 약간만 교정해주면 단번에 스트레치를 할 수 있게 되는 경우가 많다. 독자 여러분은 **사진①&②**를 비교해보기 바란다. 손가락이 전혀 벌어져 있지 않은 **사진①**을 보면 손바닥이 넥의 아래쪽에 붙어있거나 엄지손가락이 헤드 쪽을 향하고 있다는 것을 알 수 있다. 그에 비해 **사진②**에서는 깔끔하게 스트레치하고 있다. 가장 큰 차이는 손등과 손목이 넥보다 앞으로 나온다는 것이다. 손목을 꺾었기 때문에 손가락을 세운 상태로 활짝 벌릴 수 있는 것이다.

실제로 이 프레이즈를 연습할 때에 주의할 것은 4번 손가락으로 지판 누르기를 하고 있을 때의 다른 손가락의 상태다. 이 프레이즈는 스트레치를 트레이닝하는 것이므로 4번 손가락이 지판을 누를 때, 다른 손가락을 지판에서 떼서 4번 손가락만 이동시켜서는 안 된다(**사진③&⑤**). 1번, 2번, 3번 손가락의 지판 누르기를 확실하게 유지시키면서 4번 손가락으로 지판을 누르자(**사진④&⑥**). 힘들겠지만 이것이 지옥의 트레이닝이다!

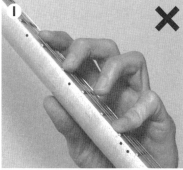
손바닥을 넥의 아래쪽에 붙이면 손가락이 잘 벌어지지 않는다.

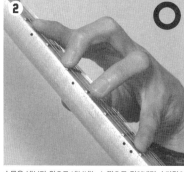
손목을 넥보다 앞으로 내보내는 느낌으로 밀어내면 손가락이 벌어진다.

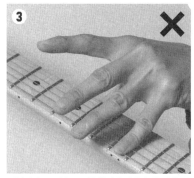
4번 손가락으로 지판 누르기를 할 때에 1번 손가락을 떼는 것은 안 된다.

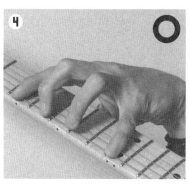
1번 손가락, 2번 손가락의 운지를 유지하는 것이 철칙이다.

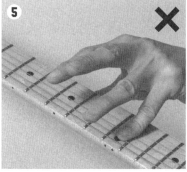
줄 이동을 하더라도 이처럼 4번 손가락 이외의 손가락을 떼는 것은 좋지 않다.

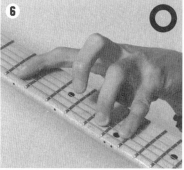
손목을 꺾어서 열심히 스트레치를 하자.

칼럼 13

지옥의 칼럼

나르시시스트 기분을 각성시키는 특별한 스트레치 폼

어째서 기타리스트는 와이드 스트레치를 하는 솔로를 만드는 것일까? '그것은 자신에게 고통을 주며 기뻐하는 '마조히즘'인 사람이 많아서일까?'라고 생각할 수도 있다. 그러나 그런 의문이 떠오른다고 해서 잠을 이룰 수 없는 일은 없다(웃음). 기본적으로 기타리스트는 '일부러 힘든 플레이를 하겠어!'라는 약간의 나르시시스트 기질이 있는 사람이 많은 것 같다. 물론 저자도 그중 한 사람이다(웃음). 저자는 어렸을 때, 조지 린치의 플레이를 보고 스트레치=나르시시스트의 소양에 눈을 떴다. 사실은 조지 린치도 앨런 홀스워스의 초절정 스트레치 프레이즈를 보고 큰 영향을 받았다고 한다. 다만 앨런 홀스워스는 손이 놀라울 정도로 커서, 그 자

신은 아마도 스트레치라고 생각하면서 연주한 것은 아닐 것이다. 그 앨런 홀스워스가 아무렇지 않게 연주하는 모습을 보고 나르시시스트 기분에 각성한 조지, 그리고 그 조지를 보고 나르시시스트 기분을 폭발시킨 저자……. 정말 슬픈 영향의 사슬이다(눈물). 그래도 역시 스트레치를 하면 멋지다. 서서 연주하기에 힘든 것이라 고민하는 독자도 있겠지만, 라이브 때에는 모니터 위에 발을 올리고 그 위에서 기타를 잡고 연주하면 편하게 연주할 수 있다(**사진**). 보기에도 상당히 멋지다! 참고로 허벅지에 기타를 올리고 넥을 세워서 연주하는 방법도 있다. 이쪽도 Good! 평소에 뭔가에 발을 올리고 연습해보는 것도 좋을 것이다.

모니터 스피커에 발을 올리면 앉아서 연주하는 것과 거의 같은 느낌으로 기타를 연주할 수 있다.

[스티브 바이나 앨런 홀스워스와 비교하면 손이 작다] '서양인에 비해서 동양인은 신체적으로 불리하다'라며 포기하는 순간 패배 확정이다. '신체조건은 불리해도 아이디어로 이긴다!'라는 정도의 포부를 가지자.

24

Em의 길도 12프렛부터

리듬의 어긋남을 활용하는 대표적인 솔로 엑서사이즈

・마이너 스케일을 머리에 각인시켜라!
・힘찬 느낌과 질주감을 만들어보자!

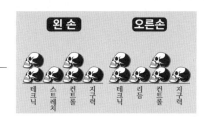

	왼 손				오른손		
테크닉	스트레치	컨트롤	지구력	테크닉	리듬	컨트롤	지구력

LEVEL ♫♫♫

목표 템포 ♩=100

모범연주 TRACK 47
반　주 TRACK 48

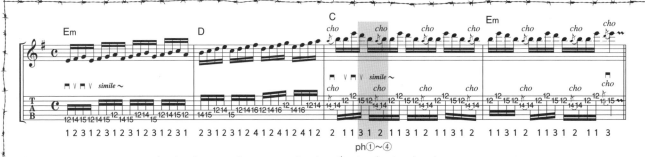

T내추럴 마이너+마이너 펜타토닉의 전형적인 솔로. 전반부는 줄을 세밀하게 이동하는 상승 프레이즈이므로 리듬이 흐트러지지 않도록 하자. 후반부는 16분음이 5음 단위로 나뉘는 프레이즈다. 초킹을 연주하는 피킹의 방향(다운&업)이 매번 바뀌므로 주의하자!

위의 악보를 연주할 수 없는 사람은 이것으로 수행하라!

초급　T내추럴 마이너 스케일의 기초연습. 규칙적인 상승이동을 익히자.

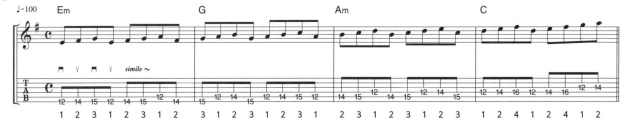

중급　메인 프레이즈 3&4마디째의 기초연습. 5음 단위로 나뉘는 프레이즈에 익숙해지자!

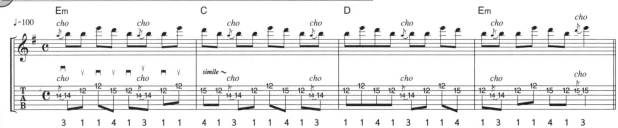

고급　초킹을 사용한 펜타토닉 연습. 각 마디마다의 프레이징 차이도 확인하자!

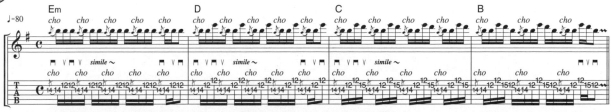

주의점 1 이론

'펜타토닉+2음'으로 애절함 업! 내추럴 마이너 스케일을 익히자

메인 프레이즈 1&2마디째는 E내추럴 마이너 스케일을 사용하고 있다. 마이너 펜타토닉은 5개의 음으로 구성되어있지만, 내추럴 마이너 스케일은 그 마이너 펜타토닉의 5음에 2음(2nd음&6th음)을 추가한 7음으로 구성되어있다(그림1-a). 2nd음(9th음)이 더해지므로 마이너 펜타토닉보다 슬픈 분위기를 낼 수 있다. 메인 프레이즈 1&2마디째는 16분음을 4음 단위로 나누어 세밀하게 위아래로 움직이는 내추럴 마이너의 전형적인 프레이즈다. 연주 전에 포지션을 확실하게 외워두면 음을 매끄럽게 연결할 수 있을 것이다(그림1-b).

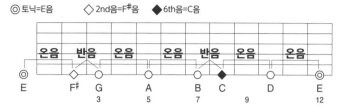

그림1-a E내추럴 마이너의 구조

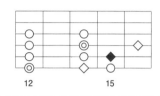

그림1-b 메인 프레이즈 1&2마디째의 포지션

주의점 2 이론

얼터네이트를 혼란스럽게 만드는 16분음 5음 단위의 프레이즈

메인 프레이즈 3&4마디째의 초킹 런 연주법에서는 리듬에 주의하기 바란다. 모두 얼터네이트로 연주하지만 16분음이 5음 단위로 나뉘고 줄 이동이 세밀하기 때문에 피킹의 순서가 흐트러지기 쉽다. 특히 초킹을 할 때에는 피킹의 방향(다운&업)이 매번 바뀌므로 주의하자(그림2). 참고로 이처럼 줄 이동을 세밀하게 하는 프레이즈는 이코노미 피킹으로 연주할 수도 있다. 하지만 이코노미 피킹을 하면 아무래도 뉘앙스가 달라지고 파워도 내기 힘들다. 전형적인 록 솔로다운 파워풀함을 연출하고 싶다면 반드시 얼터네이트로 연주하자.

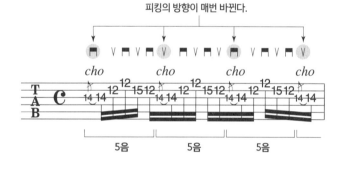

그림2 16분음을 5음 단위로 나눈 프레이즈의 얼터네이트 피킹

· 메인 프레이즈 3마디째

피킹의 방향이 매번 바뀐다.

주의점 3 왼손

남는 줄 뮤트에 주의하면서 2번 손가락만으로 초킹하자!

메인 프레이즈 3&4마디째의 런 연주법은 16분음으로 세밀하게 줄 이동을 하므로 초킹은 모두 2번 손가락만으로 한다(사진①~④). 2번 손가락 하나만 사용하기 때문에 음정이 제대로 올라가지 않을 수 있으므로 주의하자. 특히 초보자는 손가락을 세워서 손가락 끝으로 줄을 들어 올리려 하는 경우가 많다. 따라서 손가락을 눕히고 손가락 끝과 배 부분 사이 정도에서 줄을 잡아 초킹을 하도록 하자. 이러한 런 연주법으로 다소 와일드한 분위기[주]를 연출하는 것은 좋지만, 노이즈가 많아져서는 안 된다. 2번 손가락 끝과 엄지손가락으로 저음줄을 정확하게 뮤트하자!

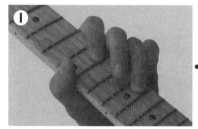

3마디째 1박째의 2번 줄 15프렛 지판 누르기.

2번 손가락으로 3번 줄 14프렛을 확실하게 누르고…

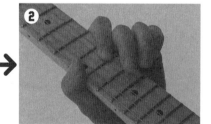

2번 줄 12프렛 운지 때에는 2번 손가락의 초킹을 의식한다.

손목을 돌리면서 한 손가락으로 줄을 밀어 올리자!

[와일드한 분위기] 프로 기타리스트라면 감정이 가는대로 거칠게 솔로를 연주할 때가 있다. 그러나 사실 그들 대부분은 남는 줄 뮤트를 정확하게(자연스럽게) 한다. 노이즈 대책이 확실해야만 비로소 거친 플레이가 가능해진다.

-25-
나의 쉼표를 막을 자 없다

16비트 중심의 라우드 록 스타일 리프

 지옥의 격언
- **양손 뮤트를 정확하게 하자!**
- **작은 헛 피킹을 마스터하자!**

왼손 / 오른손

LEVEL ✦✦✦

목표 템포 ♩= 110

모범연주 **TRACK 49**
반　주 **TRACK 50**

16분음 중심의 모던 라우드 계열 리프. 1~3마디째는 단음 리프다. 왼손을 활용해서 쉼표 때에 음을 확실히 끊도록 하자. 오른손은 브릿지 뮤트를 하면서 작은 헛 피킹으로 끝까지 16분음의 진폭을 유지시키자. 16비트를 살려 흉폭한 그루브를 표현해보자!

위의 악보를 연주할 수 없는 사람은 이것으로 수행하라!

초급 8분음 기초 엑서사이즈. 브릿지 뮤트 상태로 헛 피킹을 연습하자!

중급 단음+코드의 발전된 연습. 왼손 뮤트에도 주의하자.

고급 16분음 위주의 응용 연습. 앞 박자에 헛 피킹을 넣고 뒷 박자를 확실하게 발음하자.

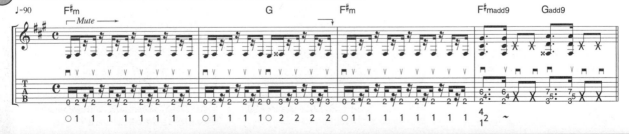

〈지옥의 메커니컬 기타 트레이닝 - 입대편〉에서

 **주의점 1** 왼손

4손가락 모두를 사용해서 음을 확실하게 멈추자!

현대적인 라우드 록에서는 메인 프레이즈처럼 16비트 그루브를 사용한 리프가 많이 등장한다. 이러한 프레이즈는 **쉼표에서 음을 확실하게 멈추는 것[주]**이 중요하다. 쉼표에 의한 '간격'이 셔플 계열의 통통 튀는 리듬과는 다른 타입의 독특한 그루브를 만들어내기 때문이다. 라우드 계열은 디스토션 사운드가 기본이므로 음을 멈출 때에는 왼손 4손가락을 모두 사용하는 것이 좋다(사진①&②). 다만, 뮤트 때에 힘을 너무 주면 해머링이 되어버려 노이즈가 발생하므로 주의하자. 각자 뮤트의 세기를 다각적으로 연구해보자.

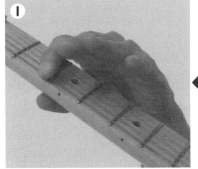 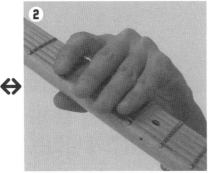

음을 확실하게 멈추기 위해 3손가락으로 뮤트 준비를 한다. 왼손 손가락이 지판에서 너무 많이 떨어지지 않도록 하자.

쉼표 때의 왼손 뮤트. 뮤트의 세기에 주의하면서 4손가락 모두로 줄의 진동을 억제시키자.

 **주의점 2** 오른손

크게 흔들지 말자! 단음 리프에서의 헛 피킹

왼손 뮤트에 이어 여기서는 오른손 헛 피킹에 대해서 해설한다. 메인 프레이즈는 마지막까지 16분음을 바탕으로 하는 얼터네이트로 연주한다. 1~3마디째의 단음 리프에서는 쉼표 때에 오른손이 작게 헛 피킹을 하는 것이 포인트다(사진③&④). 오른손 움직임이 커지면 브릿지 뮤트가 풀려버릴 수 있으므로 주의하자(사진⑤&⑥). 그렇다고 해서 브릿지 뮤트를 유지시키기 위해 헛 피킹을 하지 않으면 리듬을 탈 수 없다. 브릿지에 닿은 오른손 측면부분을 지지점으로 해서 손을 위아래로 움직이면 브릿지 뮤트의 포지션을 유지시키면서 동작이 작은 헛 피킹을 할 수 있을 것이다.

6번 줄 헛 피킹을 할 때. 브릿지 뮤트를 하면서…

작은 헛 피킹을 한다. 16비트 그루브를 느끼면서 연주하자.

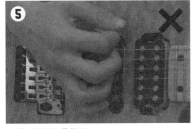 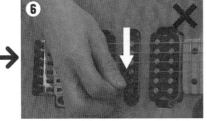

6번 줄 브릿지 뮤트를 했어도…

오른손 진폭이 크면 뮤트가 풀려버릴 수 있다!

칼럼 14

지옥의 칼럼

저자가 좋아하는 모던 라우드 계열 밴드 둘을 소개한다. 첫 번째로 디스터브드은 이 메인 프레이즈처럼 16분음을 활용한 헤비 리프가 인상적인 밴드다. 변칙적인 리듬으로 연주할 때의 악곡의 내용도 다채롭다. 두 번째, 머드베인도 디스터브드와 마찬가지로 헤비 리프와 변칙적인 리듬이 매력인 밴드다. 특히 초기의 음원은 변박자를 활용한 독특한 사운드를 들려준다. 이 두 밴드는 리프가 뚜렷하게 들리도록 의외로 게인을 줄이고 피킹의 힘 조절로 왜곡을 조정하고 있다.

저자 코바야시 신이치가 말하는 디스터브드(Disturbed)&머드베인(Mudvayne)

Disturbed
<Indestructible>

2008년에 발매된 4번째 앨범. 치밀하게 구축된 악곡, 파워풀한 사운드에서 그들의 뛰어난 실력을 유감없이 증명해준다.

Mudvayne
<L.D.50>

라우드 록 신에 큰 충격을 준 데뷔작. 변박자를 사용해 압도적인 테크닉으로 공격해 들어오는 강력한 작품이다.

[쉼표에서 음을 확실하게 멈추는 것] 쉼표에서는 음을 확실하게 멈춰야 한다. 브러싱 음이 울려버리면 분위기가 달라져버리므로 줄의 진동을 확실하게 멈추자.

준비운동 필수 기술 기술 강화 동영상연동 연습곡집

26

너는 이미 폴리하고 있다!

폴리리듬을 사용한 변칙 리프 엑서사이즈

- 변칙 리듬인 '폴리리듬'을 배우자!
- 프레이즈가 나뉘는 것을 이해하자!

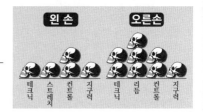

LEVEL ✦✦✦

목표 템포 ♩= 100

모범연주　TRACK 51
반　　주　TRACK 52

폴리리듬을 사용한 변칙 리프 엑서사이즈. 16분음 7음이 하나의 단락을 이루고 있다. 4분음(박자)을 확실하게 느끼며 연주하도록 하자. 단음에서 파워 코드로 체인지 할 때에는 쉼표에 의해 리듬이 흐트러지지 않도록 하자. 끝까지 정확한 박자로 연주할 수 있도록 하자!

위의 악보를 연주할 수 없는 사람은 이것으로 수행하라!

초급 8비트 기초연습. 메인 프레이즈의 흐름을 이해하자.

중급 폴리리듬 기초연습. 프레이즈를 반복하면서 조금씩 어긋나는 리듬에 익숙해지자.

고급 16분음표를 바탕으로 한 응용 연습. 16분쉼표에서는 음을 확실하게 멈추자!

<지옥의 메커니컬 기타 트레이닝 - 입대편>에서

주의점 1　이론

4분음으로 카운트 하면서 어긋나는 리듬을 의식하자!

폴리리듬이란 여러 리듬이 동시에 진행되는 리듬 패턴을 말한다. 저자의 개인적인 견해지만 폴리리듬 프레이즈의 매력은 여러 리듬이 동시에 시작되어 조금씩 어긋나다가 어느 순간 딱 맞아떨어지는 것이 아닐까 싶다. 따라서 실제 연주할 때에는 어떻게 이 '어긋남'을 유지시킬 것인가[주]가 포인트가 된다. 메인 프레이즈는 드럼은 4박자로 진행하지만 기타는 16분음 7개가(쉼표 포함) 한 묶음을 이루고 있다(그림1). 리듬의 어긋남을 의식할 필요가 있으므로 4분음으로 카운트하면서 연주하도록 하자!

그림1　폴리리듬

· 메인 프레이즈 1&2마디째

16분음 7개(쉼표 포함)가 한 묶음을 이룬다.
4분음으로 카운트하면서 연주하자!

주의점 2　왼손

독특한 긴장감을 주는 ♭2nd음과 ♭5th음

메인 프레이즈와 같은 6번 줄 개방의 E음을 토대로 하는 헤비 리프에서는 6번 줄 1프렛 F음과 6번 줄 6프렛 B♭음을 활용하는 경우가 많다. E음을 기준으로 보면 F음은 ♭2nd, B♭음은 ♭5th가 되며, 이 음들이 사용되는 이유는 스케일 상 긴장감을 주기 때문이다(그림2). 이런 음은 지나감으로 사용되는 경우가 많아 핑거링도 크로매틱 스케일을 연주하는 패턴에 가까워진다. 실제 연주 때에는 왼손 각 손가락을 균등하게 사용해서 지판을 눌러야 한다. ♭2nd음과 ♭5th음을 잘 사용할 수 있게 되면 프레이즈에 독특한 어두운 느낌과 스릴감을 더할 수 있게 된다. 오리지널 송을 만들고 싶은 기타리스트는 반드시 자신의 것으로 만들어두자.

그림2　♭2nd음과 ♭5th음

(E음)　(F음)　(F♯음)　　　(B♭음)　(B음)
토닉　♭2nd음　2nd음　　　♭5th음　5th음

이 두 음은 E음을 토닉으로 하면
스케일에서 벗어난 듯한 긴장감을 준다.

칼럼 15
지옥의 칼럼

저자 코바야시 신이치가 말하는 툴(tool)&메슈가(Meshuggah)

90년대 이후, 폴리리듬을 활용하는 헤비 메탈 밴드가 늘어나고 있다. 저자가 좋아하는 대표적인 두 밴드를 소개하겠다. 첫 번째는 툴. 그들은 압도적인 테크닉을 무기로 헤비 록의 틀을 뛰어넘는 치밀하고 다채로운 사운드를 들려준다. 멜로디 라인도 아름다워 록의 궁극적인 진화형이라 할 수 있다. 두 번째는 스웨덴의 익스트림 메탈 밴드 메슈가. 8현 기타를 사용한 헤비 리프와 복잡한 리듬이 훌륭하게 융합한 사운드는 압권이다. 속주와는 다른 '초절정 테크닉'을 반드시 체험해보기 바란다.

Tool
<10,000 days>

중후한 사운드, 복잡한 리듬 전개, 다채로운 멜로디가 혼연일체를 이루어 몰려오는 작품. 치밀한 설계의 미학을 맛볼 수 있다.

Meshuggah
<NOTHIN>

4th앨범. 전체적으로 미디엄 템포의 곡이 많으며, 변박자와 폴리리듬을 많이 사용한 거친 파도와 같은 메탈 사운드를 들려준다.

['어긋남'을 유지시킨다] 드럼 비트에 끌려들어 기타 프레이즈가 무너져버리면 폴리리듬은 완성되지 않는다. 다른 악기에 휘말리지 말고 자신의 길을 가라!

27

내가 바로 머신건이다 ~1~

여섯잇단음 계열 고속 풀 피킹 프레이즈 1

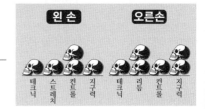

- 파괴력 있는 머신건 피킹에 도전하자!
- 피킹의 진폭을 기억하라!

LEVEL

목표 템포 ♩= 135

모범연주　TRACK 53
반　　주　TRACK 54

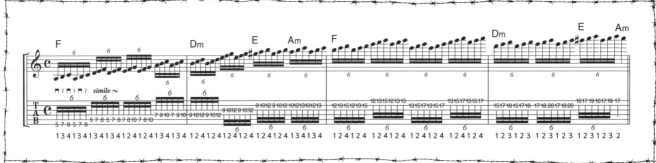

여기서는 게리 무어, 존 사이크스 그리고 임펠리테리 같은 남자의 로망스를 느끼게 하는 머신건 피킹을 마스터하자. 파괴력과 질주감은 물론, 깔끔하고 군살 없이 연주할 수 있는 피킹의 진폭을 배우자!

위의 악보를 연주할 수 없는 사람은 이것으로 수행하라!

초급 우선은 3음을 반복하는 핑거링&피킹 패턴에 익숙해지자.

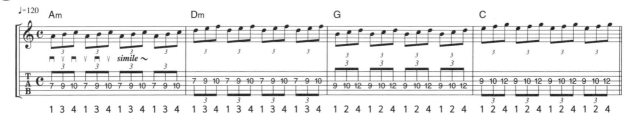

중급 이어서 2박마다의 줄 이동을 연습하자.

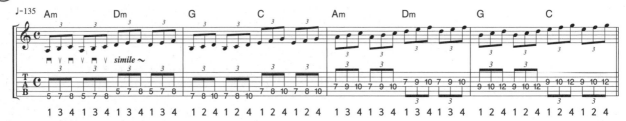

고급 포지션 이동을 원활하게 하면서 리듬 유지에도 신경을 쓰자.

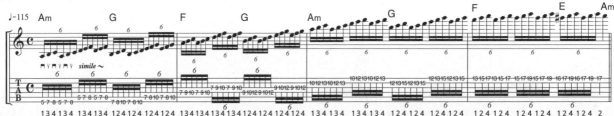

<지옥의 메커니컬 기타 트레이닝 (1)>에서

주의점 1  오른손

섬세한 오른손 움직임으로 파괴적인 사운드를 내자

파괴력과 질주감을 느끼게 하는 머신건 피킹. 그 원조인 게리 무어는 '깔끔한 속주'가 아니라 '생생하고 호쾌한 속주'를 들려주었다. 그러나 머신건 피킹은 힘에 맡겨 연주해서는 안 된다. 격렬한 음압감을 유지시키기 위해서는 피크의 진폭에 주의할 필요가 있다. 일반적인 속주에 적합한 피킹은 쓸데없는 동작 없이 작게 피킹한다(그림1-a). 그러나 이래서는 힘 있는 음압감이 나질 않는다. 그에 비해 피크를 양쪽 이웃한 줄 사이를 약 2㎝ 정도로 아슬아슬하게 움직이는 피킹을 하면 음압감 있는 사운드를 만들어낼 수 있다(그림1-b). 소위 말하는 머신건 피킹이란 후자를 말한다. 힘이 넘치는 기술이며, 2㎝ 사이를 오가는 섬세한 컨트롤 능력도 겸비해야한다.

그림1-a   일반적인 고속 피킹

) 4mm

진폭이 작고 쓸데없는 동작이 적지만 힘 있는 음압감은 나지 않는다.

그림1-b   머신건 피킹

) 2cm

진폭이 크기 때문에 음압감이 나온다. 다만 피킹 컨트롤이 어렵다.

주의점 2 왼손

스케일을 익혀서 프레이즈의 흐름을 파악하라!

이 프레이즈는 기본적으로 A내추럴 마이너 스케일로 만들어졌다(그림2). 기본적이라고 말한 이유는 2마디 3박째(2번 줄 9프렛)와 4마디 3박째(1번 줄 16프렛)의 E메이저 코드 부분에만 G음을 반음 올린 A하모닉 마이너를 사용하고 있기 때문이다. 이와 같은 고속 솔로 프레이즈를 연주할 때에는 우선 스케일에서 왼손의 흐름을 확인하는 것이 중요하다. TAB악보를 눈으로 쫓으면서 조금씩 속주를 할 수 있게 되더라도 프레이즈 전체를 연결할 수 없으면 의미가 없다. 프레이즈 전체를 원활하게 연주하기 위해서는 포지셔닝과 스케일의 이해가 필수적이다. TAB악보만 눈으로 쫓으며 연습해서는 안 된다!

그림2   A내추럴 마이너 스케일

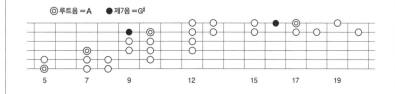

◎루트음 = A   ●제7음 = G#

A내추럴 마이너 스케일을 베이스로
A하모닉 마이너 스케일의 음인 G#음을 사용하고 있다.

칼럼 16

지옥의 칼럼 —— 머신건 솔로를 위한 뮤트 방법

게리 무어나 존 사이크스가 하는 머신건 피킹의 특징은 고음줄과 저음줄에서 브릿지 뮤트의 정도가 다르다는 점을 들 수 있다. 저음줄을 연주할 때에는 브릿지 뮤트를 확실하게 걸고, 다음은 3번 줄을 향해서 서서히 뮤트를 완화하고, 1&2번 줄은 넌 뮤트로 연주한다(그림3). 저음줄은 뮤트에 의해 저음이 조여지고, 고음줄로 갈수록 사운드가 개방되는 것이다. 머신건 피킹의 매력은 기타 특유의 사운드 변화를 연출해서 프레이즈 전체의 다이내믹스를 조종하는 것이다. 한 단계 위의 기타리스트가 되고 싶다면 이러한 세밀한 뉘앙스를 익히는 것이 중요하다.

그림3   머신건 피킹의 브릿지 뮤트

| 뮤트를 거는 정도를 나타낸 그림 |

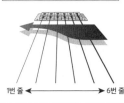

1번 줄 ← → 6번 줄

1번 줄로 향할수록 뮤트하는 힘을 약하게 한다.

| 뮤트를 거는 정도의 그래프 |

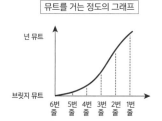

넌 뮤트

브릿지 뮤트

6번 줄 5번 줄 4번 줄 3번 줄 2번 줄 1번 줄

28

내가 바로 머신건이다 ~2~

여섯잇단음 계열 고속 풀 피킹 프레이즈 2

 지옥의 격언

- 항상 얼터네이트 피킹을 유지할 수 있도록 하자!
- 상승&하강 여섯잇단음 속주 상투구를 익히자!

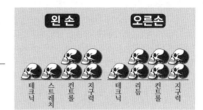

LEVEL 🔱🔱🔱

목표 템포 ♩=125

모범연주 TRACK 55
반　주 TRACK 56

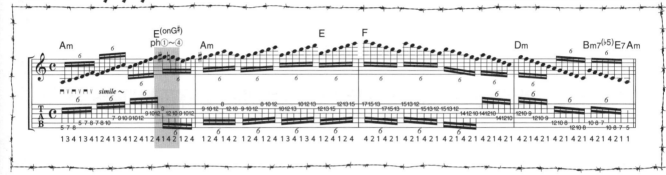

폴 길버트, 존 페트루치의 등장에 의해 지금은 여섯잇단음 속주가 상식이 되었다. 그런 고속 여섯잇단음을 연주하기 위해서는 아웃사이드&인사이드가 섞여도 흔들리지 않는 얼터네이트 피킹을 마스터해야 한다. 여기서의 표어는 '슈퍼 얼터네이트'다!

위의 악보를 연주할 수 없는 사람은 이것으로 수행하라!

초급 우선은 셋잇단음으로 상승 아웃사이드, 하강 인사이드를 연습하자.

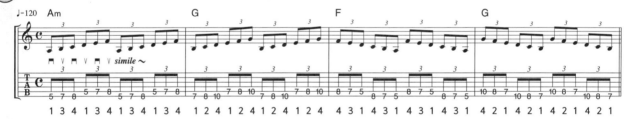

중급 이어서 16분음으로 줄 이동 때의 아웃사이드&인사이드를 이해하자.

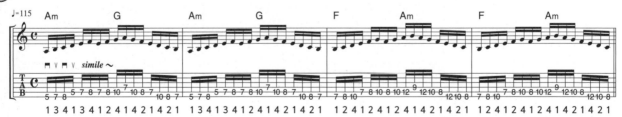

고급 여섯잇단음의 상투적인 속주 패턴. 이것만으로도 여섯잇단음 속주의 70%는 할 수 있게 된다.

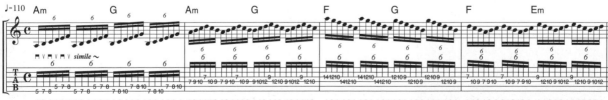

<지옥의 메커니컬 기타 트레이닝 (1)>에서

주의점 1  오른손

군더더기 없는 피킹은 손목 스냅이 중요하다!

여섯잇단음 얼터네이트 피킹에서는 2마디째 1 박째와 같이 폴 길버트가 자주 사용하는 1음만 줄 이동하고 바로 되돌아오는 상투적인 프레이즈가 등장한다. 이 프레이즈는 줄 이동이 많아 피킹이 약간 복잡하다(**그림1-a**). 여기서 실수하기 쉬운 포인트는 1음만 인접한 줄을 연주하고, 바로 원래의 줄로 되돌아올 때의 움직임과 피킹 궤도다(**그림1-b**). 되돌아올 때의 포인트가 너무 크면 쓸데없는 움직임이 커지고, 또한 되돌아오는 피킹의 궤도가 높으면 다음 피킹 자세로 바로 들어갈 수 없다. 이 두 가지를 극복하기 위해서는 피킹 때에 손목의 스냅을 이용할 필요가 있다. 되돌아오는 포인트에서 스냅을 사용한 피킹을 하면 쓸데없는 움직임 없이 연주할 수 있을 것이다.

그림1-a　약간 복잡한 피킹 패턴

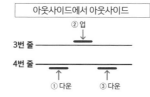
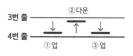

그림1-b　되돌아오는 포인트와 피킹 궤도

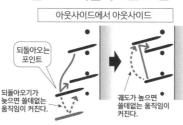

주의점 2  왼손

1음 줄 왕복에서는 1번, 4번 손가락 움직임에 주의!

이 프레이즈는 기본적으로 상승 프레이즈는 1번 손가락, 하강 프레이즈는 4번 손가락을 선두로, 3음 1세트로 줄 이동 또는 평행이동을 한다. 1마디째 3, 4박째는 약간 복잡한 줄 이동으로 되어있으므로 주의하자(**사진①~④**). 이 부분을 연주할 때에 주의할 포인트는 2가지다. 하나는 3번 줄 12프렛(4번 손가락)에서 2번 줄 9프렛 (1번 손가락)으로 줄 이동할 때, 4번 손가락은 줄 이동을 하지 않고 3번 줄 위에서 대기하는 것이다. 그렇게 하면 쓸데없는 움직임이 줄어들 것이다. 이어서 두 번째는 1번 손가락 손끝으로 3번 줄을 뮤트하는 것이다. 이것은 줄 이동 때에 발생하기 쉬운 미스 터치에 의한 노이즈를 방지하는 역할을 한다. 미스 톤이 적은 속주를 위해 의식하기 바란다.

줄 이동 직전의 4번 손가락 운지. 1번 손가락 이동 준비를 하자.

줄 이동 후의 1번 손가락 운지. 4번 손가락은 3번 줄 위에서 대기!

이어서 3번 줄로 되돌아간다. 1번 손가락도 되돌린다.

2번 손가락 운지. 직전의 4번 손가락 운지 때에 준비해두면 좋다.

칼럼 17

지옥의 칼럼

여기서는 머신건 피킹의 명인이라 불리는 3명의 기타리스트 작품을 소개하겠다. 첫 번째는 Blue Murder의 1st앨범 <Blue Murder>. 존 사이크스의 초음속 피킹을 감상할 수 있다. 참고로 이것은 저자의 애청 앨범이다. 다음은 오지 오스본의 <No More Tears>. 설명이 필요 없는 잭 와일드의 호쾌한 머신건 피킹이 가득한 앨범이다. 마지막은 Dream Theater의 <Awake>. 존 페트루치가 사실은 머신건 피킹의 명인이라는 것을 재확인시켜주는 플레이가 다수 수록된 충실한 작품이다.

프로에게 배우자! 머신건 명음반 소개

Blue Murder
<Blue Murder>

Ozzy Osbourne
<No More Tears>

Dream Theater
<Awake>

29

계단을 박차고 올라가자

얼터네이트 컨트롤 능력을 기르는 페달 연주법

지옥의 격언
- **클래시컬한 페달 연주법을 익히자!**
- **세밀한 줄 이동에 익숙해지자!**

왼손	오른손
테크닉 / 스트레치 / 컨트롤 / 지구력	테크닉 / 리듬 / 컨트롤 / 지구력

LEVEL

목표 템포 ♩= 115

모범연주 TRACK 57
반 주 TRACK 58

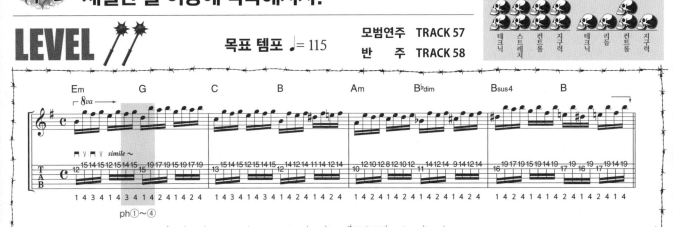

페달 연주법을 사용한 클래식 계열 프레이즈. 페달음을 고음으로 두고 코드 진행에 맞춰 프레이즈를 전개하자. 정확한 아웃사이드 피킹으로 마지막까지 16분음의 길이가 유지되도록 하자. 클래시컬한 세계관을 구축할 수 있도록 각각의 음을 정확하게 연주하자!

위의 악보를 연주할 수 없는 사람은 이것으로 수행하라!

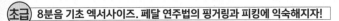

초급 8분음 기초 엑서사이즈. 페달 연주법의 핑거링과 피킹에 익숙해지자!

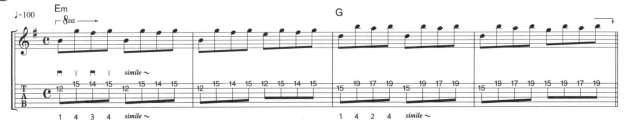

중급 초급의 발전 엑서사이즈. 1번 손가락의 줄 이동에 주의하자!

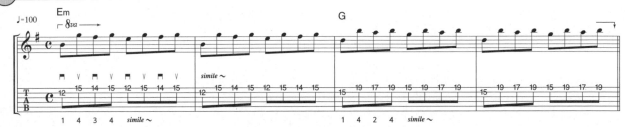

고급 16분음 응용 엑서사이즈. 1번 손가락의 가로 이동과 함께 스트레치를 연습하자.

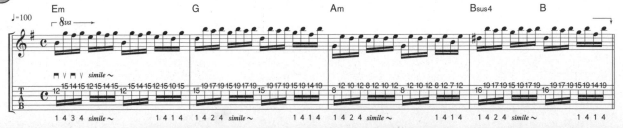

주의점 1 　이론

페달음을 누르는 손가락은 마지막까지 똑같이 하자!

페달 연주법 이름의 유래는 오르간의 다리건반
=페달에서 왔다고 한다. 클래식에는 베이스음
을 지속시키는 상태로 하모니를 전개하거나, 반
대로 고음을 일정하게 유지시키면서 아래의 하
모니를 전개하는 작곡기법이 있다. 페달 연주법
은 이러한 기법을 이용해서 어떤 음을 페달음
으로 남긴 상태에서 프레이즈를 전개하는 연주
법을 말한다. 메인 프레이즈는 고음에 페달음
을 둔 '고음 페달' 패턴으로, 페달음이 모두 16분
음의 뒷박자에 들어가므로 리듬이 흐트러지지
않아야 한다(그림1). 또한 **페달음을 누르는 손
가락이 항상 일정해야[주]** 핑거링을 원활하게
할 수 있을 것이다.

그림1 고음에 페달음을 두는 패턴

· 메인 프레이즈 1마디째

simile ~

```
T    12   15 14 15 12 15 14 15   15   19 17 19 15 19 17 19
A  C
B
     1 4 3 4 1 4 3 4 1 4 2 4 1 4 2 4
```

◯ … 페달음

주의점 2 왼손

페달음의 운지를 생각해서 1번&4번 손가락을 동시에 이동!

1마디째 2~3박째 포지션 이동에는 주의가 필요
하다. 여기서는 3박째에 들어가는 순간, 1번 손
가락이 12프렛에서 15프렛으로 이동한다. 또한
3박째 2음째가 페달음인 1번 줄 19프렛이 되기
때문에 1번 손가락의 이동과 동시에 4번 손가락
도 19프렛 상에서 대기시킨다(사진①~④). 이
와 같은 포지션 이동에서는 1번 손가락에만 주
의하게 되지만 이 프레이즈는 페달 연주법이므
로 페달음을 확실하게 연주하는 것이 포인트
다. 따라서 1번, 4번 손가락을 세트로 매끄럽게
이동하는 것이 중요하다. 페달 연주법뿐만 아니
라 항상 다음 프레이즈 전개를 염두에 두는 플
레이를 하자.

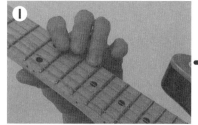
1마디째 2박째의 3음째. 3번 손가락 운지 후…

4번 손가락으로 페달음을 낸다. 포지션 이동도 의식하자.

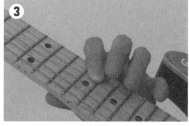
1번, 4번 손가락을 세트로 이동시켜야…

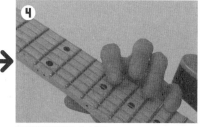
페달음을 확실하게 누를 수 있다.

칼럼 18
지옥의 칼럼

네오 클래시컬 계열 기타리스트 중에는 바흐를 좋아
하는 사람이 많은 것 같다. 바흐는 파이프 오르간의
명연주자였기 때문에 페달 연주법을 많이 사용하는
네오 클래시컬 기타리스트의 뿌리가 됨은 필연적일
것이다. 또한 바흐가 사용한 대위법이라 불리는 작
곡기법은 여러 멜로디 라인을 동시에 진행시키는 것
이므로 그의 곡을 기타로 연주하면 자연스럽게 페달
연주법처럼 되어버린다. 저자는 바흐의 음악에서 시
퀀셜한 요소를 강하게 느끼므로 메커니컬 트레이닝
을 좋아하는 록 기타리스트가 연주하면 매우 재미있
는 음악이라고 생각한다. 다만 한 가지 마음에 걸리
는 점이 있다. 네오 클래시컬 계열은 대부분이 바로
크 음악만을 모티브로 하고 있으며, 페달 연주법이

어째서 바로크뿐인가?
저자의 네오 클래식 고찰

나 하모닉 마이너를 사용하는 경우가 많다는 것이
다. 클래식 음악은 바로크뿐만 아니라 고전파와 낭
만파, 인상파, 근대음악 등, 다양한 장르가 있다. 하
지만 그럼에도 네오 클래시컬 계열이라고 하면 역시
바로크 음악으로 집약된다. 그렇다면 이 네오 클래
시컬 계열은 '네오 바로크 계열'이라고 부르는 것이
맞지 않을까? 그 편이 음악성을 더 잘 설명할 수 있
을 것 같다.

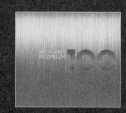

<베스트 클래식스
100 프리미엄>

바흐는 물론 지옥의 클래식편에 수
록된 '캐논'과 '운명', '백조의 호수'
등을 수록한 클래식 입문용 베스트
음반.

[페달음을 누르는 손가락이 항상 일정해야] 페달 연주법의 독특한 멜로디 라인은 페달음이 반복적으로 울림으로써 성립된다. 따라서 페달음의 울림이 따로 놀지 않도록 확실하게 지판을 누르는 것이 중요하다.

-30-
가로 뛰기 반복!

트라이어드를 바탕으로 한 대표적인 스키핑 프레이즈

지옥의 격언
- 줄 뛰어넘기 트라이어드 포지션을 익히자
- 프레이즈를 리드미컬하게 연주하자!

LEVEL ★★★★

목표 템포 ♩= 140

모범연주	TRACK 59
반 주	TRACK 60

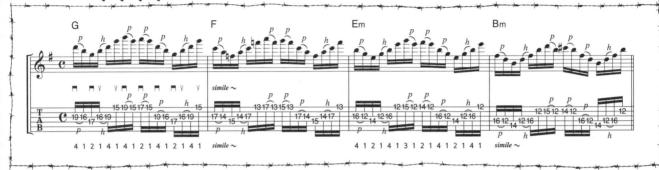

메이저&마이너 트라이어드에 9th음을 더한 코드 톤 스키핑 엑서사이즈. 줄을 뛰어넘을 때에는 정확한 아웃사이드 피킹으로 다른 줄은 건드리지 않아야 한다. 오른손에 각 줄의 간격을 익혀 끝까지 리드미컬하게 플레이하자!

위의 악보를 연주할 수 없는 사람은 이것으로 수행하라!

초급 8분음 스키핑 기초연습. 메이저&마이너 트라이어드 포지션을 익히자.

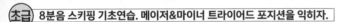

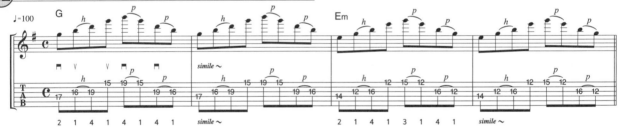

중급 메인 프레이즈의 패턴을 8분음으로 확인하자. 메이저&마이너의 2가지 포지션을 연습하자.

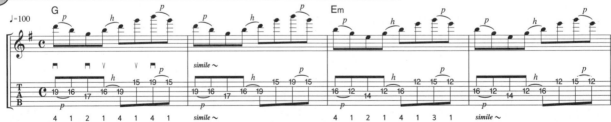

고급 메인 프레이즈의 코드 진행에 맞춰 트라이어드의 기본 포지션을 연주하자!

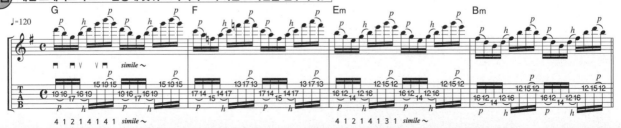

<지옥의 메커니컬 기타 트레이닝 - 입대편>에서

주의점 1 이론

트라이어드에 9th음을 더한 응용 포지션을 익히자!

우선은 메인 프레이즈에 사용된 포지션을 확인 해보자(**그림1**). 메인 프레이즈는 트라이어드에 9th음을 더한 것이 포인트다. 1~3마디째가 4번 줄 루트, 4마디째가 5번 줄 루트로 되어있다. 9th음을 더하면 프레이즈에 독특한 애수를 줄 수 있으므로 트라이어드의 응용 포지션으로 반드시 기억해두기 바란다. 참고로 트라이어드의 메이저와 마이너는 3rd음만 반음(1프렛) 다르다. 저자는 '4번 손가락이 같은 프렛으로 줄 뛰어넘기를 하는 것이 메이저', '1번 손가락이 같은 프렛으로 줄 뛰어넘기를 하는 것이 마이너' 라는 식으로 기억하고 있다. 참고하기 바란다.

그림1 트라이어드+9th의 응용 포지션

◎루트음 △3rd음 □5th음 ◇9th음

메이저 트라이어드+9th음

· 4번 줄 루트(메인 프레이즈 1&2마디째)

· 5번 줄 루트

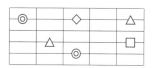

마이너 트라이어드+9th음

· 4번 줄 루트(메인 프레이즈 3마디째)

· 5번 줄 루트(메인 프레이즈 4마디째)

주의점 2  오른손

스키핑에서는 폼을 일정하게 유지하자!

스키핑 프레이즈는 줄을 하나 이상 건너서 피킹하기 때문에 정확성이 필요하다. 기본적으로 줄 이동을 할 때에는 피킹 폼을 일정하게 유지시키는 것이 중요하다(**사진①&②**). 순식간에 줄 이동을 해야 한다고 해서 손목에 스냅을 주어 피킹하면(**사진③&④**) 이동한 줄의 프레이즈를 신속하게 연주할 수 없다. 1음만 줄 뛰어넘기를 하고 바로 원래 줄로 되돌아오는 프레이즈에서는 손목에 스냅을 주어 피킹해도 된다. 하지만 줄 뛰어넘기에 너무 신경을 쓴 나머지 무리한 피킹폼으로 계속 연주하면 이상한 버릇이 들 수도 있다.

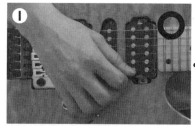

1번 줄을 피킹하는 시점에서 3번 줄을 노린다.

1번 줄을 피킹한 폼을 그대로 유지하며 3번 줄로 이동하자.

1번 줄을 피킹한 후에…

손목을 돌려 3번 줄을 연주하지는 말자!

주의점 3 오른손

리드미컬한 연주를 위해 줄 뛰어넘기 헛 피킹을 마스터하자!

메인 프레이즈에서는 헛 피킹도 중요한 포인트다. 예를 들면 1마디째 1박~2박째의 3번 줄→1번 줄의 이동에서는 해머링 때에 다운 헛 피킹을 넣고 1번 줄을 업 피킹으로 연주하는 것이 올바른 연주법이다. 하지만 줄 뛰어넘기 헛 피킹에 익숙하지 않으면 헛 피킹을 넣지 않고 1번 줄을 다운으로 연주하게 될 수 있다(**그림2**). 메인 프레이즈와 같은 스키핑 프레이즈는 16분음의 리듬을 타고 리드미컬하게 연주해야 한다. 하지만 해머링 때에 헛 피킹을 하지 않으면 리듬을 정확하게 탈 수 없을 것이다. 게다가 1번 줄을 다운 피킹으로 연주하면 그 이후의 **피킹 순서도 엉망이 된다[주]**.

그림2 줄 뛰어넘기를 할 때의 헛 피킹

· 메인 프레이즈 1마디째

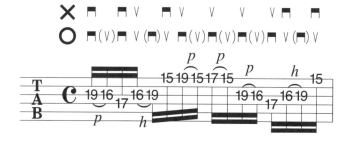

헛 피킹을 정확하게 넣어서 16분음의 리듬을 타자!

[**피킹 순서도 엉망이 된다**] 얼터네이트의 규칙성이 흐트러지면 리듬을 타기 힘들어진다. '순서는 적당히 하고, 대충 비슷하게 연주할 수 있으면 된 거야!'라고 생각하지 말고 한 음 한 음 확인하면서 연습하는 것이 실력향상의 지름길이다!

−31−
경제적인 연주 3줄

3줄 이코노미 트레이닝 응용 포지션

지옥의 격언
- 양식미 계열의 필수 테크닉, 3줄 스위프를 익혀라!
- 1번&4번 손가락을 세트로 이동하라!

LEVEL ★★★★★

목표 템포 ♩= 130

모범연주 TRACK 61
반 주 TRACK 62

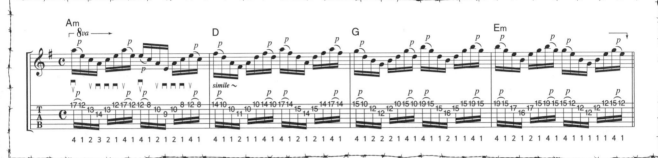

양식미 계열의 대표적인 테크닉 3줄 이코노미 엑서사이즈. 하나의 코드에 2개의 트라이어드 포지션을 사용하므로 왼손 1번&4번 손가락을 하나의 세트로 원활하게 움직여야 한다. 각 마디마다 다운 또는 업 피킹 어느 쪽으로 연주를 시작해도 되지만 응용력을 키우기 위해 두 가지 모두 연습하자!

위의 악보를 연주할 수 없는 사람은 이것으로 수행하라!

초급 셋잇단음 기초연습. 하나의 코드에 2가지 포지션을 할당한 트라이어드를 익히자.

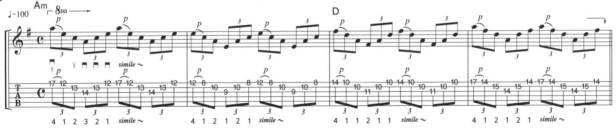

중급 16분음으로 연습. A마이너 트라이어드를 3가지 포지션으로 연주하자!

고급 메인 프레이즈의 코드 진행에 맞춘 발전형 연습. 3줄 이코노미의 감각을 파악하자!

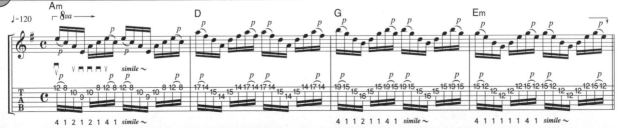

<지옥의 메커니컬 기타 트레이닝 – 입대편>에서

주의점 1   이론

코드음을 의식하고 포지션을 익히자!

메인 프레이즈는 하나의 코드에 대해서 2가지 포지션을 할당한 트라이어드를 사용하고 있다. 다만 '몇 번 줄에는 반드시 이 코드음이 들어간다'라는 규칙성은 없다. 1&2마디째를 예로 들면 3번 줄은 1마디째 Am코드에서는 루트음(14프렛)과 5th음(9프렛), 2마디째 D코드에서는 3rd음(11프렛)과 5th음(14프렛)이 된다(**그림1**). 더욱 빨리 실력을 향상시키고 싶은 독자는 각 마디마다의 코드음 위치를 확인하면서 연습하기 바란다. 이렇게 하면 코드감을 의식한 플레이를 할 수 있게 될 것이다.

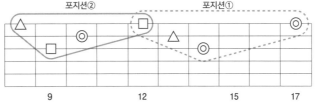

그림1   메인 프레이즈 1&2마디째의 포지션

· 메인 프레이즈 1마디째(Am)   ◎ 토닉 △ 3rd음 □ 5th음

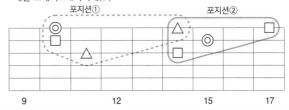

· 메인 프레이즈 2마디째(D)

 주의점 2   왼손

다른 줄 같은 프렛의 바레는 웨이브 운동으로 공략하라!

메인 프레이즈와 같은 3줄 이코노미 프레이즈의 큰 벽은 다른 줄 같은 프렛의 바레다. 손가락 하나로 같은 프렛의 3줄을 동시에 누르지만, 이코노미에서는 연주하지 않는 줄에서 소리가 나게 해서는 안 된다. 그렇기 때문에 바레를 하면서 각 줄의 음이 확실하게 울리도록 한 손가락만 사용하는 뮤트 이동을 마스터해야만 한다(**그림2**). 제1&2관절을 원활하게 상하운동[주]시켜서 연주하고 싶은 줄에 중심을 주는 느낌으로 파도를 만들어, 연주하는 줄과 뮤트하는 줄을 이동하면 될 것이다. 1음씩 확실하게 발음이 되고 있는지 체크하면서 연습하기 바란다.

그림2   한 손가락 웨이브 지판 누르기

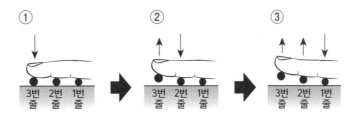

① 3번 줄만 연주하지만 1~3번 줄, 3줄을 누른다.

② 손가락 끝을 살짝 띄우는 느낌으로 3번 줄을 뮤트하면서 2번 줄을 누른다.

③ 손가락 끝을 더 띄워서 1번 줄만 누른다. 3&2번 줄은 뮤트한다.

칼럼 19

지옥의 칼럼

업과 다운, 어디서 연주를 시작할 것인가? 성격 판단이 가능한 이코노미 프레이즈

여러분은 메인 프레이즈를 다운과 업 중 어느 쪽으로 시작하는가? 사실은 이것으로 당신의 성격을 알 수 있다. 다운 피킹으로 시작하는 사람은 솔직하고 한 번 결정한 것은 반드시 관철하는 타입. 업 피킹으로 시작하는 사람은 상황 판단력이 높으며 현명한 처신을 신조로 하는 타입이다. 물론 농담이다(웃음). 실제로는 다운 피킹으로 시작하는 사람은 얼터네이트가 연주의 중심이고, 업 피킹은 이코노미가 중심이라 할 수 있다. 다운은 얼터네이트에 익숙하기 때문에 연주의 시작이 항상 다운으로 되며, 업은 업 이코노미로 연주를 시작하므로 업이 된다(**그림3**). 둘 다 정답이므로 자신의 취향에 맞게 고르자!

그림3   피킹 스타트

업 이코노미로 시작하면 동작에 군더더기가 없다.

이코노미파

얼터네이트파

다운부터 시작하면 타이밍을 잡기 쉽다.

[제1&2관절의 원활한 상하운동] 이코노미 피킹의 다른 줄 같은 프렛 바레에서는 손가락 관절 컨트롤이 포인트다. 이때 손가락 전체를 위아래로 움직이면 불필요한 움직임이 늘어나므로 주의하자!

73

이 연주를 할 수 없다면 록을 할 수 없다 ~2~

대표적 펜타토닉 솔로

- 초킹을 완전 마스터하라!
- 대표적인 펜타토닉 프레이즈로 록 센스 UP!

LEVEL ✦✦✦

목표 템포 ♩=100

| 모범연주 | TRACK 63 |
| 반 주 | TRACK 64 |

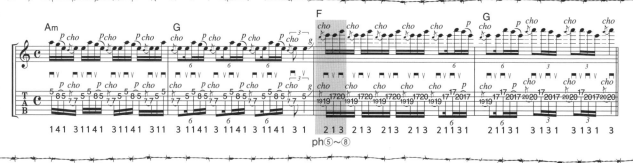

'초킹 없이는 록 기타도 없다.' 여기서는 록의 대표적인 펜타토닉 프레이즈로 일렉트릭 기타의 필수적인 테크닉 '초킹'을 트레이닝하자. 안정된 피치와 뮤트, 표현력을 완벽하게 익히기 바란다.

위의 악보를 연주할 수 없는 사람은 이것으로 수행하라!

초급 우선 셋잇단음에 맞추어 줄을 올리는 감각과 음정감을 키워라!

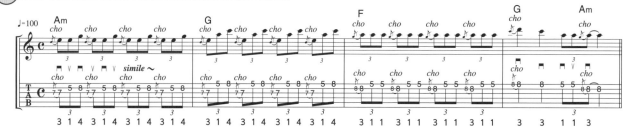

중급 하이 프렛의 2번 손가락 초킹 연습으로 록 스피릿을 배워라!

고급 초킹의 시퀀스 프레이즈. 리듬이 어긋나므로 주의하자.

<지옥의 메커니컬 기타 트레이닝 (1)>에서

 **주의점 1** 왼손

초킹의 비결은 엄지손가락과 손목의 사용법에 있다!

초킹의 최대 포인트는 줄을 확실하게 올릴 수 있는가다. 우선은 초보자에게 흔하게 나타날 수 있는 잘못된 초킹을 소개한다(**사진①, ②**). 이처럼 엄지손가락이 헤드 방향을 향한 상태로 잡으면 손목이 고정되어 손가락에 힘이 들어가지 않는다. 때문에 확실하게 줄을 올릴 수 없게 된다. 이것을 피하기 위해서는 1번 손가락과 엄지손가락으로 넥을 확실하게 잡아야 한다. 엄지손가락을 넥 위로 내고, 4번 손가락이 넥에 다가가도록 손목을 비트는 느낌으로 줄을 올리면 확실하게 초킹을 할 수 있을 것이다(**사진③, ④**). 손가락 힘만으로 올리려고 하면 손가락이 누워버릴 수 있다.

 ❌
엄지손가락이 헤드 방향을 향해 넥을 잡으면……

 ❌
손가락 힘만으로 줄을 올리기 때문에 손가락이 휘어진다.

 ⭕
엄지손가락을 넥 위로 내고, 1번 손가락과 엄지손가락으로 넥을 잡는다.

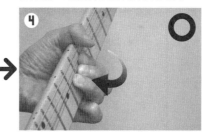 ⭕
손목을 비틀어 줄을 올린다. 지판을 누르고 있는 손가락은 세운 상태를 유지한다!

 주의점 2 왼손

하이 포지션에서의 2번 손가락 초킹

기타리스트에게 있어서 3번 손가락은 '약을 위해서'가 아니라 '초킹을 하기 위해서' 존재한다. 그렇기 때문에 우선은 3번 손가락 초킹에 익숙해지기 바란다. 그러나 록에서는 2번 손가락으로 초킹하는 프레이즈도 등장한다. 특히 하이 포지션에서는 프렛 간격이 좁아져 2번 손가락 초킹이 많아진다. 이 프레이즈는 3, 4마디째에서 2번 손가락 초킹이 등장하는데(**사진⑤~⑧**), 이때 손가락이 젖혀지지 않아야 한다. 2번 손가락 하나로도 손목을 비틀면 확실하게 줄을 올릴 수 있을 것이다. 초킹 후에는 1번 손가락을 3번 줄에 가볍게 대서 뮤트를 한다. 초킹을 깔끔하게 하기 위해서는 반드시 1번 손가락으로 뮤트를 하자.

 ⑤
2번 손가락 운지. 엄지손가락을 넥 위로 내서 잡는다.

 ⑥
2번 손가락 초킹. 2번 손가락이 젖혀지지 않도록 하자.

 ⑦
1번 손가락 운지. 초킹 후의 뮤트도 잊지 말자.

 ⑧
3번 손가락 운지. 다음의 2번 손가락 운지도 준비한다.

칼럼 20

지옥의 칼럼

초킹의 노이즈 대책법

초킹은 줄을 올리기 때문에 이웃한 줄에 손가락이 닿아서 노이즈를 발생시키기 쉽다. 설령 줄을 확실하게 올렸어도, 다른 줄을 진동시켜 노이즈를 낸다면 깔끔한 초킹이라 할 수 없다(**사진⑨**). 이것을 피하기 위해서는 초킹을 하지 않는 다른 손가락으로 뮤트를 해야 한다. 3번 손가락 초킹에서는 1번 손가락을 줄 위에 펼쳐서 뮤트하면 좋다(**사진⑩**). 이때 1번 손가락은 줄을 누르는 것이 아니라 살짝 댄다. 익숙해질 때까지는 항상 뮤트를 의식해야 한다. 익숙해지면 초킹과 뮤트를 순식간에 한 세트로 할 수 있게 될 것이다.

 ⑨
2번 줄 초킹. 3&4번 줄은 뮤트되어 있지만, 5&6번 줄이 울려서 노이즈가 발생하고 있다.

 ⑩
1번 손가락은 4&5번 줄, 엄지손가락은 6번 줄에 가볍게 대서 노이즈를 차단. 이 정도라면 와일드하게 연주해도 좋다!

준비운동 필수 기술 기술 강의 동영상 연동 연습곡집

—33—
록 모임 ~제3회 담합~

♭5th음을 더한 E마이너 펜타토닉 프레이즈

지옥
격언

- ♭5th음을 더한 펜타토닉을 익혀라!
- 대표적인 펜타토닉의 포지션 확장을 이해하라

LEVEL ✦✦✦

목표 템포 ♩=120

모범연주 TRACK 65
반 주 TRACK 66

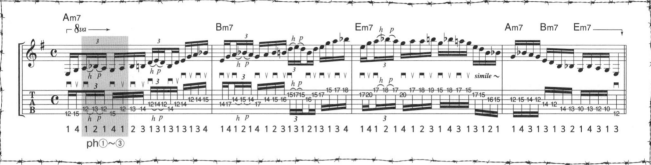

펜타토닉 명인이라 불리는 기타리스트들이 반드시라고 해도 좋을 정도로 사용하는 '♭5th음'. 이 프레이즈를 통해서 펜타토닉을 멋지게 연출하는 ♭5th음을 더한 포지션을 체크하자. 가로 이동을 하는 펜타토닉 포지션의 확장도 이해해서 프렛에 대한 시야가 넓은 기타리스트가 되자!

위의 악보를 연주할 수 없는 사람은 이것으로 수행하라!

🔵초급 ♭5th음(5번 줄 13프렛&3번 줄 15프렛)을 더한 펜타토닉의 감각을 배우자!

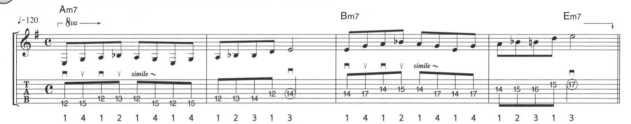

🔵중급 이어서 16분음 프레이즈로 ♭5th음을 더한 펜타토닉에 익숙해지자!

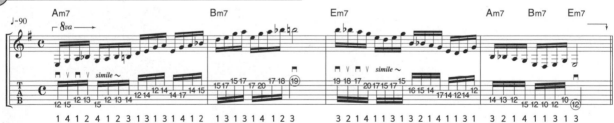

🔵고급 해머링&풀링을 사용한 반박셋잇단음 프레이즈를 익히자!

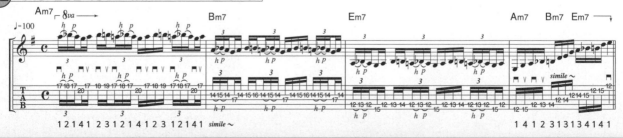

<지옥의 메커니컬 기타 트레이닝 - 입대편>에서

76

이론

주의점 1

펜타토닉에 양념 같은 스케일음 ♭5th음을 더한 포지션

심플한 펜타토닉 프레이즈에 ♭5th음을 더함으로써 스케일을 약간 벗어난 듯한 독특한 긴장감을 연출할 수 있다. 사실 저자는 펜타토닉이라고 하면 반드시 ♭5th음이 들어간다고 생각하는데, 이렇게 생각할 정도로 ♭5th음은 펜타토닉에게 있어서 중요하다. 여기서는 우선 ♭5th음을 더한 펜타토닉 포지션을 확인하겠다(**그림1**). ♭5th음은 그 이름대로 5도음을 반음 내린 것으로 포지션 그림을 보면 항상 5도음에서 1프렛 왼쪽에 있다. 우선 펜타토닉의 기본 포지션을 머릿속에 넣고 여기에 ♭5th음을 더하는 식으로 기억하면 될 것이다. 실제로 **그림1**의 포지션을 연주해보고 ♭5th음을 사용한 독특한 분위기[주]를 느껴보기 바란다.

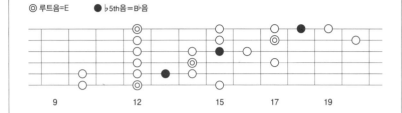

그림1　E마이너 펜타토닉 ♭5th의 포지션

◎ 루트음=E　　● ♭5th음=B♭음

9　　　12　　　15　　　17　　　19

 오른손

주의점 2

16분음을 유지하기 위해서 쓸데없는 헛 스트로크는 하지 말자!

♭5th음은 음의 성질상 롱 톤으로 연주하는 경우보다 순간적으로 사용되는 경우가 많다. 프레이즈 안에서 ♭5th음의 대표적인 사용 예를 들어보자. 1마디째 1박째 뒤의 반박 셋잇단음표 해머링&풀링 플레이를 할 때에는 주의가 필요하다. 이 프레이즈는 16분음 중심으로 되어있으므로 반박 셋잇단음표인 2&3음째에 16분음 리듬으로 헛 스트로크를 넣을 필요가 있다(**그림2**). 즉, 1음째를 다운한 후에는 업의 헛 스트로크를 한 번만 하고, 2박째 시작부분의 다운을 대기해야 한다. 이렇게 함으로써 16분음 리듬을 흐트러트리지 않고 연주할 수 있을 것이다.

그림2　반박 셋잇단음의 헛 스트로크

좋은 패턴　　　　　좋지 않은 패턴

　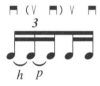

2박째 시작부분을 다운 피킹하기 위해서
헛 스트로크는 업만 해야 한다.

칼럼 21

지옥의 칼럼

어른으로 가는 계단 '♭5th음'의 위험한 매력

펜타토닉의 매력을 더욱 강하게 연출해주는 매혹적인 음으로는 '♭5th음'이 존재한다. 음악이론적으로 '♭5th'는 스케일의 음과 음 사이를 메우는 지남음이나 블루 노트 등으로 해석된다. 그러나 저자는 개인적으로 '깊은 맛이 있는 음'으로 인식하고 있다. 미국인이라면 'Cool!'이라고 표현할 것이다. 기타 키즈에게는 펜타토닉을 사용한 프레이즈가 민요처럼 고리타분하게 들리는 경향이 있는 것 같다. 때문에 기타 키즈들은 펜타토닉만 사용한 프레이즈를 연주하고 싶어하지 않는 경우가 많다. 다만 펜타토닉에 ♭5th음을 잘 넣기만 하면 독특하고 고리타분한 맛이 깊은 맛으로 변화한다. 이 깊은 맛도 펜타토닉과 마찬가지로 젊은 기타 키즈에게는 이해하기 힘든 멋이긴 하다

…… 그 옛날 어떤 기타잡지에서 조지 린치는 '연주하다보니 ♭5th음을 롱 톤으로 연주해버렸다…… 나는 그런 순간을 추구하고 있다'라고 말했다. 지남음인 ♭5th음을 롱 톤으로 연주하는 것만큼 위험한 일은 없다. 그럼에도 불구하고 조지 린치에게 그런 충동을 느끼게 만드는 ♭5th음의 위험한 매력. 이 매력에 빠졌을 때 비로소 어른스런 기타리스트가 되었다고 해도 과언이 아니다.

슬픈 결말을 맞이한다 하더라도 남자는 ♭5th음을 롱톤으로 연주하는 위험한 도박을 할 때가 있다.

[♭5th음을 사용한 독특한 분위기] ♭5th음은 펜타토닉에서 약간 벗어난 지남음적인 것이므로 롱 톤에는 어울리지 않는다. 기분 좋은 음이라고 해서 너무 많이 사용하거나 서스테인을 걸어 연주하지 않아야 한다.

준비운동

필수 기술

기술강화

동영상연동

연습곡집

34

이 연주를 할 수 없다면 록을 할 수 없다 ~3~

해머링&풀링 연주법

지옥의 격언
- 해머링&풀링의 기초를 재확인하자!
- 남은 줄 뮤트를 익혀서 미스 터치를 방지하자!

왼 손	오른손

LEVEL 목표 템포 ♩=130

모범연주 TRACK 67
반　주 TRACK 68

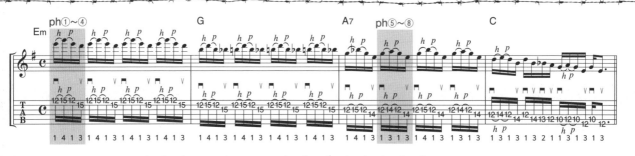

해머링&풀링을 하는 펜타토닉 솔로는 많이 존재한다. 이 프레이즈를 통해서 펜타토닉 솔로에서 해머링&풀링의 자연스러운 사용방법과 손가락 사용을 배우자! 또한 3번, 4번 손가락의 콤비네이션도 익히자.

위의 악보를 연주할 수 없는 사람은 이것으로 수행하라!

초급 우선은 기본적인 셋잇단음 해머링&풀링 프레이즈를 연습하자.

중급 대표적인 셋잇단음 펜타토닉 프레이즈. 음을 깔끔하게 연결할 수 있도록 하자!

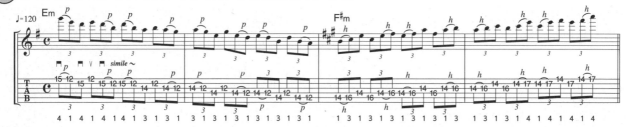

고급 대표적인 16분음 펜타토닉 프레이즈. 후반의 조바꿈에도 주의하자.

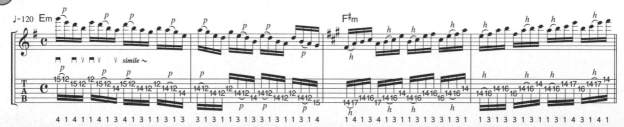

<지옥의 메커니컬 기타 트레이닝 (1)>에서

주의점 1　👈 왼손

피킹과 같은 수준의
음압과 음량을 목표로 하자

여기서는 기초 중의 기초인 해머링과 풀링 방법을 확인하겠다. 해머링&풀링 반복 프레이즈는 그냥 지판을 누르고 떼는 동작이 되기 쉽다. 특히 풀링은 줄을 확실하게 걸도록 하자. 1마디째 1박째는 1번 줄을 확실하게 걸도록 풀링하는 것이 중요하다(**사진③**). 최종적으로 피킹과 같은 정도의 음압과 음량을 내는 해머링&풀링을 할 수 있으면 될 것이다. 참고로 2번 줄 15프렛을 3번 손가락으로 누를 때, 1번 줄 12프렛을 누르는 1번 손가락은 그대로 두는 것이 좋다. 이렇게 해야 스피디한 포지셔닝을 할 수 있게 된다.

❶ 1번 손가락 끝을 2번 줄에 가볍게 대서 뮤트한다.

❷ 4번 손가락 해머링. 손끝으로 확실하게 해머링한다.

❸ 4번 손가락을 1번 줄의 아랫방향으로 걸듯이 풀링한다.

❹ 마지막은 2번 줄 15프렛을 3번 손가락으로 누른다.

주의점 2　👈 왼손

해머링&풀링 때의
남는 줄 뮤트를 익히자

1번 줄에서 6번 줄을 향해 해머링&풀링으로 펜타토닉을 연주하는 이 프레이즈의 전반부는 4번 손가락과 3번 손가락의 교대, 후반부는 3번 손가락 이동을 의식하고 연습하자. 다만 지금까지 여러 번 해설했듯이, 손가락을 신속하게 움직이는 것뿐만 아니라 남는 줄 뮤트에 대해서도 생각하면서 연주하기 바란다. 3마디째 2박째는 1번 손가락으로 3번 줄 12프렛을 누를 뿐만 아니라 4&2번 줄을 뮤트한다(**사진⑤**). 이렇게 함으로써 실수로 3번 손가락이 3번 줄 이외에 닿아도 미스 톤이 나오지 않는다(**사진⑥**). 3번 줄 14프렛을 풀링할 때에는 3번 줄과 2번 줄 사이 정도에서 손가락을 멈추는 기분으로 하면 더욱 미스 톤을 방지할 수 있을 것이다(**사진⑦**).

❺ 1번 손가락은 운지와 함께 인접한 줄을 뮤트한다.

❻ 해머링과 동시에 다음 풀링을 의식한다.

❼ 3&2번 줄의 사이를 목표로 풀링한다.

❽ 4번 줄 14프렛을 3번 손가락으로 누른다. 다음의 1번 손가락 운지 준비도 잊지 말자.

칼럼 22

지옥의 칼럼

70~80년대 전반까지의 속주는 16분음 중심이었다. 그렇기 때문에 얼터네이트가 절대조건이었으며, 빠른 프레이즈에서는 인사이드 피킹을 많이 연습했다(**악보 예1-a**). 그러던 중 80년대 후반에 잉베이와 폴 길버트가 등장하자 능률을 중시하는 연주법이 단숨에 퍼지게 되었다. 아웃사이드 피킹의 업 피킹을 중심으로 연주하는 여섯잇단음 프레이즈와 이코노미 피킹이 대표적인 것이 되었다(**악보 예1-b**). 이처럼 시대에 따라서 속주의 스타일은 변화하고 있다. 저자도 시대에 뒤떨어지지 않도록 연습방법을 계속 바꾸고 있으니 독자 여러분도 항상 연구하기 바란다.

시대에 따라 달라지는 속주 스타일

악보 예1-a　70~80년대 전반기까지의 속주

인사이드 피킹이 많으며 16분음 중심.

악보 예1-b　80년대 후반기 이후의 속주

아웃사이드 피킹이 많으며 여섯잇단음 중심.

35

4음과 2음으로 나눈 여섯잇단음 얼터네이트

존 페트루치 스타일 헛 스트로크를 사용한 얼터네이트 피킹

지옥의 격언
- 왼손 풀링 때에도 항상 여섯잇단음을 느끼자!
- 6연음을 '4+2음'으로 나누는 해석을 배우자!

LEVEL ★★★★

목표 템포 ♩= 115

모범연주　**TRACK 69**
반　주　**TRACK 70**

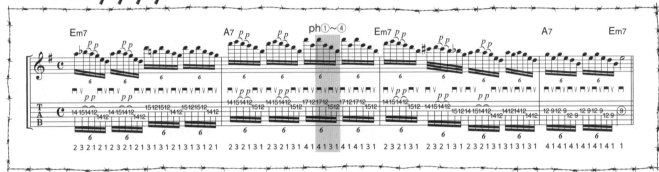

현대 속주의 주축이 되는 여섯잇단음을 4음과 2음으로 나눠서 연주하는 존 페트루치 스타일 얼터네이트 프레이즈. 여섯잇단음의 베리에이션을 배우면서 나아가 펜타토닉+α의 감각적 스케일 '도리안'도 익히자. 저변이 넓은 기타리스트가 되고 싶다면 도전하라!

위의 악보를 연주할 수 없는 사람은 이것으로 수행하라!

초급　풀링을 넣지 않고 풀 피킹으로 셋잇단음표를 연주하라.

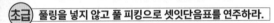
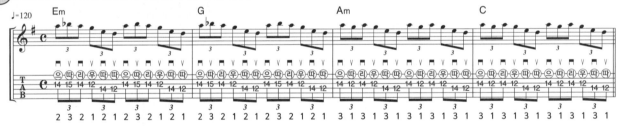

중급　입으로 '으따리우따다'와 같은 여섯 글자로 리듬을 말하면서 6음 1세트를 풀링으로 연주하자.

고급　여섯잇단음을 4음과 2음으로 나눈 약간은 변칙적인 리듬 감각을 익히자.

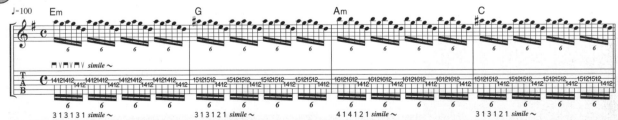

주의점 1 이론

D메이저 스케일이 E도리안 스케일!?

이 프레이즈에서 사용되고 있는 E도리안 스케일은 D메이저 스케일을 2번째 E음부터 재배열한 것이다(**그림1-a**). 그렇기 때문에 E도리안을 그냥 연주하는 것만으로는 D메이저 스케일과 다를 것 없다. 여기서 'E도리안다움', 즉 D메이저 스케일의 2번째 E음을 강조한 E마이너 코드의 분위기를 내기 위해서 **그림1-b**의 스케일 포지션이 많이 사용된다. 이것이 펜타토닉+α라는 도리안의 정체다. Em7코드 안에서 이 스케일 포지션을 능숙능란하게 연주하면 약간 지적인 분위기가 느껴지는 '도리안 모드'가 완성된다.

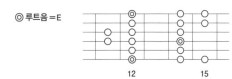

그림1-a D메이저 스케일과 E도리안 스케일의 비교

〔 D메이저 스케일 〕

D	E	F#	G	A	B	C#	D
1	2	3	4	5	6	7	8

〔 E도리안 스케일 〕

E	F#	G	A	B	C#	D	E
1	2	♭3	4	5	6	♭7	8

그림1-b E도리안 스케일의 포지셔닝

◎ 루트음 =E

주의점 2 오른손

속도와 합리성을 추구하는 변칙적인 얼터네이트

이 프레이즈는 여섯잇단음 얼터네이트 피킹이 포인트다. 얼터네이트 피킹에는 풀링과 풀 피킹의 2가지가 있으며, 특히 풀링이 섞인 피킹에는 주의가 필요하다. 일반적으로 해머링&풀링이 섞인 얼터네이트는 헛 스트로크를 넣어서 리듬을 유지한다. 그런데 이 패턴은 스피드와 합리성을 추구하기 위해 1회째 얼터네이트 후, 줄 이동을 한 다음의 다운까지 손을 멈추고 대기하는 것이 좋다(**그림2**). 다만 손을 멈추면 리듬을 잃을 위험성이 있으므로 풀링 때에는 확실하게 왼손으로 리듬을 느끼는 것이 중요하다. 열심히 연습하자.

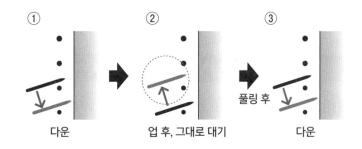

그림2 대기를 섞은 얼터네이트 피킹

① 다운　　②업 후, 그대로 대기　　풀링 후　③ 다운

※ 오른손 움직임이 멈추므로 왼손으로 확실하게 리듬을 잡자!

주의점 3 왼손

1&2번 줄 12프렛 위에는 항상 1번 손가락을 대기시키자

여기서는 특히 주의가 필요한 2마디째를 해설하겠다(**사진①~④**). 우선 2마디째에서 1번 손가락은 항상 1&2번 줄 12프렛 위에 있도록 하는 것이 좋다. 3박째 3음째의 4번 손가락 1번 줄 17프렛 운지 때에도 1번 손가락은 1번 줄 12프렛을 계속 누르면서 손끝을 2번 줄에 대서 뮤트하도록 하자. 이어서 3번 손가락 2번 줄 15프렛의 운지 때에는 동시에 1번 손가락도 2번 줄 12프렛으로 이동시키자. 이때 손가락 끝을 3번 줄에 가볍게 대서 뮤트시킨다. 나머지는 여섯잇단음 리듬을 유지시키는 것이 중요한데, '으따다우따다' 또는 '따따리따라따' 등 여섯 글자를 이야기하면서 연주하면 리듬이 무너지지 않아서 좋다.

① 4번 손가락 1번 줄 17프렛 운지. 1번 손가락은 12프렛 위에 대기.

② 12프렛을 1번 손가락으로 누른다. 손끝을 2번 줄에 가볍게 댄다.

③ 3번 손가락 2번 줄 15프렛 운지. 1번 손가락도 12프렛으로 이동!

④ 12프렛 1번 손가락 운지. 1번 손가락을 3번 줄에 가볍게 댄다.

36

부드럽게 날려라!

개방현을 사용한 고속 레가토 프레이즈

- **레가토의 기초적인 움직임을 몸에 익혀라!**
- **항상 스케일을 확인하는 감각을 가지자!**

왼 손	오른손
테크닉 스트레치 컨트롤 지구력	테크닉 리듬 컨트롤 지구력

LEVEL ★★★★

목표 템포 ♩= 160

모범연주 **TRACK 71**
반　주 **TRACK 72**

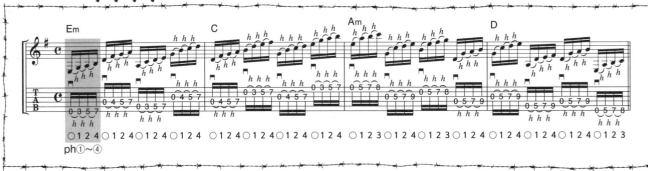

이 프레이즈는 개방현으로 시작하기 때문에 포지션 이동이 쉽다. 여기서는 클래식 스타일의 넥 잡기에 익숙해져서, 연속되는 해머링 음을 깔끔하게 연결시키는 기술을 연마하자. 노이즈를 줄이기 위한 뮤트 기술도 익히기 바란다.

위의 악보를 연주할 수 없는 사람은 이것으로 수행하라!

초급 우선은 모두 얼터네이트 피킹으로 연주하면서 왼손 폼을 확인하자.

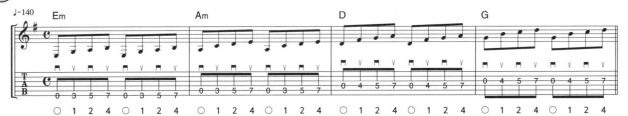

중급 이어서 해머링과 뮤트를 단련시키자.

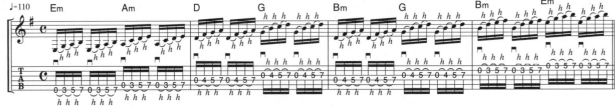

고급 줄을 뛰어넘을 때의 해머링과 뮤트 감각을 연습하자.

<지옥의 메커니컬 기타 트레이닝 (1)>에서

주의점 1  왼손

음을 부드럽게 연결시키기 위한 해머링 기초 재확인!

이 프레이즈에 나오는 레가토 연주법은 음과 음을 부드럽게 연결시켜 연주하는 것을 말한다. 즉, 음의 입자를 깔끔하게 정리하지 않으면 레가토라 할 수 없다. 먼저 해머링은 정확히 지판을 눌러야 한다. 사진은 1마디째 1박째를 촬영한 것으로, 6번 줄 7프렛을 4번 손가락으로 해머링한 시점에서 3손가락 모두 지판을 누른 상태가 되도록 하자(**사진④**). 그리고 각 해머링의 음량과 음질을 고르게 맞추어야 한다. 이것을 위해서는 해머링 전에 공중에서 대기하고 있는 손가락의 높이를 모두 같게 하는 것이 좋다. 잘 되지 않는다면 클래식 스타일의 폼으로 연주하기 바란다. 이러한 프레이즈도 안정된 핑거링으로 연주할 수 있을 것이다.

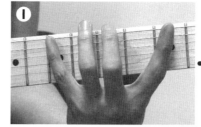

① 개방현 연주 전에 3손가락 모두 지판을 누를 준비를 하자.

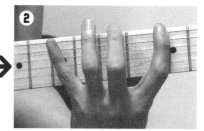

② 1번 손가락 해머링. 2번 손가락 준비를 잊지 말자.

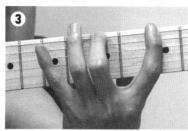

③ 2번 손가락 해머링. 1번 손가락을 떼지 않는다.

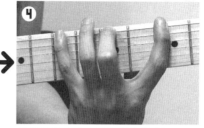

④ 4번 손가락 해머링. 다음의 줄 뛰어넘기 준비를 한다.

주의점 2  이론

스케일을 배워야 레가토를 마스터할 수 있다

음을 부드럽게 연결시키는 레가토를 연주하기 위해서는 사전에 포지셔닝을 확인해둘 필요가 있다. 그러기 위해서는 그 프레이즈에서 사용되고 있는 스케일을 파악해두면 좋을 것이다. 이 프레이즈에는 E내추럴 마이너 또는 G메이저 스케일의 일부가 사용되고 있다(**그림1**). 초보자 시절에는 TAB악보를 눈으로 쫓으면서 연주하는 건 어쩔 수 없지만, 스케일을 이해하고 나면 포지셔닝과 프레이즈의 전체적인 모습이 자연스럽게 보이게 되어 스케일의 형태를 머릿속에 그리면서 연주할 수 있게 된다. 예전에는 저자도 스케일을 외우는데 매우 고생했었다. 그러나 조금씩 배워나가면 플레이가 깔끔해지고, 또한 기타를 즐길 수 있게 된다. 적극적으로 익히기 바란다.

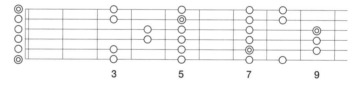

그림1　E내추럴 마이너 스케일

◎ 루트음＝E

3　　　5　　　7　　　9

※ 개방현을 사용함으로써 폭넓은 음역이 되었다.

지옥의 칼럼　　노이즈 없는 레가토의 비결

해머링에 익숙해졌고 스케일도 익혔다. 하지만 어째서인지 레가토를 깔끔하게 연주할 수 없어서 고민인 사람도 있을 것이다. 저자의 경험상 이런 고민을 가진 사람 중 상당수는 1번 손가락 사용법을 고치자 해결되었다. 레가토를 연주할 때, 해머링&풀링음을 확실하게 내기 위해서 손가락을 세우게 된다. 이것은 잘못된 것이 아니다. 다만 1번 손가락까지 세우면 남은 줄 뮤트를 할 수 없게 되어 노이즈가 발생하고, 레가토를 깔끔하게 연주할 수 없게 되어버린다(**사진⑤**). 1번 손가락으로 지판을 누를 때에는 반드시 남은 줄을 뮤트해야 한다(**사진⑥**).

⑤ 1번 손가락 4번 줄 4프렛 운지. 손가락을 세우는 것은 좋지만, 4번 줄 이외에는 뮤트를 할 수 없어 노이즈가 난다.

⑥ 1번 손가락 4번 줄 4프렛 운지. 제1관절을 약간 구부려서 손가락을 세우고 남은 줄 뮤트도 하고 있다.

37

라이트 핸드는 이젠 시쳇말인가?

반 헤일런 스타일 피킹 프레이즈

- 라이트 핸드를 배워 더욱 리듬감을 키워라!
- 태핑을 사용하는 스케일의 형태를 익혀라!

왼 손	오른손
테크닉 스트레치 컨트롤 지구력	테크닉 리듬 컨트롤 지구력

LEVEL ✦✦✦

목표 템포 ♩=120

모범연주 TRACK 73
반　주 TRACK 74

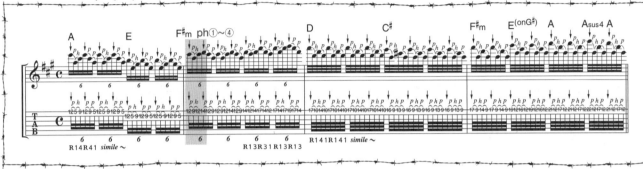

태핑의 원조, 반 헤일런 스타일의 라이트 핸드 프레이즈다. 오른손으로 지판을 두드리는 감각과 태핑음을 포함한 스케일의 형태를 익히자. 음표 배분의 변화를 살피면서 반복 프레이즈를 연주함으로써 강인한 리듬감을 기르자!

위의 악보를 연주할 수 없는 사람은 이것으로 수행하라!

초급 우선은 메인 프레이즈 전반 부분의 6음 패턴을 셋잇단음표로 연습하자.

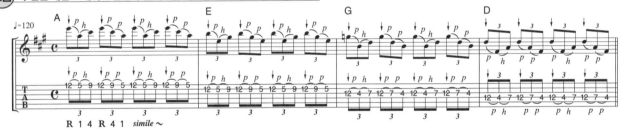

중급 태핑한 포지션에 바로 왼손 해머링이 오는 감각을 익히자!

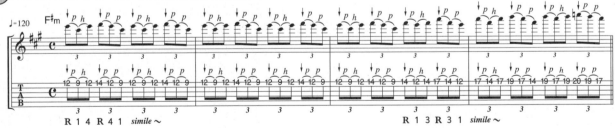

고급 오른손 태핑과 왼손 해머링을 교대로 하는 패턴에 도전하자.

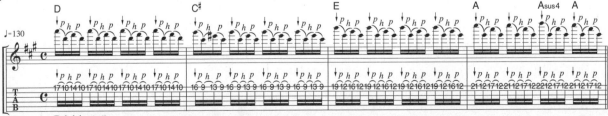

주의점 1  오른손

라이트 핸드 주법의 두 가지 주의점

라이트 핸드는 오른손으로 해머링&풀링을 하는 테크닉이다. 나중에 '태핑'이라고 불리게 되어, 다양한 베리에이션이 나왔다. 여기서는 기초적인 방법에 대해서 해설하겠다. 포인트는 두 가지다. 첫 번째, 태핑은 줄 바로 위에서 두드릴 것. 비스듬하게 두드리면 줄을 들어 올리게 되어 피치가 올라가거나 줄이 넥에서 벗어날 우려가 있다(**그림1-a**). 두 번째, 풀링은 1번 줄 쪽이나 6번 줄 쪽으로 가볍게 걸듯이 할 것. 강하게 걸면(**그림1-b**) 마찬가지로 줄을 들어 올려 피치가 올라가거나 줄이 넥에서 벗어나기도 한다. 또한 줄 바로 위 방향으로의 풀링은 음이 제대로 나오지 않는다. 이 두 가지를 염두에 두고 오른손으로 지판을 두드리자!

그림1-a 태핑 때의 손가락 각도

○ 바로 위에서 두드리는 패턴
줄이 들리는 일이 없으며 피치도 정확하다.

✕ 비스듬하게 두드리는 패턴
줄이 들어 올려져 피치가 부정확해진다.

그림1-b 태핑 때의 안 좋은 풀링 예

줄이 들어 올려져 음정이 올라간다.

노이즈가 많으므로 절대 금지.

주의점 2 왼손 오른손

오른손과 왼손이 얽히는 변칙적인 태핑

이 프레이즈는 전체적으로 반복이 많으므로 우선 왼손과 오른손의 포지셔닝을 확인해두는 것이 중요하다. 그리고 하나의 프레이즈에 익숙해진 후에 다음 프레이즈로 체인지해 가는 느낌으로 연습하면 좋을 것이다. 약간 독특하게 포지션 이동을 하는 2마디째 1박째는 주의가 필요하다. 1번 줄 12프렛을 태핑한 후에, 같은 1번 줄 12프렛을 왼손 4번 손가락으로 해머링한다(**사진③**). 이 순간에 오른손은 다음의 14프렛 방향으로 이동시켜두자. 오른손 이동이 늦어지면 왼손 4번 손가락과 충돌하게 된다. 그 후에 또 다시 태핑한 14프렛을 왼손 4번 손가락으로 해머링하는 부분이 등장한다. 참고로 이것은 폴 길버트가 자주 사용하는 이동 패턴이다.

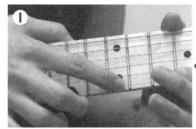
❶ 오른손 태핑. 1번 손가락으로 1번 줄 9프렛을 누르고 있다.

❷ 오른손 풀링. 12프렛에서 바로 뗀다.

❸ 4번 손가락 해머링. 오른손은 다음의 14프렛 위로 이동.

❹ 14프렛을 태핑. 이때 4번 손가락은 지판을 누른 상태로 있다.

칼럼 24

지옥의 칼럼

태핑 손가락은 1번? 2번?

태핑을 어느 손가락으로 할 것인가는 취향의 문제이며, 크게 1번 손가락 또는 2번 손가락으로 나뉠 것이다. 기본은 굳이 말하자면 저자는 1번 손가락이라고 대답하고 있다. 에디 반 헤일런이 1번 손가락을 사용하기 때문만이 아니라, 1번 손가락은 버튼을 누르는 느낌의 세밀하고 빠른 움직임이 가능하기 때문이다. 또한 넥에 엄지손가락을 둘 수 있어 안정도도 높다(**사진⑤**). 태핑을 할 때 저자는 2번 손가락 안쪽에 피크를 넣듯이 바꿔 잡는다(**사진⑥**). 그런 면에서 2번 손가락은 피크를 바꿔 잡지 않고 바로 태핑할 수 있다는 점이 좋다(**사진⑦**). 최근에는 이 두 가지를 선택해서 사용하는 사람도 많은 것 같다. 당신은 어느 쪽인가?

❺ 안정성과 민첩성은 뛰어나지만 피크를 바꿔 잡아야 하는 문제가 있다.

❻ 태핑 때, 피크는 2번 손가락 뒤에 끼우듯이 잡는다.

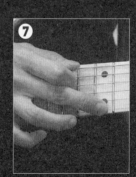
❼ 피크를 바꿔 잡을 필요가 없기 때문에 바로 태핑에 들어갈 수 있다.

38

스위퍼군

기초적인 5줄 스위프 피킹 프레이즈

지옥격언
- 스위프 피킹의 궤도를 확인하자!
- 스위프 피킹의 기본 '트라이어드' 폼을 배우자!

| 왼 손 | 오른손 |

LEVEL ✦✦✦

목표 템포 ♩= 155

모범연주 TRACK 75
반　주 TRACK 76

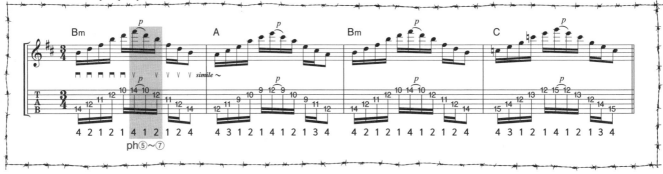

스위프 프레이즈의 기본은 5번째 줄 루트 '트라이어드'다. 이 트라이어드의 형태를 왼손에 기억시켜 확실하게 지판을 누를 수 있도록 하자. 동시에 스위프 특유의 피킹 궤도를 이해해서 초보자에게 흔히 일어나는 리듬 흐트러짐을 해소하자!

위의 악보를 연주할 수 없는 사람은 이것으로 수행하라!

초급 우선은 트라이어드 포지션을 확인하자!

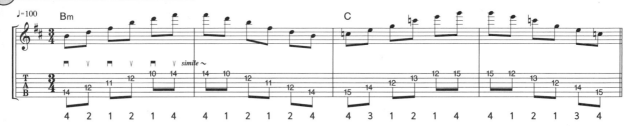

중급 스위프 피킹의 상승과 하강을 확실하게 익히자.

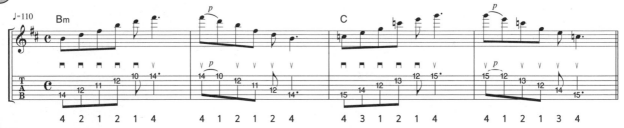

고급 스위프 피킹의 상승과 하강을 연결시켜 연습하자.

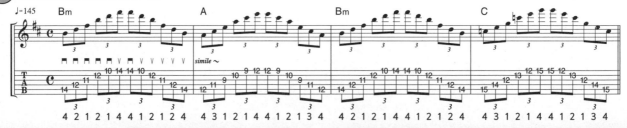

<지옥의 메커니컬 기타 트레이닝 (2) - 사랑과 열반의 테크닉 강화편>에서

주의점 1 오른손

올바른 스위프 연주법은 '평행이면서 똑바로'

스위프 피킹을 할 때에는 피크의 각도와 궤도에 주의하자. 실제로는 피크의 각도를 비스듬하게 해서 연주하는 것보다 줄에 대해서 평행한 느낌의 똑바른 궤도로 연주하는 쪽이 좋다. 피킹의 궤도가 비스듬해지면 줄에 대한 피크의 각도가 심해져 줄을 마찰하는 듯한 노이즈가 난다(사진①&②). 또한 피크가 어긋나서 음이 작아지므로 좋지 않다. 기본적으로는 손목을 고정시켜 줄에 대해서 피크를 평행한 느낌으로 대는 것이 좋다(사진③&④). 다운에서는 피크와 엄지손가락으로 줄을 누르듯이 하고, 업에서는 피크와 1번 손가락으로 계단을 올라가듯이 연주하기 바란다.

같은 스위프 피킹의 대기상태지만,

손목을 구부리면 피킹의 각도가 달라지므로 NG!

스위프 피킹의 대기상태.

손목과 피킹의 각도를 유지한 채로 피크를 내린다.

주의점 2 이론

초절정 기타의 상식! 트라이어드를 익히자

이 프레이즈는 5번 줄 루트의 3성 화음='트라이어드'로 구성되어있다. 트라이어드는 '루트음, 3도음, 5도음[주]'의 3가지 구성음으로 이루어져 있으며 메이저, 마이너, 어그먼트, 디미니쉬의 4종류가 있다. 그림1에서 메이저와 마이너를 소개하고 있으며, 두 가지의 차이는 3도음이 다르다는 점이다. 메이저에 비해서 마이너의 3도음이 반음 낮다. 이론에 약한 독자는 단순히 루트음 다음의 3도음을 3번 손가락으로 누르는 것이 메이저고, 2번 손가락으로 누르는 것이 마이너라고 기억해도 된다. 눈을 감아도 트라이어드를 연주할 수 있을 정도로 포지션을 손가락에 기억시키는 것이 중요하다!

그림1 5번 줄 루트의 메이저&마이너 트라이어드

◎루트음 △3도음 □5도음

메이저 트라이어드

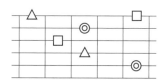

마이너 트라이어드

주의점 3 오른손

상승&하강의 변환 때에 쓸데없는 헛 스트로크는 하지말자!

스위프 피킹은 상승(다운)&하강(업)을 반복하며, 상승과 하강의 변환부분에도 주의가 필요하다. 1마디째를 예로 들어 해설하면 1번 줄 10프렛을 다운으로 연주한 부분에서 상승이 끝나고, 이어서 1번 줄 14프렛의 업에서 하강이 시작된다(사진⑤). 이 직후에 풀링을 하는데, 다운 헛 스트로크를 넣지 않고 피크의 움직임을 한순간 멈춰서 2번 줄의 업피킹 준비로 들어가자(사진⑥). 스위프 프레이즈에서는 쓸데없는 동작이 적은 피킹을 해야 한다. 따라서 전환부분에서 하강으로 들어갈 때에는 쓸데없는 다운 헛 스트로크를 넣지 않고 바로 업으로 들어가는 것이 중요하다.

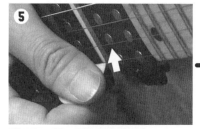

변환 포인트. 1번 줄 14프렛을 업으로 연주하자.

풀링 중에 헛 스트로크를 넣지 않고 곧바로 2번 줄 아래로 이동한다.

이어서 2번 줄 12프렛을 업 피킹한다.

[루트음, 3도음, 5도음] 음정을 나타내는 단위인 '도(度)'. 기타리스트를 괴롭히는 음악이론용어 중 하나다. 오선지에 익숙해지면 이해하기 쉽다. 기타의 프렛이 반음씩인 것이 '도'를 이해하기 힘들게 하는 요인 중 하나일지도 모르겠다.

39

스위프 피킹의 기본이죠!?

5줄 스위프 피킹 프레이즈

지옥격언
- 5줄 코드 톤의 형태를 익혀라!
- 5줄 스위프 피킹에 도전하라!

LEVEL 🌟🌟🌟🌟

목표 템포 ♩= 110

모범연주 TRACK 77
반주 TRACK 78

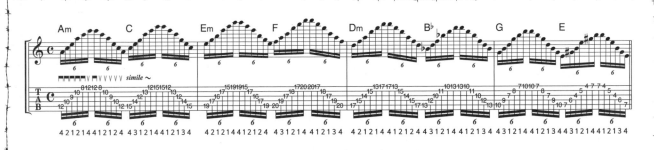

네오 클래시컬의 지옥에 잘 왔다! 우선은 기본 중 기본 '5줄 스위프'에 도전하자. 이 5번 줄 루트의 코드 톤은 스위프뿐만 아니라 트라이어드의 기본형이므로 반드시 익혀두자. 또한 1~5번 줄을 단숨에 상승&하강하는 스위프 피킹의 요령을 파악하자!

위의 악보를 연주할 수 없는 사람은 이것으로 수행하라!

초급 우선은 셋잇단음 얼터네이트로 코드 톤의 형태를 익히자.

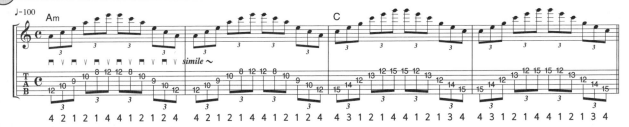

중급 이어서 스위프 피킹의 기초적인 움직임을 확인하자!

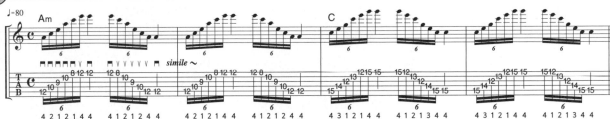

고급 마디마다의 코드 체인지로 스위프 피킹을 완전 마스터하자.

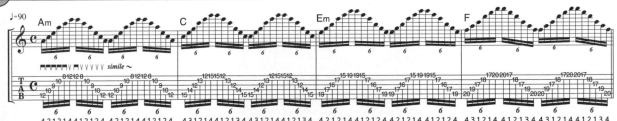

<지옥의 메커니컬 기타 트레이닝 (1)>에서

주의점 1  오른손

스위프의 각도와 궤도는 평행한 느낌으로, 똑바로!

우선은 스위프 피킹의 피크 각도와 궤도를 익히자. 80년대에는 스위프에 대해서 '피크의 각도를 비스듬하게 해서 연주한다'라고 잡지에서도 많이 소개되었다. 그러나 현재에는 다운도 업도 줄에 대해 평행하게, 똑바른 궤도로 하는 것이 일반적이다(**그림1**). 전자가 잘 사용되지 않는 이유로는, 줄에 대해서 피크에 각도를 주면 줄과 마찰하는 노이즈가 발생할 뿐만 아니라 피크가 어긋나서 일반적인 피킹보다 음이 작아질 가능성이 있다는 점을 들 수 있다. 실제로 연주할 때에는 줄에 대해서 피크를 평행하게 댄다. 다운의 상승에서는 피크와 엄지손가락으로 줄을 누르는 느낌으로, 업에 의한 하강에서는 피크와 오른손 엄지손가락으로 계단을 올라가는 느낌으로 하면 좋을 것이다.

그림1 스위프 피킹의 각도

줄에 대해 비스듬하게 하는 패턴	줄에 대해서 평행한 패턴

줄을 스치기 때문에 노이즈가 발생한다. 또한 피킹이 흐트러질 가능성도 있다.	어택이 강하고 깔끔한 음을 낼 수 있다. 피킹이 어긋나는 경우도 줄어든다.
줄을 비비는 느낌이 되어 어택감이 없는 탁한 사운드가 된다.	어택음을 낼 수 있으며 일반적인 피킹과 같은 수준의 음량을 낼 수 있다.

주의점 2 이론

2가지의 5번 줄 루트 코드 톤을 익히자

이 프레이즈를 연주하기 전에 우선 4번 손가락에서 시작하는 5번 줄 루트의 코드 톤을 익히자(**그림2**). 메이저와 마이너는 1음째(루트음) 다음에 오는 2음째(3도음)가 다르다. 3도 음을 3번 손가락으로 누르는 것이 메이저, 3번 손가락 이외의 손가락으로 지판을 누르는 것이 마이너라고 기억하면 될 것이다. 실제로 연주할 때에는 상승은 다운 스위프로 1번 줄까지 연주하고, 1번 줄의 4번 손가락으로 운지한 음은 업으로 연주한다. 하강은 1번 줄 4번 손가락으로 운지한 음을 업 하면서 스위프로 들어가고 있다. 상승에서는 1번 줄에 해머링, 하강에서는 5번 줄에 풀링을 넣고 싶어진다. 하지만, 스위프는 리듬의 제어가 포인트이므로 악보의 피킹 지정은 반드시 지켜서 연주하자.

그림2 5번 줄 루트의 메이저&마이너 트라이어드

◎ = 루트음

메이저 트라이어드

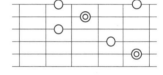

마이너 트라이어드

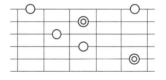

칼럼 25

지옥의 칼럼

80년대에 소개되었던 스위피 피킹 패턴의 예

스위프 피킹 연주법은 테크닉 자체가 미완성이었기 때문에 지금까지도 다양한 견해가 나오고 있다. 80년대의 기타 잡지에서는 주로 2가지 연주법이 소개되었는데, 현재는 모두 권장할 것이 못된다. 그 중 하나는 주의점1에서 해설했듯이 피크를 줄에 대해서 비스듬하게 잡는 타입이다. 이것은 상승과 하강에서 피크의 각도를 바꿔야만 해서, 특히 세밀한 이코노미 프레이즈에서 쓸데없는 동작이 많아진다. 또 다른 하나는 서클 피킹(**그림3**)으로 줄에 대한 피크의 각도가 정해지지 않아서 노이즈가 많이 나고, 리듬을 잡기도 힘들다. 주의점1에서 소개한 현대적인 연주법을 반드시 지켜주었으면 한다.

그림3 서클 피킹

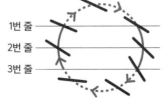

1번 줄
2번 줄
3번 줄

· 줄에 대한 피크의 각도가 불안정하다.
· 문지르듯이 피킹하기 때문에 노이즈가 많다.
· 리듬을 잡기 힘들다.

40

이제는 네오 클래시컬 용어가 된 '3줄 스위프 피킹'

네오 클래시컬 스타일 3줄 스위프 피킹 프레이즈

- 네오 클래시컬의 상식, 3줄 스위프를 단련하자!
- 세밀하게 변화하는 코드 톤을 머릿속에 넣어라!

LEVEL ★★★★

목표 템포 ♩= 90

모범연주　TRACK 79
반　　주　TRACK 80

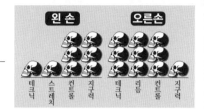

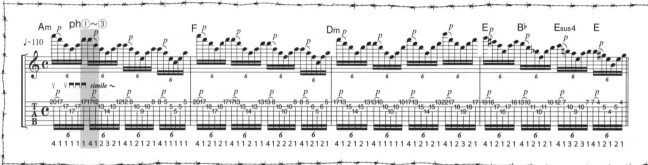

3줄 스위프를 할 수 없으면서 네오 클래시컬을 논하지 말라! 이 프레이즈를 통해서 세밀하게 변화하는 코드 톤을 확실하게 연주하기 위한 지식과 기술을 마스터하자. 우선은 3줄 트라이어드의 포지션을 익혀, 순간이동할 수 있는 왼손의 가속장치를 단련시키자.

위의 악보를 연주할 수 없는 사람은 이것으로 수행하라!

초급 우선은 셋잇단음으로 트라이어드의 기본형을 익히자.

중급 이어서 하이 포지션에서 트라이어드를 연주하자.

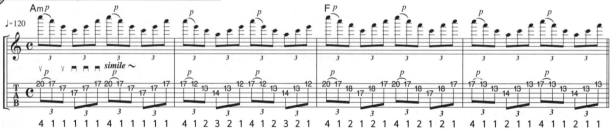

고급 여섯잇단음 스피드에 익숙해지자!

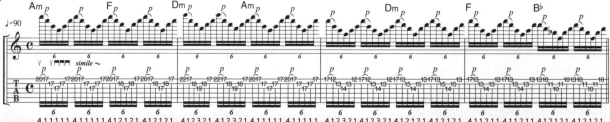

주의점 1 이론

3줄 스위프의 트라이어드 포지션

하나의 트라이어드라도 포지션은 지판 위 여러 곳에 존재한다. 우선은 3줄 스위프에서 등장하는 트라이어드 포지션의 기본형을 익히자. **그림1**은 A마이너와 F메이저 트라이어드를 예로 들어 3줄 스위프의 포지셔닝을 나타낸 것이다. 기본적으로 3, 2번 줄이 각각 1음씩이며, 1번 줄이 2음이라는 4음 1세트 패턴으로 되어있다는 것을 알 수 있다. 트라이어드는 3성 화음이므로 3가지로 조합할 수 있으며, 4번째의 포지션은 그 어느 하나의 옥타브 차이로 되어있다. 메이저&마이너에서 각각 3가지 포지션을 확실하게 기억하고, 나머지는 코드에 맞추어 루트음을 바꾸면 어떤 포지션에도 대응할 수 있을 것이다. 여러 가지로 시도하면서 연습해보기 바란다.

그림1 A마이너&F메이저 트라이어드의 3줄 스위프 포지션

A마이너 트라이어드 ◎루트음=A

F메이저 트라이어드 ◎루트음=F

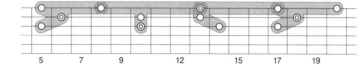

주의점 2 왼손

4번 손가락이 1번 손가락을 쫓아가듯이 지판을 누른다!

이 프레이즈의 전반부 1~3마디에서는 각 마디마다 하나의 트라이어드 포지션을 체인지하고 있다. 1번 줄에서 포지션 이동은 매번 4번 손가락이 1번 손가락을 쫓아가듯이 하는 것이 좋다. 예를 들어 1마디째 1&2박째에서는 1번 손가락의 1번 줄 17프렛 운지 후(**사진①**), 그 1번 손가락을 노리며 2박째의 1번 줄 17프렛을 4번 손가락으로 누른다(**사진②**). 1번 줄에서 4번 손가락의 이동은 매번 풀링이 들어가기 때문에 1번 손가락과 세트로 이동시키는 것이 중요하다. 그때에 변화하는 트라이어드의 형태를 머릿속에 그리면서, 그 외의 손가락을 이동시키자. 이 일련의 움직임이 어떤 코드에도 대응할 수 있게 되면 네오 클래시컬 계열 기타의 공략은 바로 눈앞에 있다고 할 수 있다.

1번 줄 17프렛 운지. 4번 손가락의 이동 준비를 잊지 말자.

1번 손가락을 노리며 1번 줄 17프렛으로 4번 손가락을 이동. 1번 손가락도 동시에 이동!

1번 줄 12프렛을 1번 손가락으로 누른다. 2번 손가락 운지도 준비한다.

칼럼 26

지옥의 칼럼

웨이브 운동으로 왼손 바레를 극복하라!

스위프 연주법을 연습하면서 난감한 것으로는 다른 줄 같은 프렛의 바레를 들 수 있다. 한 손가락으로 같은 프렛의 2~3줄을 동시에 누르는데, 하나씩 깔끔하게 울리게 하는 스위프에서는 연주하지 않는 줄이 울려서는 안 된다. 그렇기 때문에 바레를 하면서도 각 줄의 음이 깔끔하게 울리도록 한 손가락을 이용한 뮤트 이동을 익혀두어야 한다(**그림2**). 제1, 제2관절을 상하로 움직여 연주하는 줄과 뮤트하는 줄을 골라서 누른다. 손가락은 이동하지 않고, 연주하고 싶은 줄에 중심을 두는 느낌으로 파도를 만들듯이 손가락을 움직이는 것이 포인트다. 한 음씩 깔끔하게 울리는지 체크하면서 연습하자.

그림2 한 손가락 웨이브 지판 누르기

① 3번 줄만 누른다. 1&2번 줄은 뮤트한다.

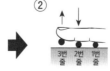

② 손가락 끝을 살짝 띄우는 느낌으로 3번 줄을 뮤트하면서 2번 줄을 누른다.

③ 손끝을 띄워서 1번 줄만 누른다. 3&2번 줄은 뮤트한다.

'지옥'의 묵시록 -2- '강화편'의 탄생

이번에는 시리즈 제2탄으로 탄생한 <지옥의 메커니컬 기타 트레이닝 (2)
– 사랑과 열반의 테크닉 강화편> 제작 배경을 소개한다.

테크니컬 기타의
사전을 만드는 느낌이었습니다

코바야시: 제1탄 <지옥의 메커니컬 기타 트레이닝 (1)>이 출간된 후, 출판기념회 이벤트가 있었는데요, 그 뒷풀이에 당시 Rittor Music의 사장님이 오셨습니다. 제 옆에 앉으시면서 하신 첫 마디가 '2편은 언제 낼 건가?'였습니다(웃음). 정말 충격이었습니다. 1탄이 나온지 얼마 안 되었고, 1탄 집필 때에 스즈키 씨로부터 '코바야시 씨의 지금까지의 인생 모든 것을 이 책에 담아주세요!'라는 요청에 의해 나온 것이 1탄인지라 더 나올 게 없었어요(웃음).

스즈키: 저도 '다음에는 1탄의 1.5배 정도의 부수로 시작해서 안 팔리면 이 시리즈는 실패야'라는 말을 듣고 놀랐습니다.

코바야시: 제2탄 <지옥의 메커니컬 기타 트레이닝 (2) – 사랑과 열반의 테크닉 강화편>을 우리는 '강화편'이라고 부르는데요, 2005년 9월이니까 1탄 발간 후 1년 정도 후입니다. 처음에는 1탄에 다 쏟아 부어서 짜도 한 방울 안 나오는 빈껍데기 상태였습니다.

스즈키: 그때는 거의 매일 코바야시 씨 집에 갔었죠.

코바야시: 그랬었죠. 스즈키 씨는 회사로 출근하지 않아도 된다는 지시를 받아서 매일 아침 '안녕하세요!' 하면서 오셨죠. 커피 같은 것도 가지고 오셔서 '그럼 오늘도 프레이즈를 만들어보죠'라고 했었죠(웃음).

스즈키: <사자에상>(일본 애니메이션)의 노리스케 같은 느낌이었죠.

코바야시: 그렇게 조금씩 진행을 했습니다. 그리고 테크니컬 기타 중에는 잉베이 맘스틴 같은 스타일도 있고, 리치 코첸 같은 멋진 스타일도 있습니다. 펜타토닉 스케일로 강하게 연주하는 잭 와일드 같은 사람도 있죠. 그런 다양한 기타리스트를 참고해서 만든 부분이 많습니다. 그래서 '강화편'에서는 다양한 기타리스트를 소개했었고, 테크니컬 기타의 사전을 만드는 느낌이었습니다.

스즈키: 사전을 만드는 느낌이 있었지만 제1탄을 포함해 코바야시 씨에게 '음악이론은 언급하지 말아 달라'는 요청을 했습니다. 음악이론 설명이 있는 편이 이해하기 쉬운 경우도 있습니다만, 이 책은 피지컬 트레이닝에 집중하자고 했습니다. 코바야시 씨에게는 죄송하지만 설명을 줄이거나 삭제한 부분도 있습니다.

코바야시: '메커니컬 기타 트레이닝'이라고 되어있으니까요. 방향성이 고민되면 컨셉을 되돌아봤습니다. 1탄은 테크닉 사전 같은 내용이었으므로 '강화편'은 네오 클래시컬이나 멜로딕 스피드 메탈을 좋아하는 사람이 좋아할 프레이즈를 많이 넣어 차별화를 했습니다. 은근히 힘들었던 것이 각 프레이즈의 타이틀을 정하는 것이었습니다. 이전까지의 교본은 'C메이저 스케일의 ○○'이라든지 '풀링을 단련하는 ○○' 같은 타이

틀이 많아서 기억에 안 남았습니다. 그래서 제1탄 때에 타이틀을 재미있게 만들었는데요, 제2탄도 재미있게 하려니 밑천이 떨어져서요. 제가 제목을 조른 셈이죠(웃음).

스즈키: 책의 구성과 일러스트도 스토리가 있고 주인공은 마지막에 가서도 구원을 받지 못합니다. 마지막에 가서 만족을 해버리면 그 이상 실력이 향상되지 않는다는 것이 테마입니다. '강화편'은 지옥과 반대의 이미지인 부처님 표지이고 제4장까지는 잘 가지만 마지막 제5장에서 나락으로 떨어지는 똑같은 흐름입니다.

코바야시: 그런데 완성되고 보니 표지의 어디에도 기타가 없었어요. 기타 매거진 로고는 있지만 표지만 보면 '이게 대체 뭔 책이지?' 라고 생각한 분도 많았을 것 같아요(웃음).

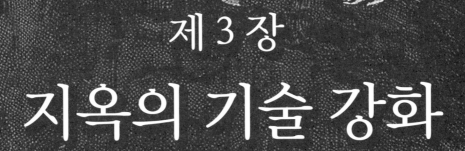

제 3 장
지옥의 기술 강화

이 '지옥의 기술 강화'에서는
더 높은 수준의 고급 테크닉을 익히기 위한 엑서사이즈에 도전한다.
기타 히어로들의 다양한 초절정 테크닉도 소개하므로 자신의 연주에 반영시켜보자.
기술뿐만 아니라 탁월한 표현능력도 익히자!

41

K2 기관총

여섯잇단음 하강 풀 피킹 프레이즈

- **6연음을 연주할 수 있는 스피드감을 길러라!**
- **얼터네이트의 전환에 주의하라!**

왼손	오른손
테크닉 스트레치 컨트롤 지구력	테크닉 리듬 컨트롤 지구력

LEVEL 🔱🔱🔱🔱

목표 템포 ♩= 115

모범연주 TRACK 81
반 주 TRACK 82

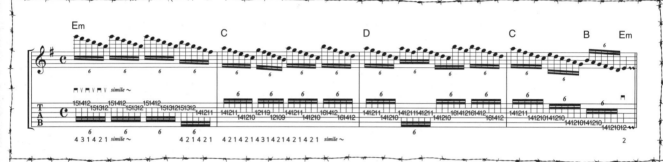

여섯잇단음 풀 피킹 엑서사이즈. 기본적으로는 인사이드지만 후반부에는 아웃사이드도 등장하므로 힘으로만 연주하지 않도록 하자. E내추럴 마이너의 기본 포지션을 미리 익혀서 끝까지 스피디하게 연주하자!

위의 악보를 연주할 수 없는 사람은 이것으로 수행하라!

초급 셋잇단음 기초 엑서사이즈. E내추럴 마이너의 기본 포지션을 익히자.

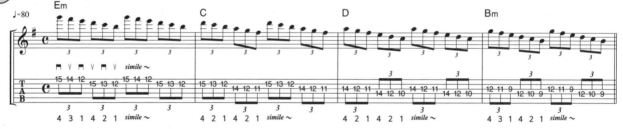

중급 인사이드에서 아웃사이드로 전환하는 연습. 끝까지 얼터네이트를 유지하라!

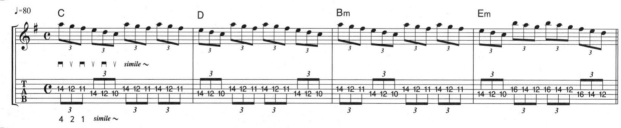

고급 응용 트레이닝. 전반은 인사이드, 후반은 인사이드→아웃사이드로의 전환을 익히자!

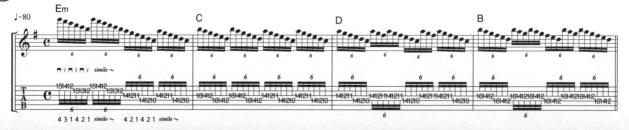

<지옥의 메커니컬 기타 트레이닝 - 입대편>에서

주의점 1 이론

E내추럴 마이너의
가로 이동 포지션을 익히자

메인 프레이즈는 E내추럴 마이너의 대표적인 포지션(12프렛을 축으로)을 중심으로 가로 이동에 의한 하강/상승의 반복이 포인트다(**그림 1**). 2줄 6음 패턴으로 가로 이동하는 이 프레이징은 크리스 임펠리테리가 많이 사용하는 것이므로 반드시 익히자. 그는 인사이드 피킹을 주로 하며, 아웃사이드를 중심으로 하는 스케일 가로 이동은 거의 연주하지 않는다. 이러한 가로 이동 중심의 고속 프레이즈를 공략하기 위해서는 **지판을 폭넓게 보아야[주]** 한다. 따라서 스케일의 대표 포지션과 이웃한 양쪽의 여러 포지션도 익혀두는 것이 좋다.

그림1　메인 프레이즈의 포지션(E내추럴 마이너)

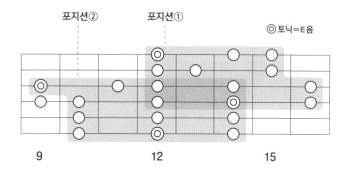

지판의 가로 이동을 염두에 둔 포지션.

주의점 2 오른손

3마디째에 들어가면
아웃사이드 피킹으로 시프트하라!

메인 프레이즈의 피킹은 1마디째~3마디째 2박째까지 모두 인사이드지만, 3마디째 3박째에 들어가면 갑자기 아웃사이드로 변화한다. 특히 3음째와 4음째에서 실수로 이코노미로 연주할 수 있으므로 주의하자(**그림②**). 이 부분만 보면 이코노미로도 연주할 수 있지만 이렇게 하면 그 후의 피킹 순서가 어긋나 파워풀한 사운드를 낼 수 없게 된다. 따라서 마지막까지 얼터네이트의 규칙성을 지키기 위해서라도 3마디째 3박째에서는 인사이드에서 아웃사이드로 확실하게 전환할 수 있도록 하자.

그림2　메인 프레이즈 3마디째의 피킹 순서

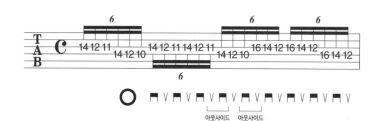

칼럼 27

지옥의 칼럼

손끝만 '꿈틀꿈틀'거리는 피킹은 정말 안 좋을까?
손끝 피킹의 진실은?

손가락 끝만 '꿈틀꿈틀'거리는 피킹(**사진①&②**)은 줄과 마찰하면서 움직이므로 음이 깔끔하지 않다. 또한 손가락 끝만 움직이므로 줄 이동이 힘들고 리듬도 잡기 어려워 권장하지 않는다. 드물게는 프로 기타리스트 중에서도 이 '꿈틀꿈틀' 피킹으로 연주하는 사람이 있다고 한다. 하지만 그것은 그렇게 보일 뿐 실제로는 손목이나 팔꿈치를 중심으로 연주하고 있고, 세밀한 플레이를 할 때에 추가로 손가락 끝도 조금씩 움직이는 것이다. 따라서 단지 손끝만 움직이는 연주법과는 큰 차이가 있다.

손가락 끝만으로 줄에 비비듯이 연주하므로 강력한 음을 내기 힘들다.

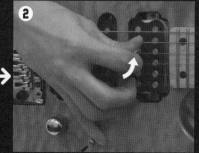

손목이나 팔꿈치를 사용하지 않으므로 리듬을 잡기 어렵다. 게다가 줄 이동도 힘들다!

[지판을 폭넓게 보다] 초보자일수록 지판을 보는 시야가 좁다. 이래서는 속주 플레이를 할 수 없는 것은 물론이고, 재미있는 자신의 오리지널 프레이즈를 만드는 것도 불가능하다. 폭넓은 시야를 가지기 위해 매일 단련하자!

42

야전의 전설 ~1~ '구타왕'

잭 와일드 스타일의 머신건 솔로

 지옥의 격언

- 고속 풀 피킹 펜타토닉 프레이즈를 익히자!
- 코드 톤의 발전 포지션을 익히자

LEVEL ★★★★

목표 템포 ♩= 155

모범연주 TRACK 83
반　주 TRACK 84

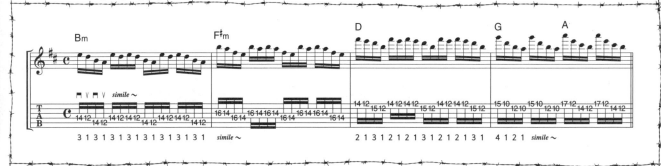

잭 와일드 스타일의 머신건 피킹 솔로. 기본은 16분음표 고속 펜타토닉으로 되어있지만, 후반에는 메이저 코드 톤에 의한 와이드 스트레치가 등장한다. 왼손 1번 손가락을 세밀하게 이동시켜 각 음을 정확하게 연주하자. 호쾌하면서도 스피디하게 플레이하자!

위의 악보를 연주할 수 없는 사람은 이것으로 수행하라!

초급 프레이즈의 기본연습. 8분음을 2개씩 나누는 감각에 익숙해지자.

중급 2마디에 걸쳐 8분음을 '6음+6음+4음'으로 나눈 프레이즈 연습. 리듬을 확인하라!

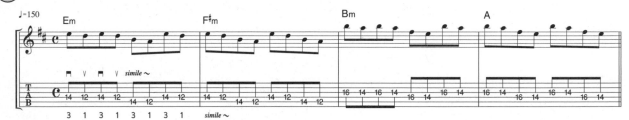

고급 16분음 발전연습. 메인 프레이즈의 포지션을 손가락에 익혀라!

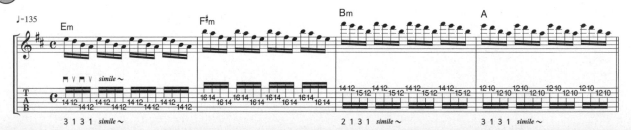

<지옥의 메커니컬 기타 트레이닝 - 입대편>에서

주의점 1 이론

'지옥기타~'라는 단어를 이용해 플레이하자!

메인 프레이즈는 잭 와일드 스타일의 풀 피킹 프레이즈다. 1~3마디째는 16분음의 '4음, 6음, 6음'으로 나뉘어져 있다. 저자는 '지옥기타, 지옥지옥기타, 지옥지옥기타'라는 단어를 사용해서 리듬을 잡고 있다('6음, 6음, 4음'으로 나눠도 된다). 다만 카운트는 각 박자(4분음)마다 잡으므로 주의하자(**그림1**). 실제 연주 때에는 머신건 피킹을 하므로 양쪽에 이웃한 줄에 닿을 정도로 호쾌하게 피킹하자. 추가로 **저음줄에 브릿지 뮤트를 걸면[주]**, 더욱 잭 스타일의 분위기가 날 것이다. 정확한 오른손 컨트롤로 파워와 질주감을 겸비한 플레이를 목표로 하자!

그림1 '지옥기타' 프레이즈의 리듬내용

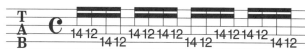

·메인 프레이즈 1마디째

지 옥 기 타 지 옥 지 옥 기 타 지 옥 지 옥 기 타
3 1 3 1 3 1 3 1 3 1 3 1 3 1 3 1

4음 단위　　6음 단위　　6음 단위

카운트는 4분음 타이밍으로 잡자.

주의점 2  왼손

트라이어드에 9th음을 더한 펜타토닉 스타일 포지션

메인 프레이즈는 모두 펜타토닉처럼 보인다. 그러나 사실 4마디째는 코드 톤 프레이즈로 되어 있다. 또한 트라이어드에 9th음을 더해서 펜타토닉과 같은 포지션으로 변화시켰다(**그림2**). 이것은 코드 톤의 발전형이므로 반드시 기억해 두기 바란다. 다만 왼손이 와이드 스트레치가 되므로 주의가 필요하다. 4마디째 2~3박자째에서는 1번과 4번 손가락을 축으로 신속하고 정확하게 포지션 이동을 하자. 3박째 1음째인 4번 손가락으로 1번 줄 17프렛을 누를 때에는 1번 손가락을 1번 줄 12프렛 위에 대기시켜두면 원활한 핑거링을 할 수 있다. 앞을 내다보고 이동하기 바란다.

그림2 펜타토닉 스타일의 코드 톤 프레이즈

·G코드(4마디째 1&2박째)

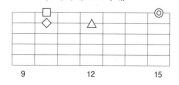

◎ 루트음=G음
△ 3rd음=B음
□ 5th음=D음
◇ 9th음=A음

·A코드(4마디째 3&4박째)

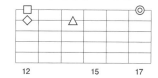

◎ 루트음=A음
△ 3rd음=C#음
□ 5th음=E음
◇ 9th음=B음

트라이어드에 9th음을 더하면
와이드 스트레치의 펜타토닉 스타일 포지션이 된다.

칼럼 28
지옥의 칼럼

저자 코바야시 신이치가 말하는 잭 와일드

80년대 후반의 속주 전성기. 누구나 잉베이 맘스틴을 동경해 클래시컬한 프레이즈를 초고속으로 연주하려고 했을 때, 잭은 펜타토닉을 최대한 빠르게 연주하는 사나이다운 스타일로 등장했다. 이것은 정말 충격적이었다. 서던 록과 컨트리를 바탕으로 피킹 하모닉스를 많이 사용하고 강렬하게 비브라토를 하는 호쾌한 플레이는 저자에게도 큰 영향을 주었다. 이 스타일은 저자가 좋아하는 존 사이크스와 공통된 부분이 많아서 잘 받아들여졌다. 최근 BLS에서의 중저음 위주의 플레이도 잭 와일드답고 굉장하다.

Ozzy Osbourne
<No Rest For The Wicked>

1988년에 발표된 7번째 앨범. 호쾌한 피킹과 강렬한 피킹 하모닉스로 잭의 이름을 떨친 작품이다.

Black Label Society
<Sonic Brew>

잭이 리더를 맡은 BLS의 데뷔작. 극단적인 로우 튜닝을 사용한 극악 헤비 사운드는 압권이다!

[저음줄에 브릿지 뮤트를 건다] 머신건 피킹은 6번 줄에서 3번 줄을 향해서 서서히 브릿지 뮤트를 느슨하게 하고, 1&2번 줄은 넌 뮤트로 연주하면 좋다. 이 방법으로 사운드에 다이내믹스를 줄 수 있다.

43

홀수 피킹 ~클래식편~

인사이드&아웃사이드 피킹 프레이즈 2

지옥의 격언

• 줄 이동의 공포감을 극복하라!
• 5번 줄에서 시작하는 트라이어드를 익혀라!

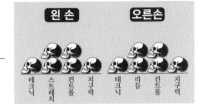

LEVEL ✦✦✦

목표 템포 ♩= 140

모범연주 **TRACK 85**
반　주 **TRACK 86**

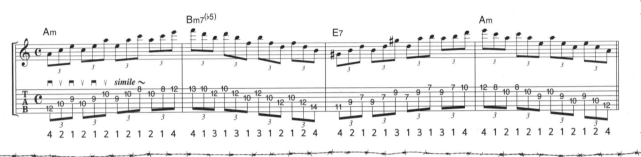

클래시컬 프레이즈에는 어째서인지 셋잇단음이 어울린다. 하지만 그러기 위해서는 인사이드&아웃사이드 피킹의 벽을 뛰어넘어야만 한다. 이 프레이즈로 네오 클래시컬 계열의 기본인 Am 트라이어드와 디미니쉬 트라이어드, 셋잇단음 피킹을 마스터하라!

위의 악보를 연주할 수 없는 사람은 이것으로 수행하라!

초급 우선은 3줄 인사이드&아웃사이드 피킹에 익숙해지자.

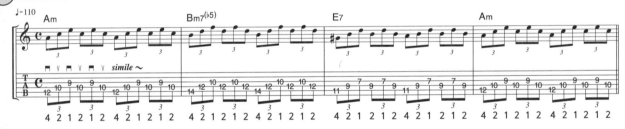

중급 오른손 손목 위치에 주의하면서 피킹하자.

고급 5줄 트라이어드 형태를 익히면서 피킹을 연습하자.

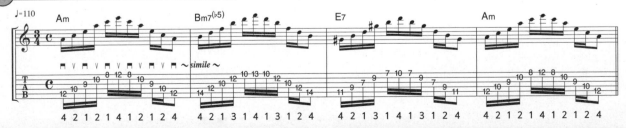

주의점 1  오른손

항상 피킹이 향하는 방향을 의식하면서 플레이하자

이 프레이즈는 피킹의 궤도로 2가지 패턴이 가능하다. **그림1-a**가 1, 3박째의 패턴(아웃사이드→인사이드)이며, **그림1-b**가 2, 4박째의 패턴(인사이드→아웃사이드)으로 되어있다. 기본적으로 이 2가지 움직임이 교대로 연속해서 등장하는데, 1박째에서 2박째로 들어갈 때의 인사이드가 연속하는 위치와, 2박째에서 3박째로 들어갈 때의 아웃사이드가 연속하는 위치에는 주의가 필요하다. 여기서는 피킹의 다운과 업이 역전되거나, 미스 피킹을 하기 쉬우므로 피킹이 향하는 방향을 강하게 의식하며 플레이해야 한다. 상당히 혼란에 빠지기 쉬운 피킹 프레이즈이므로 침착하게 연습하기 바란다.

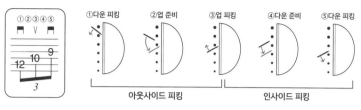

그림1-a 1, 3박째 피킹 패턴

①다운 피킹 ②업 준비 ③업 피킹 ④다운 준비 ⑤다운 피킹

아웃사이드 피킹   인사이드 피킹

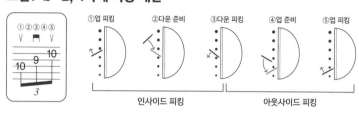

그림1-b 2, 4박째 피킹 패턴

①업 피킹 ②다운 준비 ③다운 피킹 ④업 준비 ⑤업 피킹

인사이드 피킹   아웃사이드 피킹

주의점 2  왼손

속주 솔로의 상투구 5번 줄 루트 트라이어드

우선 이 프레이즈에서 사용되는 트라이어드 폼을 확인하자(**그림2**). 이 5번 줄 루트의 Am 폼은 메탈 계열 속주 솔로에서 빈번하게 등장한다. 그리고 또 하나는 디미니쉬 트라이어드다. 악보를 보고 이상하게 생각한 사람도 있을 것이다. 그렇다. 2, 3마디째에서 이 형태가 등장하는데, 악보에는 2마디째가 Bm7(♭5), 3마디째가 E7과 같이 디미니쉬가 아닌 코드가 표기되어있다. 간단히 이론강좌를 하자면 해답은 간단하다! 각각 2가지 코드에는 디미니쉬의 요소가 포함되어있는 것이다. 마지막 그림에서는 메이저 트라이어드도 소개하고 있으므로 확인해보기 바란다!

그림2 5번 줄 루트의 트라이어드 포지션　◎루트음

1. 마이너 트라이어드(예: Am)

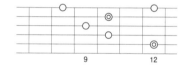

9　　12

2. 디미니쉬 트라이어드(예: Bdim)

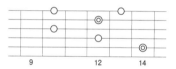

9　　12　14

3. 메이저 트라이어드(예: C메이저)

12　　15

칼럼 29

지옥의 칼럼　　사운드를 격하게 변화시키는 오른손 사용방법

줄에 대한 피크의 각도나 위치를 바꾸면 사운드가 크게 달라진다. 줄에 대해서 피크를 평행하게 대면 댈수록 자연스러운 울림을 얻을 수 있으며, 각도를 주면 줄수록 줄을 문대는 듯한 노이지한 음을 얻을 수 있다. 그리고 브릿지 쪽에서 연주하면 딱딱한 톤이 되며, 넥 쪽에서 연주하면 마일드한 사운드가 된다. 또한 손목 사용 방법을 연구하면 더욱 질 좋은 톤을 얻을 수 있다. 줄 이동이 많은 프레이즈에서 손목의 위치를 이동시키면 피킹 앵글이 안정되어 균질한 사운드를 낼 수 있게 된다(**그림3**). 피킹의 위치와 각도, 손목의 위치를 항상 의식하면서 연주하자.

그림3 손목의 위치에 대해서

손목의 위치를 고정시키면 1번 줄을 연주할 때에는 피크와 줄의 앵글이 수직이 된다. 이래서는 좋은 음을 얻을 수 없다.

연주하는 줄에 따라서 손목의 위치를 바꾸고 있다. 이 경우, 피킹 앵글이 안정되어 균등하고 좋은 음을 낼 수 있다.

준비운동　필수 기술　기술 강화　동영상 연동　연습곡집

99

44

야전의 전설 ~2~ '신화'

마이클 쉥커 스타일의 코드 톤 엑서사이즈

• 셋잇단음 얼터네이트를 완전 마스터하라!
• 세밀하게 변화하는 트라이어드를 공략하라!

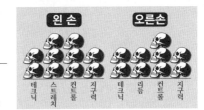

LEVEL ✸✸✸✸

목표 템포 ♩= 130

모범연주 TRACK 87
반 주 TRACK 88

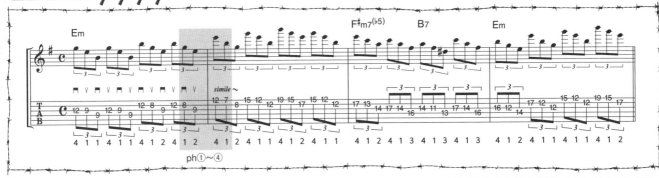

마이클 쉥커 스타일의 셋잇단음 얼터네이트 엑서사이즈. 피킹은 인사이드와 아웃사이드 모두 하므로 실수로 남는 줄이 울리지 않도록 하자. 포지션은 모두 트라이어드로 되어있지만 세밀하게 이동하므로 프레이즈의 흐름을 확실하게 머리에 넣어두자.

위의 악보를 연주할 수 없는 사람은 이것으로 수행하라!

초급 우선 루트음에서 상승해가는 라인을 연습하자.

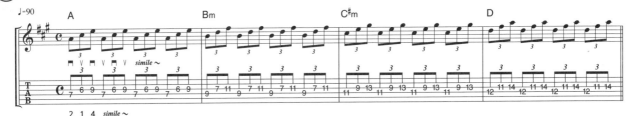

중급 이어서 코드 톤으로 하강하는 라인을 연주하자. 인사이드&아웃사이드 피킹에 익숙해지자.

고급 세밀하게 줄 이동하는 엑서사이즈. 인사이드&아웃사이드 피킹을 집중적으로 연습하자!

<지옥의 메커니컬 기타 트레이닝 - 입대편>에서

주의점 1  이론

포지션이 크게 이동하는 코드 톤을 익히자

메인 프레이즈는 마이클 쉥커 스타일의 셋잇단음 얼터네이트 엑서사이즈다. 기본적으로는 트라이어드로 구성되어있지만, 세밀하게 포지션 이동을 하거나 트라이어드 이외의 코드 톤을 담고 있기도 하므로 주의하자. 1&2마디째는 서서히 하이 포지션으로 이동하므로 프레이즈의 흐름을 이해해두는 것이 중요하다(그림1). 3마디째[주]는 평범한 트라이어드와는 다른 코드 톤 프레이즈이기 때문에 핑거링이 약간 복잡해진다. 인사이드 피킹과 아웃사이드 피킹이 모두 등장하므로 실제 연주할 때에는 미스 터치에 주의하며 끝까지 얼터네이트를 유지하는 것이 중요하다.

그림1　메인 프레이즈 1&2&4마디째의 포지션

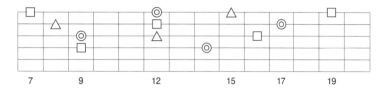

·Em트라이어드 포지션

◎ 토닉=E음　　△3rd=G음　　□5th=B음

폭넓은 포지션이 되므로 3음 1세트로 기억해두자.

주의점 2 왼손

프레이즈의 흐름을 의식해서 손가락을 정확하게 벌리자!

메인 프레이즈 1마디째 4박째~2마디째 1박째에는 와이드 스트레치가 등장한다(사진①~④). 2마디째 1음째인 1번 줄 12프렛(E음)은 Em 코드의 루트음이 되므로 확실히 소리를 내도록 하자. 이때 4번 손가락(1번 줄 12프렛)의 이동과 함께 1번 손가락도 7프렛 위에서 대기시켜 놓으면 원활하게 핑거링을 할 수 있다. 2마디째 1박째는 12프렛과 7프렛의 와이드 스트레치이므로 넥 뒤의 엄지손가락 위치를 클래식 폼으로 조정해서 손가락을 확실하게 벌리자. 프레이즈의 흐름을 의식하면서 왼손을 효율적으로 움직이자!

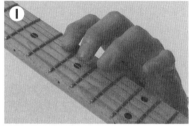
2번 줄 8프렛 운지. 이어지는 2번 손가락 운지를 의식하자.

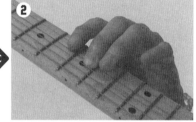
3번 줄 9프렛 2번 손가락 운지. 그 다음 포지션 이동에도 주의하자!

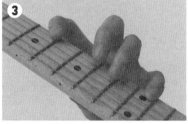
1번 줄 12프렛 운지와 함께 7프렛 위에 1번 손 가락을 대기시키면…

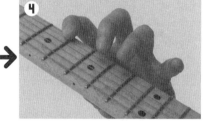
이어지는 7프렛 운지를 원활하게 할 수 있다!

칼럼 30

지옥의 칼럼

저자가 처음 마이클 쉥커의 플레이를 본 것은 텔레비전 방송이었다. 그 프로그램에서 그는 즉흥적으로 솔로를 멋지게 연주했다. 그 탁월한 리듬감과 타임감에 놀랐던 것을 지금도 기억하고 있다. 마이클 쉥커는 이 메인 프레이즈와 같은 코드 톤을 활용한 메커니컬한 플레이는 물론이고 애절한 솔로도 인상적으로 연주한다. 표현력이 풍부한 그의 솔로 플레이는 반드시 체크해보자. 우선은 감정이 풍부하게 담긴 MSG와 UFO의 라이브를 들어보자.

저자 코바야시 신이치가 말하는 마이클 쉥커

UFO
＜Strangers in the Night＞
1978년의 라이브 음원. 마이클의 뜨겁고 표정 풍부한 플레이가 가득하다. 'Rock Bottom'에서의 약동감 넘치는 솔로는 꼭 들어보자!

MSG
＜One Night at Budokan＞
1981년 일본 무도관 공연 라이브. 초기 MSG와 UFO의 대표곡을 수록한 베스트 앨범이다.

[3마디째] 3마디째 코드 톤을 구체적으로 해설하면 1&2박째 F#m7(♭5)는 루트음+3rd음+7th음, 3&4박째 B7은 3rd음+5th음+7th음+♭9th음으로 되어있다.

45

이 연주를 할 수 없다면 록을 할 수 없다 ~4~

슬라이드를 사용한 펜타토닉 솔로

 지옥의 격언
- **자유로운 슬라이드 운지능력을 기르자!**
- **펜타토닉에서의 슬라이드 활용법을 배우자!**

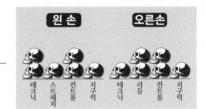

LEVEL 🌟🌟🌟　　목표 템포 ♩= 110　　모범연주 TRACK 89　　반　주 TRACK 90

적재적소에 들어가는 슬라이드는 프레이즈 안에서 강력한 존재감을 가지며, 듣는 이의 마음을 사로잡는다. 여기서는 펜타토닉 프레이즈를 사용하여 다양한 상황에서의 슬라이드를 연습하겠다. 슬라이드라고 쉽게 생각하지 말고, 세밀한 센스를 배워라!

위의 악보를 연주할 수 없는 사람은 이것으로 수행하라!

초급 우선은 기본적인 상승&하강 프레이즈로 슬라이드의 기초를 익히자.

중급 블루스와 컨트리에서 들을 수 있는 줄 뛰어넘기 슬라이드 플레이를 배워라.

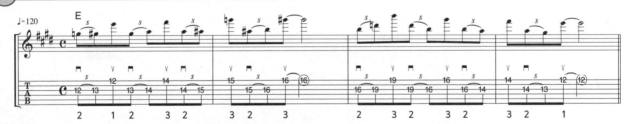

고급 포지션 이동 때의 슬라이드를 배워, 격렬한 이동을 동반한 프레이즈를 연주하자.

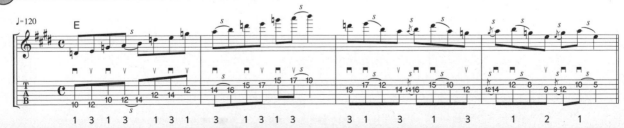

<지옥의 메커니컬 기타 트레이닝 (1)>에서

 **주의점 1** 🖐 **왼손**

우선은 슬라이드의 기초를 파악하자

슬라이드를 연주할 때에는 우선 어느 프렛부터 어느 프렛까지 이동할 것인가를 확인해야 한다. 대략적으로 연주해서는 좋은 사운드를 낼 수 없으며, 리듬도 흐트러질 우려가 있다. 그리고 주의해야 할 것은 슬라이드 때의 넥을 잡는 방법이다. 확실하게 지판을 누르려고 하다보면 넥을 감싸듯이 쥐어서 손목이 꺾일 수 있으며, 이렇게 되면 매끄럽게 슬라이드를 할 수 없다(**사진①**). 손바닥과 넥에 약간 빈틈이 있는 정도로 1번 손가락과 엄지손가락으로 가볍게 넥을 잡자(**사진②**). 또한, 엄지손가락은 넥 위로 약간 내밀어서 넥 위를 미끄러지듯이 움직인다. 이렇게 하면 넥에 대해서 평행하고 매끄럽게 이동할 수 있어서 좋다.

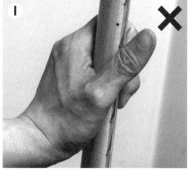

이렇게 손목을 꺾어 넥을 감싸듯이 잡으면 매끄럽게 슬라이드를 할 수 없다.

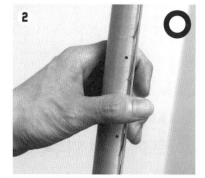

손바닥과 넥에 약간 빈틈이 생길 정도로 넥을 잡자. 쓸데없는 힘이 사라질 것이다.

 주의점 2 🖐 **왼손**

크게 이동하는 슬라이드는 가벼운 동작으로!

메인 프레이즈에는 다양한 포지션과 타이밍의 슬라이드 플레이가 등장한다. 그렇기 때문에 의외로 난이도가 높다. 얼터네이트 피킹은 16분음을 유지하며, 슬라이드를 할 때 헛 스트로크를 넣으면 리듬이 흐트러지지 않을 것이다. 익숙해질 때까지는 슬라이드를 하지 않고 모두 피킹으로 연주해보고, 운지와 슬라이드 포인트를 확인해도 좋을 것이다. 최대 난관은 3마디 3박째의 2번 줄 20프렛에서 15프렛으로 크게 이동하는 슬라이드다(**사진③&④**). 이 슬라이드는 스티브 바이가 잘 하는 것으로 가볍게 이동시켜 연주하자. 이때에 1번, 2번 손가락을 사용해서 남는 줄을 뮤트하는 것도 중요하다.

2번 줄 20프렛을 3번 손가락으로 누른다. 1번, 2번 손가락을 사용해서 남는 줄을 뮤트하면서 슬라이드 준비를 하자.

2번 줄 15프렛으로의 슬라이드. 넥 측면의 포지션 마크를 이용해서 슬라이드하면 될 것이다.

칼럼 31

지옥의 칼럼

와일드한 글리산도를 익히자!

여기서는 글리산도('글리스'라고도 한다)에 대해서 해설하겠다. 시작점과 종점이 정해지지 않은 글리스는 솔로뿐만 아니라 리프에도 활용할 수 있다(**그림1**). 예를 들어 리프의 도입부나 전개 전에 넥의 '붕~!' 하는 음정감이 없는 글리스를 넣어서 와일드한 사운드를 만들어낼 수 있을 것이다. 이러한 프레이즈에서 더욱 박력을 내기 위해서는 5&6번 줄의 두 개의 줄을 2번 손가락으로 글리스하면 좋다. 이동 스피드도 중요하다. 좋아하는 기타리스트의 플레이를 연주해보기 바란다. 참고로 저자가 추천하는 기타리스트는 존 사이크스, 화이트스네이크의 <Serpens Albus>(1987)를 들어보기 바란다.

그림1 글리산도

5&6번 줄의 두 줄을 2번 손가락으로 글리산도한다.

이런 기호를 보면!

15프렛 부분에서 헤드를 향해서 2번 손가락으로 줄을 문대면서 이동.

46

야전의 전설 ~3~ '장미의 총'

슬래쉬 스타일의 왕도 펜타토닉 솔로

- 펜타토닉에 추가해서 양념이 되는 음을 익히자!
- 뜨거운 런 연주법으로 솔로의 분위기를 띄워라

LEVEL 목표 템포 ♩=120　모범연주 TRACK 91　반　주 TRACK 92

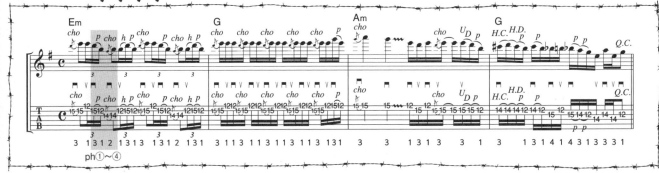

슬래쉬 스타일의 전형적인 펜타토닉 솔로 프레이즈. 세밀하게 변화하는 런 연주법에 주의하면서 프레이즈의 분위기를 서서히 달구자. 4마디째에서는 6th음과 ♭5th음, 쿼터 초킹 등이 등장하므로 세밀하게 뉘앙스를 주어 프레이즈가 노래하게 하자!

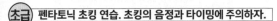
위의 악보를 연주할 수 없는 사람은 이것으로 수행하라!

초급 펜타토닉 초킹 연습. 초킹의 음정과 타이밍에 주의하자.
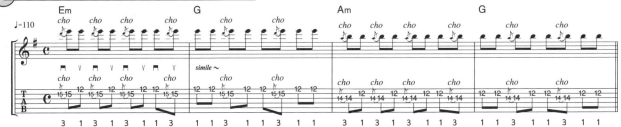

중급 메인 프레이즈 3&4마디째의 기초연습. 세밀한 뉘앙스를 주는 방법과 테크닉을 익히자!
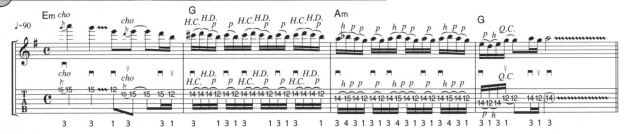

고급 런 연주법 기본 엑서사이즈. 16분음 중심에서 리듬이 점점 어긋나는 감각을 확인하자!
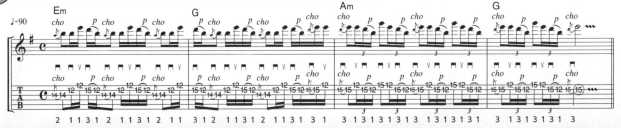

<지옥의 메커니컬 기타 트레이닝 - 입대편>에서

주의점 1 이론

밝은 분위기를 가진 6th음을 활용하라!

메인 프레이즈는 E마이너 펜타토닉을 중심으로 구성되어 있다. 4마디째에는 펜타토닉에 양념이 되는 음으로 대표적인 b5th음(Bb음=3번줄 15프렛)과 밝은 분위기를 가진 6th음(C#음=2번 줄 14프렛)을 추가해 멜로디 라인에 확산감을 주고 있다(그림1). 6th음은 마이너 펜타토닉만으로 연주하면 어둡고 칙칙한 분위기가 되는 솔로를 약간 밝게 변화시킬 때에 사용할 수 있다. 메인 프레이즈처럼 반음 초킹으로 7th음과 연결시키는 경우도 있다. b5th음은 지남음의 요소가 강해서 롱 톤으로는 연주하기 힘들지만 6th음은 길게 늘여도 좋다. 참고로 마이너 펜타토닉에 6th음과 2nd음을 추가하면 **도리안 스케일[주]**이 된다.

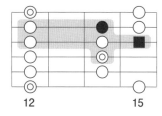

그림1 E마이너 펜타토닉 + b5th음&6th음

◎토닉=E음   ■b5th음=Bb음   ●6th음=C#음

· 메인 프레이즈 4마디째

12   15

▨ = 4마디째의 포지션

주의점 2 왼손

2번 손가락만으로 초킹해서 매끄러운 운지를 실현하자!

메인 프레이즈처럼 런 연주법을 반복하는 프레이즈에서는 매끄러운 핑거링이 필수적이다. 예를 들어 1마디째 1&2박째에서는 3번 줄 14프렛 초킹을 2번 손가락 하나로 하면 왼손의 흐름이 매끄러워질 것이다(사진①~④). 여기서는 1번 손가락을 함께 사용해서 초킹할 수 있다. 그러나 그렇게 하면 1번 손가락이 다음의 2번 줄 연주 타이밍을 놓칠 수 있으므로 1번 손가락을 2번 줄 위에 대기시키는 것이 중요하다. 3번 줄은 2번 손가락만으로 확실하게 누르고 손목의 회전을 활용하면 정확하게 줄을 들어 올릴 수 있을 것이다. 다만 필요 이상의 힘이 들어가면 2번 손가락 끝이 4번 줄에 걸려서 2번 손가락을 되돌릴 때 노이즈가 발생할 수 있다.

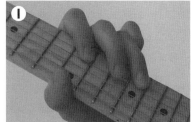

① 1마디째 1박째. 2번 줄 15프렛을 3번 손가락으로 누르고…

② 풀링으로 12프렛을 연주한다. 이어서 2번 손가락을 준비하자.

③ 손목을 돌려 2번 손가락 하나로 초킹한다.

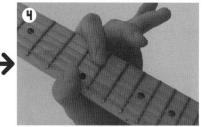

④ 1번 손가락 끝을 사용해서 3번 줄도 뮤트하자!

칼럼 32
지옥의 칼럼

저자 코바야시 신이치가 말하는 슬래쉬 1

저자는 Guns&Roses의 1st앨범을 처음 들었을 때, 그들의 다듬어지지 않은 거친 사운드에 크게 놀랐다. 하지만 여러 번 듣다보니 와일드한 겉모습과는 달리 리프와 솔로가 상당히 치밀하게 만들어져 있다는 것을 깨달았으며, 그들의 카피 밴드를 만들 정로로 푹 빠졌다. 슬래쉬도 일반적으로는 펜타토닉을 위주로 하는 블루스 록 계열 기타리스트라는 이미지가 있다. 하지만 저자는 코드 톤의 사용이 뛰어나며 테크니컬한 플레이도 가능한 내공이 깊은 기타리스트라고 생각한다. Guns&Roses보다 더욱 다크하고 헤비한 분위기의 벨벳 리볼버에서의 플레이도 꼭 체크하자!

Guns&Roses
<Appetite For Destruction>
전 세계의 록 신에 충격을 준 데뷔작. 거칠지만 다채롭고 파워풀한 기타 플레이가 가득한 명반이다.

Velvet Revolver
<Libertao>
2007년에 발매된 2번째 앨범. 하드록과 펑크가 융합되어 더욱 요즘 분위기에 맞는 멜로디를 들려주는 강력한 작품이다.

[도리안 스케일] E도리안 스케일은 E, F#, G, A, B, C#, D음의 7음에 의해 구성된다. 참고로 도리안 스케일이란 메이저 스케일의 제2음부터 전개하는 스케일이다.

47

프로그래시브의 숲 '오블리가토' 미술관

변박자에 의한 헤비 리프

지옥의 격언
- 변박자의 기초지식을 익혀라
- 변박자에도 흔들리지 않는 리듬감을 기르자!

왼손 / 오른손

| LEVEL ✦✦✦ | 목표 템포 ♩= 110 | 모범연주 TRACK 93
 반 주 TRACK 94 |

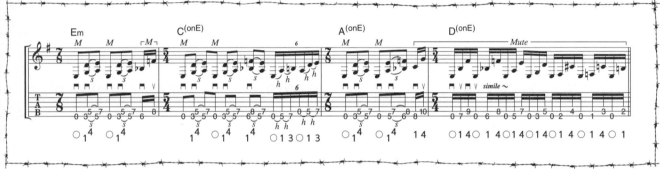

여기서는 드럼시어터 등장 이후, 더욱 주목 받고 있는 변박자 리프에 도전한다. 이 프레이즈는 7/8박자와 4/5박자로 구성되어있다. 마디의 시작부분이 어긋나지 않도록 확실하게 리듬을 잡자! 어떤 면에서는 리듬의 최종 필살기라 할 수 있는 변박자를 완전 마스터하라!

위의 악보를 연주할 수 없는 사람은 이것으로 수행하라!

초급 4/4박자에 비해서 8분음이 하나 적은 7/8박자에 익숙해지자.

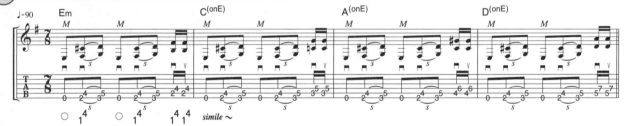

중급 이어서 4/4박자에 비해서 4분음이 하나 더 많은 5/4박자를 연습하라.

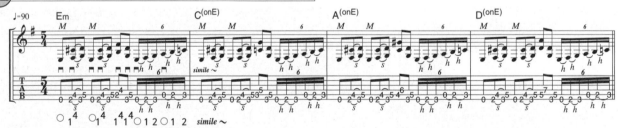

고급 7/8박자와 5/4박자를 조합한 리프에 도전하자!

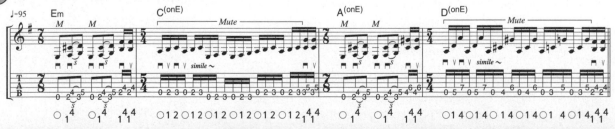

<지옥의 메커니컬 기타 트레이닝 (2)> - 사랑과 열반의 테크닉 '강화편'에서

주의점 1 📖 **이론**

변박자의 구조를 이해하고
노래하면서 리듬을 잡아보자!

드림 시어터 등장 이후, 더욱 인기가 높아진 70년대 프로그레시브 록. 그런 프로그레시브의 특징 중 하나로 인식되고 있는 것이 변박자다. 변박자란 일반적으로 정통적인 3박자나 4박자 이외의 박자를 말하며, 이 프레이즈에서는 5/4박자와 7/8박자의 2가지 변박자가 등장한다(그림1). 5/4박자는 4박자에 비해서 1박자 많아, 1마디가 5박으로 되어있으므로 '5박자'라고도 한다. 그림1에는 드럼 악보[주]도 표시해두었다. 읽을 수 없는 사람은 리듬을 입으로 노래해보자. 그렇게 해서 느낌이 파악되었으면 다음은 발 구르기를 하면서 카운트를 노래해보기 바란다. 여기서 포인트는 '하나, 두울, 세엣, 네엣, 다섯~'과 같이 8분음을 느끼면서 카운트를 하는 것이다. 뒷리듬을 느끼는 것은 변박자를 이해할 때 매우 중요하다. 이어서 7/8박자의 리듬을 잡는 법이다. 이쪽은 5박, 4박자보다 약간 더 어렵다. 7/8박자는 4박자에서 반박인 8분음을 1개 줄인 박자다. 5박자와 마찬가지로 리듬을 노래해보면 뒷박자가 어긋난다는 것을 알 수 있다. 7/8박자를 정확하게 잡는 요령은 4박째 '네엣'을 '넷'으로 하고, 바로 뒤에 '하나'를 연결하는 것이다. 즉 '하나, 두울, 세엣, 넷/하나, 두울, 세엣, 넷/~'이 되며, 발 구르기도 4박째 시작부분과 다음의 1박째 시작부분이 연속된다. 4박째와 1박째의 연결에 주의하면서 카운트를 하자.

그림1 변박자의 리듬 잡는 방법

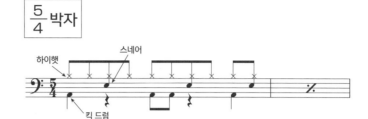

반박 적기 때문에 발 구르기가 연속된다.

칼럼 33

지옥의 칼럼

저자 코바야시 신이치가 말하는 매우 깊은 '프로그레시브의 숲'

여기는 약간 특이한 주민들이 사는 신비한 숲이다. '긴 곡'만 연주하는 사람, '변박자'를 좋아하는 사람, 갑자기 플루트를 연주하기 시작하는 사람 등, 개성적인 사람들이 넘쳐난다. 이 숲의 이름인 '프로그레시브'의 정식 명칭은 '프로그레시브 록'이며, 직역하면 '진화한 록'이다. 클래식과 록이라는 극과 극에 있는 2가지 음악이 융합되어 장대한 사운드를 들려준다. '록+클래식은 네오 클래시컬과 같은 거 아닌가?'라고 생각해서는 안 된다. 프로그레시브는 네오 클래시컬과는 달리 클래식 멜로디나 곡조를 도입하는 것에 그치지 않고, 교향곡 같은 커다란 장면 전개를 도입하고 있다. 그렇기 때문에 곡이 길어지는 경우가 많다. 또한 철학적이며 난해한 테마(사상)를 음으로 표현하기 때문에 조바꿈이나 변박자 등 약간 복잡한 수법을 사용하는 경우도 있다. 프로그레시브를 잘 모르는 독자는 '왠지 어려울 것 같다!'라고 생각할지도 모른다. 하지만 '러쉬' 등 하드 록 색채가 강한 밴드도 있으므로 일단 그것부터 들어보는 것도 좋다. 여러 가지로 탐구하면서 꼭 이 숲의 깊은 곳에 있는 복잡하고 기괴한 주민들도 만나보기 바란다. 다만 길을 잃으면 다시는 숲 밖으로 나올 수 없게 될지도 모른다.

Rush
<Moving Pictures>
1981년에 발매된 8th앨범. 전미 차트 3위를 기록하며, 밴드로서 하나의 절정기를 맞이한 중요한 작품이다.

[드럼 악보] 드럼 악보는 오선지에 표기된다. 기타리스트는 읽을 수 없어도 상관없다고 생각해서는 안 된다. 드럼 악보를 읽을 수 있으면 리듬에 대한 지식도 늘어나며, 작곡과 어레인지에도 도움이 된다.

-48-
16바늘 꿰맬까?

누노 베튼코트 스타일의 16비트 헤비 리프

지옥의 격언

- 쉼표도 멋지게 연주할 수 있는 리듬감을 길러라!
- 갑자기 등장하는 셋잇단음에 대응하라!

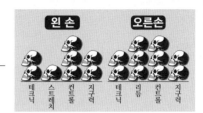

왼 손	오른손
테크닉 스트레치 컨트롤 지구력	테크닉 리듬 컨트롤 지구력

LEVEL 🪓🪓🪓🪓

목표 템포 ♩=120

모범연주 TRACK 95
반 주 TRACK 96

여기서는 누노 스타일의 16비트 헤비 리프에 도전한다. 16비트를 느끼면서 '쉼표'도 확실하게 표현할 수 있는 철벽의 리듬감을 손에 넣자! 2마디째 4박째의 셋잇단음 프레이즈나 4마디째의 오블리가토 스타일 프레이즈에서는 대담하면서도 섬세한 피킹 기술이 요구된다. 모든 집중력을 동원해서 연주하자!

위의 악보를 연주할 수 없는 사람은 이것으로 수행하라!

초급 8분음 프레이즈로 얼터네이트 피킹의 헛 스트로크를 확인하자.

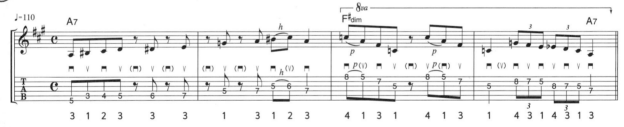

중급 줄 뛰어넘기 프레이즈를 얼터네이트로 훈련하자!

고급 16분음 → 여섯잇단음 리듬 체인지를 집중 트레이닝하자!

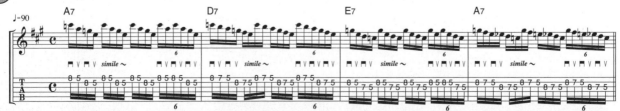

주의점 1  오른손

16분음의 뒤를 느끼면서 콤팩트하게 헛 스트로크를 하자

이와 같은 **16비트 프레이즈[주]**를 플레이할 때에는 어떻게 16분음의 뒤를 느낄 수 있는가가 중요하다. 즉 '정확한 다운 헛 스트로크'와 '강력한 업'을 합친 얼터네이트 피킹을 할 수 있는가가 포인트다. 1마디째 2~4박째는 16분음의 뒷박을 강조한 내용으로 되어있다. 여기서는 박자의 앞에서 헛 스트로크를 확실하게 하고(**사진①**) 뒷박을 업으로 연주하자(**사진②**). 음에 두께와 날카로움을 더하기 위해서 가볍게 브릿지 뮤트를 하는 것이 좋다. 그렇기 때문에 오른손을 줄(브릿지)에 댄 상태가 되므로 헛 스트로크는 콤팩트한 움직임으로 하자.

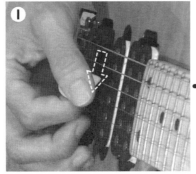
16분쉼표를 확실하게 느끼면서 브릿지 뮤트 상태로 다운 헛 스트로크를 한다.

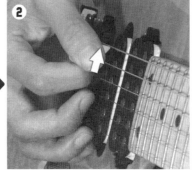
헛 스트로크 후의 업 피킹. 여기서도 브릿지 뮤트를 풀지 않는다.

주의점 2 오른손

'타타타, 타아'로 연주하자! 리듬 변화 계열 커팅

2마디째 4박째에는 브러싱 톤에 의한 리드미컬한 플레이가 등장한다. 브러싱 부분은 반박자 셋잇단음이라고 불리는 여섯잇단음 리듬의 절반이다. 기본적으로 이 프레이즈는 16비트 리듬으로 연주하므로 리듬 체인지를 신속하게 하는 것이 중요하다. 3&4박째 리듬을 입으로 기타처럼 표현하면 '타타타, 타아'가 된다. 이러한 리듬 플레이는 반드시 입으로 노래하면서 연주하기 바란다. 또한 이 부분은 그루브를 표현하는 것이 중요하므로 왼손으로 확실하게 뮤트를 해서 6줄 모두 스트로크하자(**사진③~⑥**). 스트로크는 손목을 부드럽게 해서 하는 것이 좋다.

최초의 다운 스트로크. 확실하게 내리자.

다음은 업 스트로크. 6번 줄 위까지 되돌아간다.

다시 다운 스트로크 한다. 손목을 부드럽게 하는 것이 좋다.

마지막 업 스트로크. 다음 마디까지 다운을 참는다!

주의점 3  오른손

크게 줄을 뛰어넘는 헛 스트로크로 16분음 얼터네이트를 유지시키자!

4마디째의 함께 연주하는 스타일의 프레이즈는 그 전까지의 리프와는 내용이 다르므로 주의가 필요하다. 1~3박째에서 4음 프레이즈를 2번 연주하는데, 도중에 16분쉼표가 들어가므로 2회째의 1번 줄 8프렛을 업으로 연주해야만 한다. 그렇기 때문에 3번 줄 5프렛을 업으로 연주한 후(**사진⑦**), 1번 줄까지 3줄을 뛰어넘는 다운 헛 스트로크를 하게 된다(**사진⑧**). 기본적으로는 1번 줄을 업으로 연주하기 위한 헛 스트로크이므로 3줄 뛰어넘기를 너무 의식하지 말고 '1번 줄 아래까지 피크를 이동시킨다'라고 생각하면서 연주하는 것이 좋다. 여기서도 16분음 얼터네이트를 유지시켜야 하므로 리듬이 흐트러지지 않아야 한다.

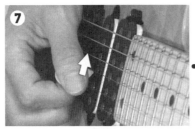
3번 줄 5프렛 업 피킹. 다음의 헛 스트로크를 의식하자.

16분음 리듬을 느끼면서 다운 헛 스트로크를 한다.

1번 줄 8프렛을 업 피킹한다.

[16비트 프레이즈] 아직 어설픈 메탈 키즈에게는 16분음으로 연주하는 프레이즈가 '16비트 프레이즈'일지도 모르겠다. 하지만 여러 가지 타입의 16비트를 알아두는 것은 중요하다.

−49−
18금 페트루치

존 페트루치 스타일의 초절정 멜로딕 프레이즈

・급격한 스피드 업에 당황하지 마라!
・페트루치 스타일 코드 톤을 머릿속에 넣어라!

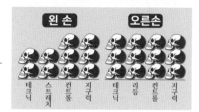

LEVEL ✦✦✦✦✦

목표 템포 ♩=160

모범연주 TRACK 97
반　주 TRACK 98

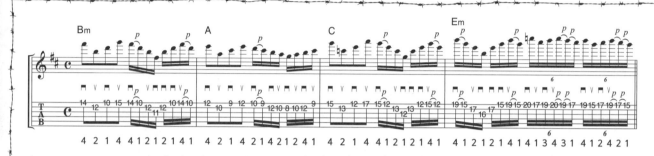

프로그레시브 메탈 밴드의 대명사 '드림 시어터'의 중심 인물인 존 페트루치. 그의 장기인 세밀하게 변화하는 코드 톤 프레이즈에 도전해서 핑거링 능력을 단련시키자! 리듬 변화도 격렬하므로 리듬의 어긋남에 주의하면서 마지막까지 집중해서 플레이하자!

위의 악보를 연주할 수 없는 사람은 이것으로 수행하라!

초급 코드 톤 2줄 프레이즈를 연습하자.

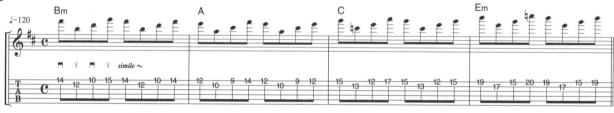

중급 16분음 3줄 스위프 피킹 패턴을 마스터하자.

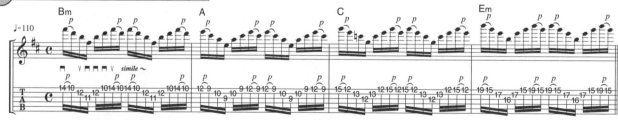

고급 8분음과 16분음의 리듬변화에 익숙해지자!

<지옥의 메커니컬 기타 트레이닝 (2) − 사랑과 열반의 테크닉 강화편>에서

이론

멜로디 라인을 다채롭게 해주는
코드&스케일 어레인지술

이 페트루치 스타일 프레이즈는 음악이론에 바탕을 두고 코드&스케일 모두 어레인지 했다. 구체적으로는 전반 2마디째에는 텐션 노트 계열의 스케일음을 더하고, 3&4마디째는 조바꿈을 했다. **그림1**은 전반 2마디에서 사용되는 B마이너와 A메이저 트라이어드, 그리고 그것과 관계된 스케일음을 더한 포지션 그림이다. 트라이어드를 기본으로 하면서도 B마이너에서는 1번줄 15프렛의 G음을 넣음으로써 클래시컬한 분위기가 된다. A메이저에도 1번 줄 10프렛의 D음을 더해 멜로디에 독특한 긴장감을 주고 있다. 초절정 기타리스트를 목표로 한다면 이와 같이 코드와 스케일을 자유자재로 어레인지 하는 지식을 익힐 필요가 있다.

그림1   트라이어드의 발전형

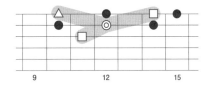
<B마이너 트라이어드의 발전형>
◎루트음 =B   △3도음 =D   □5도음 =F#   ●발전음

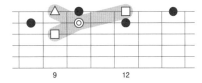
<A메이저 트라이어드의 발전형>
◎루트음 =B   △3도음 =C#   □5도음 =E   ●발전음

오른손

16분음을 연주하면서
여섯잇단음 리듬을 느끼자!

기타리스트에게 있어서 리듬이 급격하게 변화하는 프레이즈는 어려운 상대다. 이와 같은 리듬 변화가 있는 프레이즈를 확실하게 연주하기 위해서는 음표의 변화에 대응할 수 있는 리듬감을 키울 필요가 있다. 이 프레이즈는 4마디째에서 16분음→여섯잇단음으로 변화하는데, 16분음을 연주하는 시점에서 여섯잇단음을 느끼는 것이 좋다(**그림2**). 이렇게 함으로써 원활하게 여섯잇단음을 연주할 수 있을 것이다. 이 리듬감각은 익숙해질 때까지는 좀처럼 하기 어려우므로 리듬 머신 등을 사용해서 느린 템포부터 단계별로 연습하자. 쉽게 포기하지 말고 충분한 시간을 들여 트레이닝을 하면 **리듬감[주]**도 확실하게 좋아질 것이다.

그림2   급격한 리듬변화에 대응하는 방법

이렇게 연주하면서도

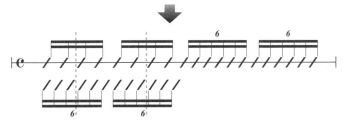

16분음을 연주하면서 반박자 셋잇단음(=여섯잇단음) 리듬을 느낀다.

저자 코바야시 신이치가 말하는
존 페트루치 1

세계에서 가장 유명한!? 테크니컬 집단 '드림 시어터'의 존 페트루치에 대해서 이야기하겠다. 1967년에 태어난 페트루치는 12살 때 기타를 시작해서 연습에 몰두한다. 그 후, 고등학교를 졸업하고 버클리 음악대학으로 진학해 음악이론을 배우면서 기타 트레이닝에 푹 빠져 지냈다. 재학 중에는 버클리 친구들을 중심으로 '마제스티'라는 밴드를 결성. 하지만 이 밴드의 연주에 너무 열중한 나머지 버클리를 중퇴하게 된다. 다만 이것을 계기로 더욱 밴드활동에 심혈을 기울인 페트루치는 89년에 밴드 이름을 '드림 시어터'로 바꾸고 멋지게 데뷔한다. 그리고 92년에 2nd앨범 <Images And Words>를 발표한 후, 단번에 히트를 하며 전 세계 기타리스트들로부터 뜨거운 주목을 받는 존재가 되었다. 페트루치는 자타가 공인하는 '연습벌레'다. 참고로 그는 매일 기타 잡지나 교본 등에서 흥미로운 프레이즈를 테크닉별('풀피킹', '스위프 피킹', '태핑' 등)로 정리해서 파일링을 하고 있다고 한다. 그리고 테크닉 별로 잘하고 못하는 것이 없도록 시간을 정확히 나눠서 모든 테크닉을 연습한다고 한다. 페트루치는 기타 연습부터 이미 치밀한 프로그레시브다.

Dream Theater
<Image And Words>

세밀한 부분까지 꼼꼼하게 신경을 쓴 악곡을 압도적인 연주력으로 완벽하게 표현. 명음반으로 이름 높은 하드 프로그레시브의 최고봉이다.

[리듬감] 리듬감은 가지고 태어나는 것이며, 좀처럼 단련하기 힘든 것이라고 생각하는 사람이 많다. 그러나 실제로는 효과적인 트레이닝 방법이 있다. 그 방법은…… 이라고 말하려니 페이지가 없다! 그래서 이건 다음 기회에!

50

어긋나게 하는 쾌감! 맛있는 도리안!

폴 길버트 스타일의 고속 펜타토닉 프레이즈

- 헛 스트로크를 넣은 얼터네이트 피킹을 단련하라!
- 폴리리듬적인 리듬에 완벽하게 익숙해지자!

LEVEL ✦✦✦✦✦

목표 템포 ♩= 130

모범연주　TRACK 99
반　　주　TRACK 100

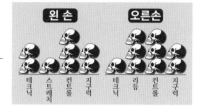

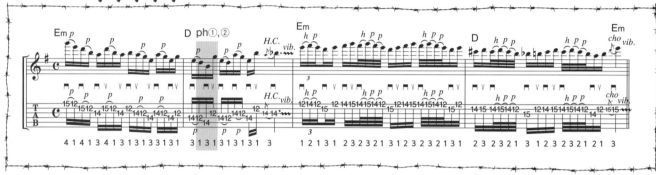

폴 길버트의 장기인 초절정 펜타토닉 프레이즈다. 폴리리듬적인 리듬의 어긋남을 이해하고, 나아가 줄 뛰어넘기를 하는 얼터네이트 피킹을 배우기 바란다. 또한 폴 길버트다운 도리안 스케일의 포지션도 익히자. 폴을 향해서 도전하자!

위의 악보를 연주할 수 없는 사람은 이것으로 수행하라!

초급 우선은 헛 스트로크를 넣어 얼터네이트를 연습하자.

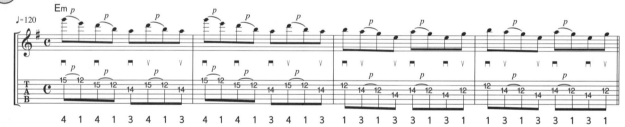

중급 줄을 뛰어넘는 아웃사이드 피킹을 마스터하자.

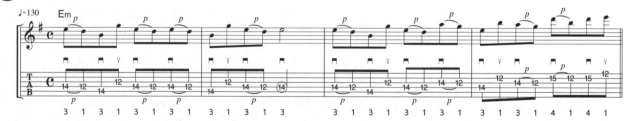

고급 1박 반 폴리리듬 스타일 리듬에 익숙해지자!

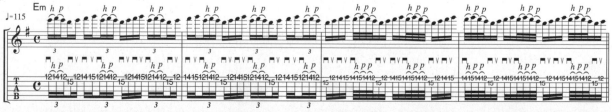

<지옥의 메커니컬 기타 트레이닝 (1)>에서

이론

누르기 쉬움을 중시한 폴 스타일의 펜타토닉

우선은 이 프레이즈에서 사용되고 있는 스케일을 확인해보자. 이 스케일은 폴 길버트가 많이 사용하는 것으로, E마이너 펜타토닉을 베이스로 3번 줄 15프렛의 Bb(b5th음), 2번 줄 14프렛의 C#(M6th음), 1번 줄 14프렛의 F#(9th음)의 3음을 더한 도리안적인 구성으로 되어있다(**그림1**). 여기서 포인트가 되는 것이 3가지 텐션음을 1~3번 줄에만 사용한다는 것이다. 어디까지나 펜타토닉을 베이스로 하고 있으며, 1~3번 줄에만 음을 더하는 누르기 쉬운 포지셔닝으로 되어있다. 1~3번 줄은 모두 12, 14, 15프렛을 연주하고 있어 연주하기 쉬울 것이다.

그림1　폴 길버트 스타일의 변칙적인 E마이너 펜타토닉 스케일

◎루트음=E음　　b5th음=Bb음　　M6th음=C#음　　9th음=F#음

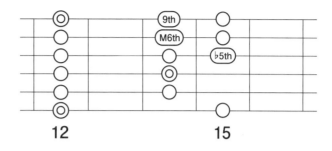

 **이론**

어긋나게 들리는 1박 반 리듬에 속지 마라!

3마디째는 폴 길버트의 장기인 리듬이 어긋나게 들리는 폴리리듬적인 프레이즈가 등장한다. 음표 배분이 세밀하기 때문에 놀라는 사람도 있을 텐데, 리듬의 규칙성을 이해하면 그렇게 어렵지만도 않은 내용이다. 이 프레이즈는 3마디째 1박째 뒤부터 1박 반 리듬이 반복되고 있다(**그림2-a**). 즉 '16분음 4개'와 '32분음 4개'가 조합되어있다. 입으로 노래하면 '타타, 타타, 타카타카'가 되며, 피킹은 **그림2-b**처럼 된다. 다만 여기서는 1박째 뒤부터 이 리듬이 시작되므로 연주가 시작되는 셋잇단음 프레이즈에서 리듬이 흐트러지지 않도록 주의해야 한다.

그림2-a　3, 4마디째 리듬

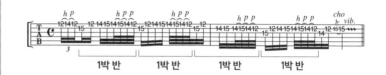

그림2-b　1박 반 리듬의 피킹

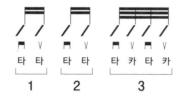

 왼손

줄 뛰어넘기 프레이즈에서 1번 손가락 바레는 금지!

1, 2마디째는 아웃사이드 피킹이 많이 등장하므로 줄을 뛰어넘어 아래에서 업 피킹으로 연주하는 감각을 확실하게 기르기 바란다. 특히 폴의 장기인 2마디째의 줄 뛰어넘기 아웃사이드 피킹은 난이도가 높아서 오른손뿐만 아니라 왼손의 줄 이동에도 주의해야 한다. 이와 같은 포지션에서는 3&4번 줄 12프렛을 1번 손가락 바레로 연주하고 싶어지는데(**사진①**), 음의 끊어짐이 좋지 않으며 노이즈가 많아지므로 피하는 것이 좋다. 확실하게 1번 손가락을 이동시킬 수 있도록 지판을 누르자(**사진②**). 3, 4마디째는 주의점2에서 언급한 리듬을 이해해서 적절하고 정확하게 운지해야 한다.

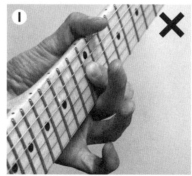

1번 손가락 3번 줄 12프렛 지판 누르기. 바로 전의 4번 줄 12프렛과 함께 1번 손가락 바레로 지판을 눌러서는 안 된다.

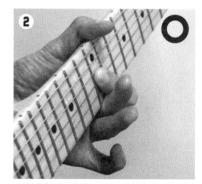

3&4번 줄을 바레하지 않고 운지하면 음의 끊어짐이 좋아지며 노이즈도 줄일 수 있다.

51

뛰어넘기 거장 P씨

폴 길버트 스타일의 스키핑 프레이즈

지옥의 격언
- •폴 스타일의 줄 뛰어넘기 피킹의 기본을 익혀라!
- •스키핑 트라이어드를 익혀라!

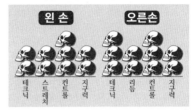

LEVEL ✦✦✦✦

목표 템포 ♩=140

모범연주 TRACK 101
반　　주 TRACK 102

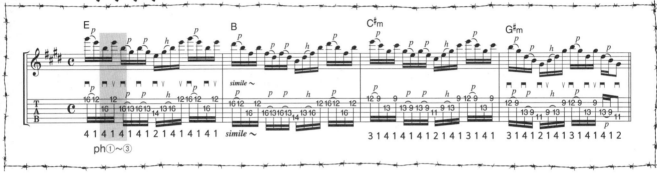

폴 길버트의 필살기로 잘 알려진 스트링스 스키핑 플레이(줄 뛰어넘기 플레이). 이 프레이즈를 통해 리드미컬한 줄 뛰어넘기 피킹을 마스터하고, 최상급 피킹 능력을 자신의 것으로 만들자! 줄을 뛰어넘는 트라이어드 포지션도 머릿속에 넣어 줄 뛰어넘기 달인이 되자!

위의 악보를 연주할 수 없는 사람은 이것으로 수행하라!

초급 우선 스키핑용 트라이어드 폼을 익히자.

중급 폴 길버트 스타일의 스키핑 완전 기본 프레이즈를 연습하자.

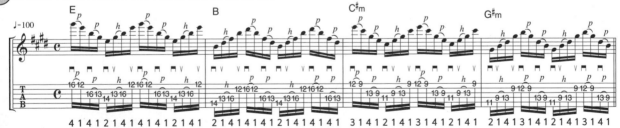

고급 난이도가 높은 왕복 줄 뛰어넘기 피킹에 익숙해지자.

<지옥의 메커니컬 기타 트레이닝 (2) – 사랑과 열반의 테크닉 강화편>에서

주의점 1  이론

폴 스타일의 줄 뛰어넘기 트라이어드 포지션을 익히자!

우선은 이 프레이즈에서 사용하고 있는 폴 길버트 스타일의 스키핑 트라이어드 포지션을 확인하자(그림1). 메이저와 마이너로 나누어 표시했는데, 양쪽 모두 4&5번 줄 루트와 형태가 같은 것이 특징이다. 다만 메이저와 마이너는 루트음 다음에 연주하는 3도음(▲)이 반음(1프렛) 다르므로 각각의 형태를 정확하게 익히기 바란다. 참고로 저자는 '4번 손가락이 같은 프렛으로 줄 뛰어넘기를 하는 것이 메이저 트라이어드', '1번 손가락이 같은 프렛으로 줄 뛰어넘기를 하는 것이 마이너 트라이어드'라고 기억하고 있다. 손가락 사용을 바탕으로 트라이어드 포지션을 기억해두면 어떤 코드 진행에도 대응할 수 있게 될 것이다.

그림1 폴 길버트 스타일 스키핑 포지션

◎루트음 ▲3도음 ○5도음

메이저 트라이어드 포지션

4번 줄 루트 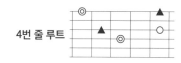 5번 줄 루트

마이너 트라이어드 포지션

4번 줄 루트 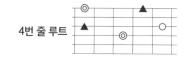 5번 줄 루트

주의점 2  오른손

2줄을 뛰어넘어서 확실하게 3&1번 줄을 연주하자!

이 프레이즈에서 가장 어려운 부분은 1마디째 1~2박째의 왕복 줄 뛰어넘기 피킹일 것이다. 3번 줄을 다운으로 연주하고, 줄을 뛰어넘어 1번 줄을 업하고, 다시 줄을 뛰어넘어 3번 줄을 다운으로 연주하는 것이다(사진①~③). 즉, 3번 줄과 1번 줄을 아웃사이드로 피킹하는 것으로 양쪽 모두 피킹하는 동시에 2줄을 뛰어넘는 궤도를 그려야 한다. 그렇기 때문에 3번 줄부터 1번 줄까지의 간격을 확실하게 오른손에 익힐 필요가 있다. 우선은 이 부분만 여러 번 연주하는 것이 좋을 것이다. 그렇게 함으로써 3번 줄과 1번 줄의 아웃사이드 피킹 감각과 3번 줄부터 1번 줄까지의 간격을 모두 익힐 수 있을 것이다. 여하튼 **익숙해지는 것이 중요[주]**하므로 반복해서 연주하자.

3번 줄 16프렛을 다운. 1번 줄로의 줄 뛰어넘기를 준비하자.

1번 줄을 업. 이 다음, 다시 3번 줄을 향해서 줄 뛰어넘기를 한다.

다시 3번 줄을 다운으로 연주하자.

칼럼 35
지옥의 칼럼

일본에서 인기가 높은 '폴 길버트'. 그는 어떻게 초절정 기타리스트 중에서도 톱 클래스의 실력과 인기를 획득했을까? 그 대답을 알아보기 위해 데뷔할 때까지 그의 음악인생을 되돌아보자. 어릴 적부터 부모님의 영향으로 비틀즈, 지미 헨드릭스 등을 들었던 폴은 반 헤일런 등의 하드록을 만나 기타를 연주하기 시작한다. 그리고 15세 때, 자신의 기타 플레이를 담은 데모 테이프를 마이크 바니에게 보내 실제로 데뷔 직전까지 이야기가 진행되었다. 그러나 결국 이때는 데뷔하지 못하고, 고등학교 졸업과 동시에 음악학교 MI의 기타과 'GIT'에 입학. 1년 후에는 놀랍게도 GIT의 강사로 취임했다. 그 후 GIT에서의 경험을 통해 기타 기술과 음악이론을 배운 폴에게 다

저자 코바야시 신이치가 말하는 폴 길버트

시 마이크 바니의 데뷔 제안이 들어왔다. 그리고 1986년, '레이서X'로 데뷔를 장식했다. 저자는 폴의 뛰어난 점은 이론을 비롯해 기타와 음악에 관한 지식을 폭넓게 연구하고 있다는 점이라고 생각한다. 따라서 레이서X→MR. BIG→솔로&레이서X 재결성이라는 과정을 거치면서 음악성이 크게 변화되어도 이론과 경험을 바탕으로 하는 테크닉으로 대응할 수 있었던 것이다. 앞으로도 새로운 테크닉과 사운드로 많은 기타 키즈들을 놀라게 할 것이다.

Racer X
<Street Lethal>
레이서X의 데뷔작. 당시 잉베이 맘스틴의 추종자로 불린 폴의 초고속 플레이가 가득한 강력한 작품이다.

[익숙해지는 것이 중요] 기타에 익숙해지는 것은 중요한 일이다. 잘못된 버릇으로 연습하면 나중에 고생한다. 기타에 익숙한 중급자일수록 잠시 멈춰 객관적으로 자신의 플레이를 돌아보는 것이 중요하다.

-52-
뛰어넘기 거장 K씨

키코 루레이로 스타일의 스키핑 프레이즈

· 초절정 2회 연속 스키핑에 도전하라!
· 합리성을 중시하는 변칙 피킹에 익숙해져라!

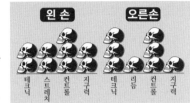

LEVEL ✦✦✦✦✦ 목표 템포 ♩= 140   모범연주 TRACK 103
반 주 TRACK 104

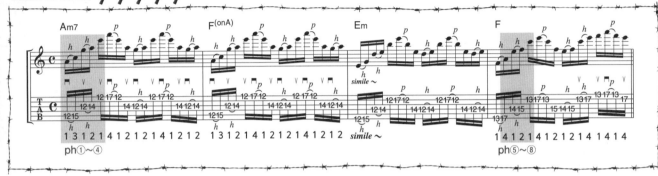

스키핑의 진화계열 키코 스타일의 줄 뛰어넘기 프레이즈에 도전하자. 5번 줄→3번 줄, 3번 줄→1번 줄 등으로 줄 뛰어넘기를 2회 반복하고 있으므로 정확한 줄 이동 능력이 필요하다. 또한, 왼손과 오른손 모두 확실하게 줄 이동을 할 수 있어야 한다. 각 줄의 간격을 양손에 익혀서 리드미컬하게 연주하자!

위의 악보를 연주할 수 없는 사람은 이것으로 수행하라!

초급 우선은 8분음으로 2단계 줄 뛰어넘기 포지션을 확인하자.

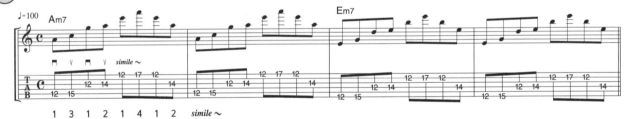

중급 이어서 16분음 프레이즈로 1단계씩 스키핑을 연습하자.

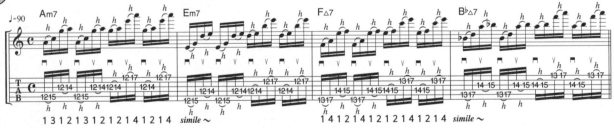

고급 하강하는 패턴을 추가한 2단계 스키핑에 도전하자!

<지옥의 메커니컬 기타 트레이닝 (2) - 사랑과 열반의 테크닉 강화편>에서

116

주의점 1 이론

엄청나게 어렵지만 심플한!? 2단계 줄 뛰어넘기 포지션

TAB악보만 보고 이 프레이즈를 곧바로 연주하기 시작하는 것은 무모한 일이다. 우선은 이 프레이즈에서 사용하고 있는 2단계 스키핑의 코드 톤 포지션을 확인하기 바란다(**그림1**). 이 코드 톤은 4성으로 구성되어있으며, 포지셔닝은 의외로 심플하다. 1줄에 2음을 배치해서 마이너 7th와 메이저7th 모두 5번 줄 루트와 6번 줄 루트가 같은 형태로 되어 있다. 1줄에 2음씩 올리므로 펜타토닉에서 줄을 뛰어넘는 듯한 이미지를 가지면 연주하기 쉬울 것이다. 우선은 이 포지션을 확실하게 머릿속에 넣어두기 바란다.

그림1 2단계 스키핑의 코드 톤 포지션 ◎루트음

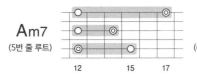
Am7 (5번 줄 루트)
12   15   17

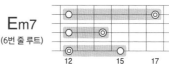
Em7 (6번 줄 루트)
12   15   17

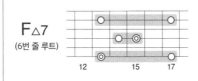
F△7 (6번 줄 루트)
12   15   17

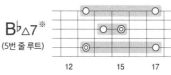
B♭△7※ (5번 줄 루트)
12   15   17

※ 메인 프레이즈에서는 사용하지 않지만 중급, 고급 프레이즈에서 등장한다.

주의점 2 오른손

합리성을 중시한 변칙 얼터네이트 피킹

1마디째 1&2박째를 예로 들어서 2단계 줄 뛰어넘기 피킹 방법을 해설하겠다. 이곳은 기본적으로 아웃사이드 피킹을 한다. 따라서 우선은 줄 이동 후에 3번 줄은 아래에서 줄을 거는 느낌의 업 피킹으로 연주하자(**사진①~②**). 일반적인 얼터네이트 법칙에서 3번 줄은 다운이 되지만 연주의 편리함을 고려해서 업으로 연주하기 바란다. 이어서 1번 줄은 3번 줄 해머링 중에 다운 헛 스트로크를 넣으면서 줄 뛰어넘기를 하고, 마찬가지로 업으로 연주하자(**사진③~④**). 리듬 유지를 위해서는 다운↔업을 반복하는 얼터네이트의 규칙성을 지키는 것이 좋다. 그러나 피킹의 난이도가 높은 프레이즈에서는 **합리성[주]**을 중시하는 편이 좋다.

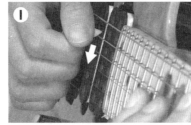
5번 줄을 다운하고, 해머링 후에 3번 줄로 이동한다.

3번 줄을 업. 이 다음에 해머링한다.

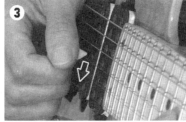
변칙 피킹을 위해서 다운 헛 스트로크를 넣어서 줄 이동.

1번 줄을 업 피킹하자.

주의점 3 왼손

해머링과 거의 동시에 1번 손가락 줄 이동을 하자!

이 프레이즈에서 핑거링이 특히 어려운 곳은 4마디째 1&2박째일 것이다. 이와 같은 스트레치를 포함한 줄 뛰어넘기 프레이즈는 다음 음의 지판누르기를 고려하면서 연주할 필요가 있다. 우선 4번 손가락 6번 줄 17프렛 운지 때에는 미리 1번 손가락을 4번 줄 위로 이동시켜둔다(**사진⑤**). 다음은 2번 손가락 해머링 후의 1번 손가락의 줄 이동이다. 해머링을 하기 때문에 1번 손가락은 떼지 않는다. 따라서 2번 손가락의 해머링음이 나온 순간에 1번 손가락 이동을 시작하는 것이 좋다(**사진⑦**). 신속하면서도 정확한 운지를 목표로 연주하기 바란다.

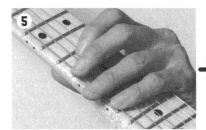
6번 줄 17프렛 운지. 1번 손가락을 4번 줄로 이동시켜둔다.

4번 줄 14프렛을 누르면서 인접한 줄을 뮤트하자.

15프렛을 해머링하는 동시에 1번 손가락 이동을 의식하자.

1번 손가락으로 2번 줄 13프렛을 누른다. 인접한 줄을 뮤트하자.

[합리성] 항상 합리적인 플레이를 추구하는 것은 연습에서도 마찬가지다. 잠시 만화를 읽거나 게임을 하는 등, 연습 이외의 일을 하고 있지는 않은가? 그런 시간 낭비를 줄이고 기타에만 집중하라!

53

야전의 전설 ~4~ '후폭풍'

조지 린치 스타일의 와이드 스트레치 레가토

- 스트레치 트릴을 마스터하라!
- 남은 줄 뮤트를 완벽하게 하자!

LEVEL 💀💀💀💀

목표 템포 ♩= 130

모범연주 TRACK 105
반 주 TRACK 106

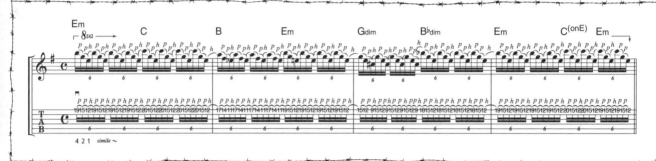

조지 린치 스타일의 여섯잇단음 레가토 프레이즈. 전체적으로 매우 넓게 스트레치를 하므로 왼손 사용방법에 주의하자. 넥 뒤의 왼손 엄지손가락 위치와 방향, 넥을 잡는 방법에 아이디어를 동원해 손가락을 최대한 펼치자. 포지션 이동을 하더라도 각 음이 깔끔하게 연결되도록 플레이하자!

위의 악보를 연주할 수 없는 사람은 이것으로 수행하라 !

초급 셋잇단음 1번 줄 하강 프레이즈. 레가토 기초연습을 하라!

중급 16분음 기초연습. 포지션 이동과 해머링&풀링을 트레이닝하자!

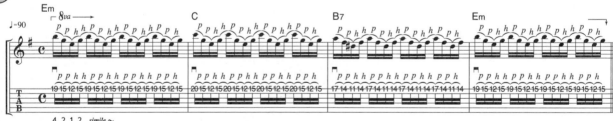

고급 메인 프레이즈와는 다른 여섯잇단음 레가토 엑서사이즈. 왼손을 매끄럽게 움직이자.

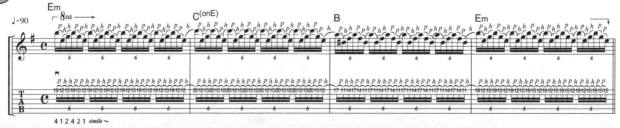

<지옥의 메커니컬 기타 트레이닝 - 입대편>에서

118

주의점 1  왼손

아랫방향으로 미끄러뜨리듯이 4번 손가락 풀링을 하자!

메인 프레이즈와 같은 1번, 2번, 4번 손가락 레가토 플레이에서는 4번 손가락 풀링이 포인트다. 4번 손가락은 원래 손가락 힘이 약하므로 풀링 소리가 작아지기 쉽다. 하지만 이 프레이즈는 1번 줄만 사용한다. 따라서 4번 손가락을 넥 아래쪽으로 미끄러뜨리는 느낌으로 줄을 걸면 확실하게 소리를 낼 수 있을 것이다(그림1). 이때 핑거링의 축이 되는 1번 손가락은 확실하게 지판을 누르고 있어야 한다. 1번 손가락 운지가 약하면 1번 줄이 넥에서 벗어나 음이 끊어질 수 있다. 4번 손가락과 1번 손가락 모두의 움직임에 주의하면서 레가토를 강력하고 매끄럽게 하기 바란다.

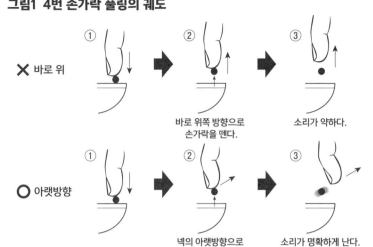

그림1 4번 손가락 풀링의 궤도

✕ 바로 위
① ② 바로 위쪽 방향으로 손가락을 뗀다. ③ 소리가 약하다.

○ 아랫방향
① ② 넥의 아랫방향으로 손가락을 뗀다. ③ 소리가 명확하게 난다.

주의점 2 왼손 오른손

1번 손가락을 2번 줄 쪽으로 뻗어서 남는 줄을 뮤트하자

메인 프레이즈와 같은 초와이드 스트레치에 익숙하지 않은 기타리스트는 아무래도 왼손이 너무 크게 날뛰듯이 움직일 수 있다. 따라서 2번 줄에 실수로 손가락이 닿아 노이즈가 발생하는 경우가 많다. 그러므로 남는 줄 뮤트에 주의할 필요가 있다. 기본적으로는 1번 손가락 끝을 2번 줄에 대서 쓸데없는 진동을 억제시키는 것이 좋다(사진①~③). 초와이드 스트레치에서는 이처럼 1번 손가락을 2번 줄로 뻗기는 상당히 힘들 것이다. 하지만 노이즈가 많은 연주는 절대 용납할 수 없으므로, 넥 뒤 왼손 엄지손가락의 위치와 방향, 넥을 잡는 방법을 연구해서 1번 손가락으로 남은 줄 뮤트를 확실하게 하기 바란다. 건초염[주]에 주의하면서 연습하자!

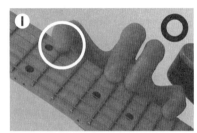

정확하게 스트레치해서 2번 줄을 뮤트하자!

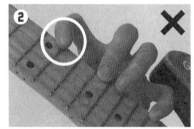

1번 손가락이 2번 줄에 닿아있지 않으면 노이즈가 발생하기 쉽다.

뮤트에는 오른손도 활용하자!

칼럼 36

지옥의 칼럼

저자 코바야시 신이치가 말하는 조지 린치

조지 린치는 저자에게 많은 영향을 준 기타리스트 중 한 명이다. 조지 린치는 파워 코드에도 강렬한 비브라토를 걸어서 기타 리프를 풍부한 표정으로 플레이한다. 상식적으로는 상상할 수 없는 타이밍에서 프레이즈 연주를 시작하거나 악센트를 넣는 경우도 있다. 저자 개인적으로는 '노래하는 리프'와 '독특한 타임감'의 2가지가 그의 독자성이라고 생각한다. 사실은 저자도 조지 린치의 플레이를 아직 정확하게 분석하지 못했다. 그만큼 깊은 내공의 플레이라고 말할 수 있다. 꼭 체크해보기 바란다.

Dokken
<Tooth And Nail>

1984년에 발표된 2nd 앨범. 애수가 담긴 멜로디와 공격적인 기타가 절묘한 밸런스로 밀고 당기는 L.A. 메탈의 명반.

Lynch Mob
<Wicked Sensation>

조지 린치가 도켄을 탈퇴한 후에 결성한 밴드의 데뷔작. 더욱 헤비하고 공격적인 기타 플레이가 작열한다.

[건초염] 기타 수행을 좋아하는 슈퍼 마조히즘 계열 기타리스트의 천적. 일단 건초염에 걸리면 재발의 위험이 있으므로 주의가 필요 궤다. 연습에 몰두하는 것은 좋지만 적당한 휴식을 취하도록 하자.

54

야전의 전설 ~5~ '기이한 기술'

스티브 바이 스타일의 태핑&레가토 엑서사이즈

- 와이드 스트레치를 완전공략하라!
- 세밀한 음표들의 변화에 정확하게 대응하자!

LEVEL ✦✦✦✦✦ 목표 템포 ♩= 150

모범연주 TRACK 107
반　 주 TRACK 108

왼 손				오른손			
테크닉	스트레치	컨트롤	지구력	테크닉	리듬	컨트롤	지구력

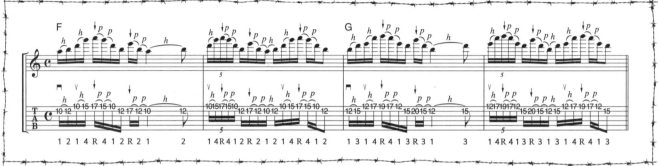

스티브 바이 스타일의 고난이도 태핑&레가토 엑서사이즈. 왼손은 와이드 스트레치를 많이 하기 때문에 컨트롤 능력은 물론 내구력도 필요하다. 하강 때의 왼손 2번 손가락&3번 손가락은 모두 태핑이므로 확실히 소리를 내도록 하자. 끝까지 리듬이 흐트러지지 않도록 하자!

위의 악보를 연주할 수 없는 사람은 이것으로 수행하라!

초급 8분음 위주의 스트레치 엑서사이즈. 손가락을 정확히 벌리자.

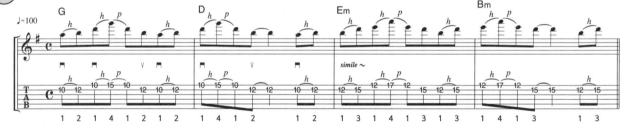

중급 스트레치+태핑의 발전 엑서사이즈. 태핑 포지션도 익히자!

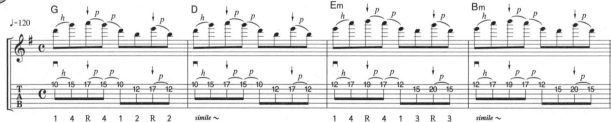

고급 2박자 반 프레이즈 엑서사이즈. 메인 프레이즈의 흐름을 확인하라!

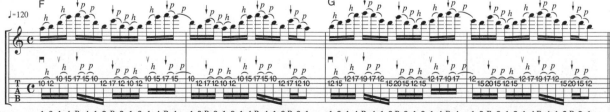

<지옥의 메커니컬 기타 트레이닝 - 입대편>에서

주의점 1 이론
신비한 분위기를 내는 펜타토닉 필살 활용법

메인 프레이즈는 스티브 바이 스타일로, 스티브 바이다운 텐션음을 사용한 독특한 프레이징이다. 하지만 여기에 사용된 스케일은 E마이너 펜타토닉 뿐이다. 이 프레이즈의 키는 C메이저이므로 보통은 C메이저 펜타토닉(A마이너 펜타토닉)을 사용하는 경우가 많지만, 의도적으로 E마이너 펜타토닉을 사용해서 텐션음을 추가하고 있다(그림1). 또한 1&2마디째는 F코드를 뒤에 깔면서 F음은 전혀 사용하지 않으므로 솔로 플레이와 백킹이 맞지 않는 미스테리어스한 분위기를 낼 수 있다. 참고로 정식 스케일 이름[주]은 1&2마디째는 F리디안, 3&4마디째는 G믹솔리디안이다.

그림1 마이너 펜타토닉을 활용한 응용 포지션
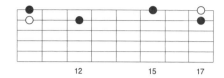
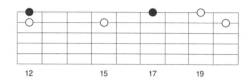

의도적으로 E마이너 펜타토닉 스케일을 사용해서 텐션음을 자연스럽게 더할 수 있다.

주의점 2 이론
단어를 이용해서 노래하면서 연주하자!

메인 프레이즈 2&4마디째 1~3박째는 다섯잇단음과 16분음으로 이루어져 있다. 따라서 리듬의 변화에 주의하자. 다섯잇단음은 8분음이나 셋잇단음에 비해 리듬을 잡기 힘들기 때문에 5문자의 단어를 사용해서 노래하면서 연주하면 좋다. 2박째는 다섯잇단음에서 16분음으로 변화하는데, 실수로 16분음을 다섯잇단음으로 연주하지 않아야 한다. 16분음은 4문자의 단어를 사용하면 되지만, 3박째로의 매끄러운 연결을 고려해서 3박째 1음째까지를 세트로 해서 리듬을 잡자. 1박째=5문자, 2박째=4문자, 3박째=1문자이기 때문에 '지옥의기타, 코바야시, 예'라는 식으로 노래하면서 연주하기 바란다(그림2).

그림2 다섯잇단음+16분음 프레이즈의 리듬 잡는 방법
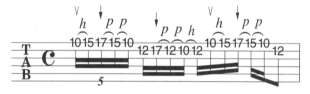

3박째 1음째까지를 세트로 생각하면 음을 매끄럽게 연결시킬 수 있다.

칼럼 37
지옥의 칼럼

잉베이와 마찬가지로 스티브 바이도 지옥 독자에게는 설명할 필요가 없는 초절정 기타계의 톱 아티스트일 것이다. 압도적인 테크닉을 토대로 한 트리키하고 색다른 플레이는 음악이라는 장르를 뛰어넘음은 또 하나의 아트라 해도 과언이 아니다. 버클리 음악대학 시절에 배운 채보 능력은 프랭크 자파도 인정할 정도이며, 자신의 악곡도 기보작업으로 만드는 경우가 있다고 한다. 스티브 바이는 '테크닉, 표현력, 이론', 그 모든 면에 있어서 세계 최고봉의 실력을 가진 기타 히어로의 정점이라 할 수 있다.

저자 코바야시 신이치가 말하는 스티브 바이

Steve Vai
<Passion And Warfare>
1990년에 발표된 기타 인스트루멘털 명반. 초절정 기교와 다채로운 사운드가 가득하며 그의 높은 음악성을 잘 증명해준다.

Steve Vai
<Sex&Religion>
엄청난 실력의 뮤지션을 모아서 제작한 앨범. 전위적인 면과 매력을 절묘한 밸런스로 융합한 역작.

[정식 스케일 이름] 스케일의 구성을 살펴보자. 1&2마디째의 F리디안은 F음, G음, A음, B음, C음, D음, E음, 3&4마디째의 G믹솔리디안은 G음, A음, B음, C음, D음, E음, F음으로 구성되어 있다.

55

레가토 근육은 키우고 있는가?

태핑을 사용한 고속 레가토 프레이즈

- **레가토 근육을 강인하게 단련시켜라!**
- **왼손 태핑에 의한 줄 이동에 익숙해지자!**

LEVEL ✦✦✦✦✦

목표 템포 ♩= 125

모범연주　TRACK 109
반　　주　TRACK 110

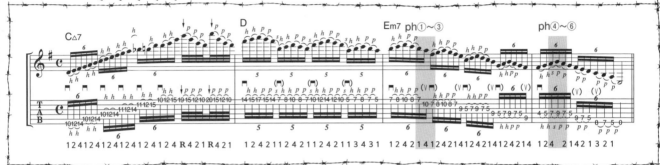

왼손 테크닉의 집대성이라고 할 수 있는 초절정 레가토 프레이즈. 피킹으로 속이지 말고, 해머링&풀링을 단련시켜 흐르듯이 멜로디를 연주하자. 왼손이 주도하는 리듬감을 키우는 동시에 강인한 핑거링 능력=레가토 근육을 단련시키자!

위의 악보를 연주할 수 없는 사람은 이것으로 수행하라!

초급 우선은 상승 프레이즈에서 태핑으로 흐르는 리듬의 변화에 익숙해지자.

중급 다섯잇단음 프레이즈. 해머링&풀링음을 부드럽게 연결시키자.

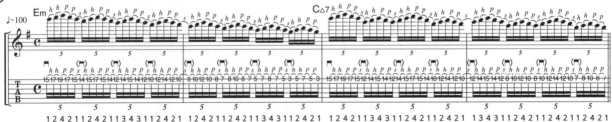

고급 줄 이동 때의 왼손 4번 손가락 태핑(넌 피킹 해머링)이 어렵다. 지판을 누르는 힘을 키워라!

<지옥의 메커니컬 기타 트레이닝 (1)>에서

주의점 1 왼손

지판을 누르는 힘과 뮤트가 시험 받는 왼손 태핑

이 프레이즈에는 3마디째에 넌 피킹으로 음을 연결해가는 부분이 등장한다. 여기서는 줄 이동 최초의 음을 해머링으로 연주해야 하므로, 핑거링이 약간 힘들다. 일반적인 해머링은 이미 음이 울리고 있는 줄을 두드리므로 소리를 내기 쉽다. 그러나 이 프레이즈처럼 아무 것도 울리지 않는 줄을 갑자기 왼손으로 태핑처럼 두드려서 음을 내는 힘들다. 따라서 평소보다 약간 크게 휘둘러 해머링을 해야 한다. 다만 남은 줄에 닿아서 노이즈가 발생하지 않도록 주의하자. 사진은 3마디째 1박째부터 2박째를 촬영한 것으로, 1번 손가락으로 1~3번 줄까지를 뮤트하면 좋을 것이다(사진②). 이때 오른손으로 저음줄 쪽을 뮤트해 두는 것도 중요하다.

1번 줄 7프렛 운지에서는 4번 손가락을 크게 휘두른다.

2번 줄 10프렛 4번 손가락 해머링. 1번 손가락으로 뮤트하자.

4번 손가락 풀링. 음이 작아지지 않도록 주의하자.

주의점 2 왼손

슬라이드와 함께 다른 손가락의 지판 누르기 준비를 하자!

이 프레이즈는 전체적으로 난이도가 높다. 4마디째 1박째에 등장하는 슬라이드에는 주의하기 바란다(사진④~⑥). 여기서는 4번 손가락 슬라이드와 동시에 그 뒤의 2번, 1번 손가락의 지판 누르기 준비를 해두자. 슬라이드를 하면서 다음 포지션을 누르기는 어렵지만, 평소부터 스케일 연습을 해두면 대응할 수 있을 것이다. 참고로 브릿지 쪽의 지판을 누르면 소리를 내기 쉬우므로 이러한 초절정 레가토 프레이즈에서는 그 점을 의식하면서 연주하기 바란다. 또한 이 프레이즈는 여섯잇단음, 다섯잇단음, 그리고 32분음이 나오는 등 음표 배분이 세밀하게 변화하므로 리듬 변화에 주의하자. 스케일은 E내추럴 마이너 스케일 전체의 포지셔닝을 염두에 두고 연주하기 바란다.

4번 손가락 4번 줄 7프렛 운지. 슬라이드 준비를 해두자.

4번 손가락 슬라이드. 다른 손가락 운지가 무너지지 않도록 하자!

4번 손가락 풀링. 1번 손가락으로 남은 줄을 뮤트해두자.

칼럼 38

지옥의 칼럼

여기서는 레가토의 명플레이를 들어볼 수 있는 앨범을 소개하겠다. 우선 레가토의 명수라고 하면 앨런 홀스워스. 상당히 큰 손을 가진 그가 와이드 스트레치로 하는 레가토 플레이는 초절정 중의 초절정이다. 그가 몸담았던 전설의 프로그레시브 밴드 U.K.의 1st 앨범 <U.K.>에 수록된 'In The Dead Of Night'은 듣기 좋아 추천한다. 다음은 조 새트리아니의 2nd 솔로 앨범을 체크해보자. 스피디하고 기분 좋은 레가토를 들을 수 있다. 마지막은 더그 앨드리치의(ex. Bad Moon Rising) 연주를 추천한다. 그는 클래식 폼으로 종종 멋진 레가토를 연주한다.

프로에게 배우자! 레가토 명음반 소개

U.K.
<U.K.>

Joe Satriani
<Surfing With The Alien>

Bad Moon Rising
<Bad Moon Rising>

56

Steve Vai 스타일

지구력을 키우는 스트레치 태핑 프레이즈

- **왼손&오른손의 5손가락 연주 감각을 배워라!**
- **지판을 와이드하게 사용하는 감성을 연마하라!**

LEVEL ✦✦✦✦

목표 템포 ♩= 130

모범연주　TRACK 111
반　주　TRACK 112

수많은 기타 키즈의 마음을 사로잡은 스티브 바이. 여기서는 그의 장기인 지판을 와이드하게 사용하는 프레이즈를 소개하겠다. 하이 센스&하이 스피디한 태핑 프레이즈에 도전해서 오른손의 표현력을 더욱더 단련시키자!

위의 악보를 연주할 수 없는 사람은 이것으로 수행하라!

초급 우선은 지판을 와이드하게 사용하는 감각을 익히자. 태핑 위치에 주의!

중급 8분음 7음 연습으로 유사 일곱잇단음 리듬에 익숙해지자!

고급 다음은 16분음에 적용시켜, 균등한 스피드로 7음을 연주하자!

<지옥의 메커니컬 기타 트레이닝 (1)>에서

주의점 1　왼손 오른손

폭넓은 음정을 사용하는 바이 스타일 태핑 플레이

스티브 바이의 장기인 폭넓은 음역을 사용한 프레이즈를 연주하기 위해서는 보통과는 다른 왼손과 오른손 '감각'을 키울 필요가 있다. 이 프레이즈는 1마디째에서 바이 스타일이 강한 운지가 등장한다. 여기서는 3번 줄 7프렛을 3번 손가락으로 초킹한 상태로 3번 줄 17프렛을 태핑(**사진①**). 이어서 그 상태로 초크 다운하고(**사진②**) 풀링을 한다(**사진③**). 이 초크 다운을 한 순간에 왼손 1번 손가락을 3번 줄 12프렛으로 단숨에 이동시킨다. 프레이즈 자체는 심플하지만 포지션 체인지의 타이밍이나 정확한 지판 누르기 등 주의할 점이 많다. 참고로 이후의 19프렛 태핑 비브라토는 오른손이 아니라 왼손으로 걸자.

초킹한 상태로 3번 줄 17프렛을 태핑.

태핑한 상태로 왼손은 초크 다운.

오른손 풀링. 1번 손가락으로 3번 줄 12프렛을 눌러둔다.

주의점 2　이론

고속 일곱잇단음 프레이즈는 1마디를 단숨에 연주하라!

후반부의 2마디 고속 태핑을 연주하기 위해서는 우선 스케일을 확인하고 포지션의 흐름을 이해할 필요가 있다(**그림1**). 실제로 연주할 때에는 우선 일곱잇단음은 의식하지 않고, 태핑이 들어갈 때까지를 하나의 구간으로 프레이즈를 나누면서 연습하는 것이 좋다. 이것에 익숙해지면 다음은 7음씩 나눠서(1박마다) 연주하고, 서서히 템포를 올리자. 다만 일곱잇단음은 템포를 조금이라도 올리면 어디를 연주하고 있는지 알 수 없게 되는 경우가 있다. 이것을 방지하기 위해서는 단숨에 연주하는 것이 중요하다. 즉 '한 마디 안의 일곱잇단음×4박의 28음을 연주한다'라는 감각을 가진다면 7음이라는 어중간한 리듬에 당황하지 않고 매끄럽게 음을 연결시킬 수 있을 것이다.

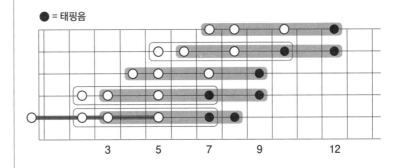

그림1　A내추럴 마이너 스케일

● = 태핑음

4음이 하나의 조합으로 되어있다.

칼럼 39

지옥의 칼럼

의외의 함정 태핑의 방향에 신경쓰자

태핑은 저음줄 쪽과 고음줄 쪽 중 어느 쪽을 향하는 것이 좋을까? 여기에 주목하는 사람은 의외로 적다. 일반적으로는 1번 손가락을 약간 구부려서 저음줄 쪽으로 거는 사람이 많은 것 같다(**그림2-a**). 다만 지금까지의 손 사진에서 눈치를 챈 독자도 있을지 모르지만, 저자는 그 반대인 고음줄 쪽으로 거는 경우가 많다(**그림2-b**). 다운 피킹의 연장으로 아래 방향으로 거는 것인데, 확실히 이 방법을 1번 줄에서 하면 줄이 삐져나갈 위험이 있다. 그러나 반대로 2번 줄에 오른손이 닿지 않는다는 장점도 있다. 결론은 어느 쪽이든 상관없다. 이러한 세세한 것들이 고속연주를 가능하게 해준다.

그림2-a

저음줄 쪽으로 건다

손가락을 구부려서 구멍을 파는 느낌으로 태핑한다.

그림2-b

고음줄 쪽으로 건다

손가락을 똑바로 세워서 태핑한다.

57

자연보호에도 좋은 에코 기타

리듬변화를 동반하는 상승&하강 이코노미 프레이즈

- **복잡한 리듬의 이코노미 피킹에 도전하라!**
- **상승&하강 이코노미 피킹을 완전 마스터하라!**

왼 손	오른손
테크닉 스트레치 컨트롤 지구력	테크닉 리듬 컨트롤 지구력

LEVEL ★★★★★

목표 템포 ♪=140

모범연주 **TRACK 113**
반 주 **TRACK 114**

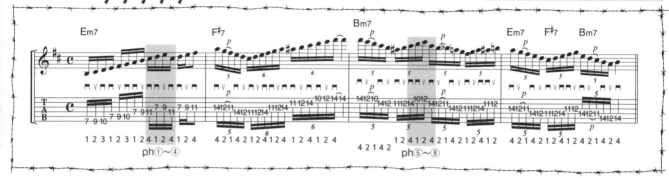

여기서는 상승&하강하는 이코노미 프레이즈를 연습해보자. 이코노미의 대표적인 패턴인 상승 때의 2회 연속 다운 피킹을 비롯해서 16분음, 여섯잇단음표, 나아가 약간 복잡한 다섯잇단음표 리듬 패턴에도 익숙해지자! 어떠한 리듬에도 정확하게 대응할 수 있는 피킹 능력을 익히자!

위의 악보를 연주할 수 없는 사람은 이것으로 수행하라!

초급 우선은 기본인 3음 세트 상승 프레이즈를 연습하자.

중급 이코노미 2줄 왕복 프레이즈에 익숙해지자!

고급 메인 프레이즈의 다섯잇단음 패턴을 16분음→다섯잇단음의 순서로 집중 트레이닝하라!

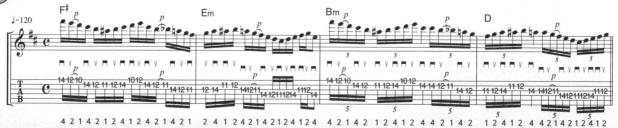

<지옥의 메커니컬 기타 트레이닝 (2) – 사랑과 열반의 테크닉강화편>에서

주의점 1  왼손

피킹뿐만 아니라 핑거링도 효율적으로!

이코노미 프레이즈에는 **1줄에 3음을 배치하는 패턴[주]**이 많다. 전체적으로 3음 1세트로 누르면 원활하게 프레이즈를 연결시킬 수 있을 것이다. 그러나 1마디째 3박째처럼 상승 중에 1음만 하강하는 부분에서는 주의하기 바란다. 여기서는 우선 4번 손가락으로 4번 줄 11프렛을 누르고 있을 때 다음에 누를 1번 손가락을 3번 줄 위로 이동시켜주자(**사진①**). 다만, 3번 줄로 이동한 후, 다시 4번 손가락이 4번 줄 11프렛으로 되돌아 갈 때에는 1번, 2번 손가락은 3번 줄을 누른 상태로 대기시켜두는 것이 중요하다(**사진④**). 이렇게 함으로써 쓸데없는 움직임이 적은 줄 이동이 가능하며, 결과적으로 노이즈가 없는 연주를 할 수 있을 것이다.

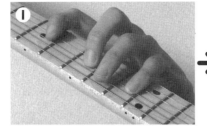

4번 줄 11프렛 4번 손가락 운지. 1번 손가락은 3번 줄로 이동.

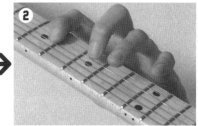

1번 손가락은 3번 줄 7프렛을 누르고, 인접한 줄에 대서 뮤트한다.

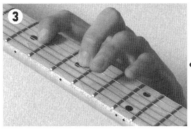

3번 줄 9프렛을 2번 손가락으로 누른다. 뮤트를 위해서 1번 손가락은 줄에서 떼지 않는다.

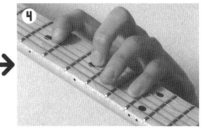

4번 손가락으로 4번 줄 11프렛을 누른다. 1번 손가락, 2번 손가락은 3번 줄에 남긴다.

주의점 2  오른손

피킹 순서는 앞을 내다보고 정하자!

스케일을 상승하는 이코노미 피킹 프레이즈에서는 1줄에 3음을 배치하는 패턴이 많다. 그렇기 때문에 피킹은 '다운→업→다운'이 되며, 이 3번의 피킹을 1세트로 연주한다. 3마디째 2~3박째에는 하강 줄 이동이 등장하는데, 3회 1세트의 응용 패턴으로 연주하기 바란다. 여기서는 2번 줄에서 1번 줄로 '다운→다운' 이코노미 피킹을 한 후, 1번 줄을 업, 2번 줄을 다운으로 연주한다(**사진⑤~⑧**). 이때, 2번 줄을 업 이코노미 피킹으로 연주하면 피킹 순서가 바뀌어 그 뒤에 나오는 상승 프레이즈를 다운 이코노미로 연주할 수 없게 된다. 그러므로 1번 줄에서 2번 줄로 이어지는 3음은 이코노미의 기초세트인 '다운(1번 줄)→업(1번 줄)→다운(2번 줄)'으로 연주하자.

2번 줄 14프렛을 다운. 이대로 이코노미 피킹에 들어간다.

1번 줄 10프렛을 다운 이코노미로 연주한다.

1번 줄 12프렛을 업으로 연주한다. 이 다음 2번 줄로 이동한다.

2번 줄 14프렛을 다운 피킹한다.

칼럼 40
지옥의 칼럼

제대로 절약을 하지 못한 저자의 슬픈 체험기

이코노미 피킹은 기타에 어느 정도 익숙해진 후에 흥미를 가지게 되는 테크닉이다. 그도 그럴 것이 이코노미 피킹을 하고 싶어서 기타를 시작하는 사람은 없겠죠?(웃음) 저자도 학창시절, 어느 정도 기타 실력이 향상되어 얼터네이트 피킹에 자신이 붙게 되었을 때, 다음 단계인 이코노미 피킹 프레이즈에 도전하려고 했다. 그리고 딱 1개월 후에 학교축제가 예정되어 있어서 거기서 실력을 보여주려고 했다. 그 후, 실제로는 2초 정도만 연주하는데도 매일 이코노미 연습에 빠져 있었다. 그리고 학교 축제 당일. '오늘은 그 누구보다 빠른 프레이즈 연주를 보여주겠어! 나의 이코노미 기념일이다'라며 단단히 기합이 들어간 저자. 하지만 비극은 라이브 본 공연에서 일어났다. 이

코노미 피킹 프레이즈 직전에 등장하는 풀 피킹 프레이즈를 도저히 연주할 수가 없었다. 냉정함을 잃어버린 저자는 무모하게도 이코노미 프레이즈까지 얼터네이트로 연주해버렸다. 그 결과, 비참하게 추락. 이렇게 해서 '이코노미 기념일'은 '이코노미 봉인일'이 되어버렸다. 역시 이코노미만 연습하는 것은 좋지 않다. 연습 내용의 밸런스를 좀 더 배려했어야 했다. 이코노미를 연주하고 싶다고 해서 다른 테크닉 연습을 절약해서는 안 된다. 이것이 교훈이다.

기타리스트 인생을 걸고 맹연습한 테크닉을 전혀 써먹지 못하고 절망에 빠진 기타리스트의 모습.

[1줄에 3음을 배치하는 패턴] 펜타토닉 이외의 스케일을 사용하는 이코노미 피킹 프레이즈에서는 '반드시'라고 해도 좋을 정도로 등장하는 패턴. 대표적인 포지션이므로 손이 기억할 정도로 완벽하게 익히자.

-58-
펜타토닉도 다섯잇단음부터!

다섯잇단음 펜타토닉 프레이즈

- 약간 변칙적인 리듬, 다섯잇단음에 익숙해지자!
- 펜타토닉 이코노미 피킹을 연습하자!

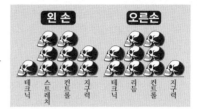

LEVEL ★★★★

목표 템포 ♩=120

모범연주　TRACK 115
반　　주　TRACK 116

여기서는 록에서 빼놓을 수 없는 펜타토닉 응용 프레이즈에 도전하자. 5음으로 구성된 펜타토닉을 다섯잇단음이라는 약간 복잡한 리듬을 통해서 수련하자. 프랭크 갬벨 스타일의 이코노미 피킹도 잘 살피면서 연주하기 바란다.

위의 악보를 연주할 수 없는 사람은 이것으로 수행하라!

초급 우선은 8분음으로 5음을 연주하면서 다섯잇단음의 감각을 익히자.

중급 이어서 16분음 중심으로 세밀하게 5음을 연주하자.

고급 16분음의 5음 프레이즈를 이코노미로 연주하면서 피킹에 익숙해지자.

<지옥의 메커니컬 기타 트레이닝 (1)>에서

128

주의점 1 이론

약간 복잡한 다섯잇단음의 리듬을 잡는 방법

이 프레이즈에서 등장하는 다섯잇단음은 1박을 5개로 나눈 리듬. 수학적으로 '5'라는 숫자는 계산하기 쉽지만, 음악적으로는 그렇지 않다. 다섯잇단음은 절반으로 나눌 수 없기 때문에 리듬을 잡기가 매우 힘들다. 그래서 '일, 이, 삼, 사, 오'와 같이 다섯 글자로 된 단어를 말하면서 연습하면 좋다(그림1). 이렇게 하면 1박에 담을 수 있는 리듬이 보이므로 프레이즈를 파악하기 쉬워진다. 또한 다섯 글자 단어의 앞머리를 바꾸면서 연습하면 박자의 변화를 더욱 파악하기 쉬워진다. 반드시 시도해보자.

그림1 다섯잇단음의 리듬을 잡는 방법

일 이 삼 사 오   이 이 삼 사 오   일 이 삼 사 오   이 이 삼 사 오

다섯 문자의 단어를 말하면서 연주하면 리듬을 잡기 쉽다.

주의점 2  이론

1줄에 3음을 연주하는 초절정 펜타토닉 포지션

일반적으로 펜타토닉 스케일은 1줄에 2음을 넣는 박스 타입을 사용하는 경우가 많다(그림2 -a). 이것은 블루스 등 초킹을 많이 사용하는 스타일에 잘 맞기 때문일 것이다. 그러나 80년대 후반부터 등장한 초절정 플레이의 흐름과 함께 펜타토닉에 대한 관점도 조금씩 바뀌고 있다. 1줄에 3음을 넣는 와이드 스트레치(그림2-b) 연주 패턴이 출현하면서 폴 길버트와 프랭크 갬벨 등이 많이 사용하고 있다. 특히 갬벨의 연주가 압권으로 펜타토닉을 코드 톤처럼 스위프와 이코노미로 연주한다. 독자 여러분도 꼭 한번 펜타토닉 포지션을 다양하게 연구해보기 바란다.

그림2-a ◎루트음=E

E마이너 펜타토닉의 1줄에 2음을 넣는 박스 타입

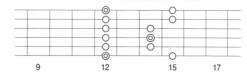

블루스 등 초킹을 많이 하는 스타일에 잘 어울린다.

그림2-b

E마이너 펜타토닉의 1줄에 3음을 넣는 박스 타입

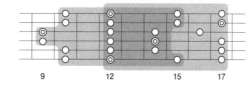

80년대 이후의 테크니컬 기타에 잘 어울린다.

주의점 3 왼손

상승 스위프 프레이즈는 2번 손가락을 중심으로 이동!

이 프레이즈에서 우선 주의해야 할 포인트는 1마디째의 1음 단위와 3음 단위를 줄마다 교대로 연주하면서 상승한다는 것이다. 사진은 1&2박째다. 5번 줄 14프렛(4번 손가락)에서 4번 줄 12프렛(2번 손가락), 3번 줄 9프렛(1번 손가락)으로 이코노미 피킹으로 연결시키고 있다. 여기서는 4번 줄 12프렛을 누르는 2번 손가락을 중심으로 프레이즈를 연결해가면 스트레치와 줄 이동을 균형있게 할 수 있을 것이다. 3~4마디째에는 5음을 3음과 2음 형태로 나눈 하강 프레이즈가 등장한다. 다섯잇단음이지만 각각의 줄에서 얼터네이트를 한번씩 하고 있으므로 리듬을 잡기는 쉬울 것이다.

4번 손가락 운지. 다른 손가락도 스위프 형태로 들어가자.

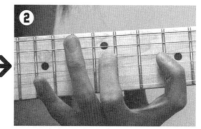

2번 손가락 운지. 손가락을 펼쳐서 1번 손가락 운지를 준비하자.

1번 손가락 운지. 인접한 줄의 뮤트를 잊지 말자.

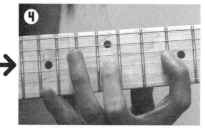

2번 손가락 운지. 여기서도 1번 손가락으로 남은 줄을 뮤트한다.

59

야전의 전설 ~6~ '꿈의 극장'

존 페트루치 스타일의 응용 리듬 스위프 솔로

지옥의 격언
- 변칙 스위프 포지션을 익히자!
- 스위프 후 반대방향 피킹에 주의하자!

	왼 손				오른손		
테크닉	스트레치	컨트롤	지구력	테크닉	리듬	컨트롤	지구력

LEVEL 🌟🌟🌟🌟🌟

목표 템포 ♩= 135

모범연주　TRACK 117
반　　주　TRACK 118

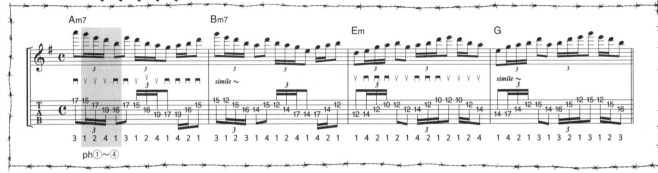

존 페트루치 스타일의 3줄 스위프 엑서사이즈. 리듬이 약간 변칙적이며 도중에 줄이 바뀌어 난이도가 높다. '업→다운' 또는 '다운→업' 스위프 후 반대방향 피킹에 주의하면서 스위프를 정확한 타이밍으로 연주하자!

위의 악보를 연주할 수 없는 사람은 이것으로 수행하라!

초급 8분음 기초연습. 메인 프레이즈 1마디째 포지션을 확인하자.

중급 메인 프레이즈의 리듬연습. 4분음과 셋잇단음을 정확하게 구분해서 연주하자!

고급 메인 프레이즈와 같은 1박자 반 프레이즈. 1번 줄 또는 2번 줄로 시작하는 스위프를 연습하라.

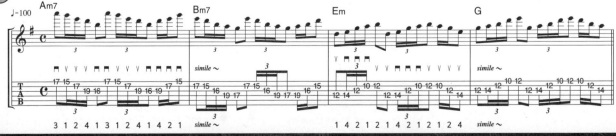

주의점 1　📖 이론

펜타토닉 스케일을 사용하는 응용 스위프 프레이즈

메인 프레이즈는 정통적인 트라이어드가 아닌 E마이너 펜타토닉으로 구성되어있다. 이 변칙 스위프 플레이는 원래 **프랭크 갬밸[주]**이 시작한 것으로 아마도 존 페트루치가 그의 플레이에서 배웠을 것이라 여겨진다. 포지션은 1번 줄 스타트와 2번 줄 스타트가 같으며 스타트 줄이 2음, 그 다음 줄이 1음, 마지막 줄이 2음의 형태가 된다(**그림1**). 실제 연주할 때에는 스타트한 줄에서 1음을 연주하고 그대로 비스듬한 스위프 이동으로 3음을 연주한 후, 도착한 줄에서 1음을 더 연주한다. 복잡하게 보이지만 포지션은 심플하므로 머리와 손가락에 확실하게 각인시키자.

그림1　펜타토닉 스케일을 사용한 응용 스위프 포지션

◎토닉=E음

· 메인 프레이즈 1마디째

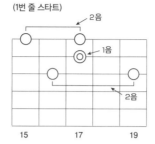

(1번 줄 스타트)

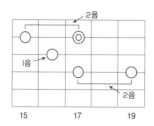

(2번 줄 스타트)

E마이너 펜타토닉의 변칙 포지션으로 되어있다.

주의점 2　👆 오른손

스위프와 반대 방향 피킹도 세트로 연습하자!

메인 프레이즈는 스위프 후의 반대 방향 피킹이 포인트다. 1마디째 1&2박째를 예로 들어 설명하겠다(**사진①~④**). 1번 줄 업 스위프를 시작으로 3번 줄에 도달했으면, 바로 피킹 방향을 바꾸어 다시 3번 줄을 다운으로 연주하자. 이 피크의 방향 전환이 늦어지면 프레이즈의 흐름이 무너지므로 주의하자. 특히 초보자의 경우 이러한 스위프 프레이즈에서 스위프 부분만 중점적으로 연습하기 쉽다. 스위프 후의 반대 방향 피킹을 세트로 연습하는 것이 중요하다.

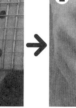

①②

1마디째 1박째. 1번 줄 15프렛을 업 피킹으로 연주하고…

그대로 2번 줄을 업 스위프.

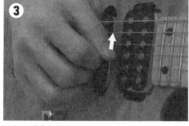

③

그 후 3번 줄을 업 스위프한 후…

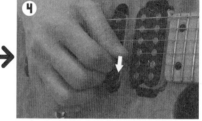

④

피크의 방향을 전환시켜 3번 줄을 다운으로 연주하자!

칼럼 41

지옥의 칼럼

저자 코바야시 신이치가 말하는 존 페트루치 2

존 페트루치는 프로그레시브와 메탈을 융합한 기타 히어로라고 말할 수 있다. 스티브 모스를 필두로 스티브 하우, 알렉스 라이프슨 등의 프로그레시브 계열, 그리고 스티브 바이와 메탈리카 등, 그의 루트가 되는 기타리스트는 상당히 다양하다. 그러한 수많은 스타일을 믹스해서 드림 시어터의 압도적인 초절정 기타로 승화시킨 점이 그의 뛰어난 센스를 보여주는 것이 아닐까? 현재도 매일 엄청난 양의 연습을 하고 있다고 한다. 항상 탐구심을 가지고 기타를 대하는 그의 자세도 배울 점이다.

Dream Theater
<Images And Words>

치밀하게 구축된 악곡과 다채로운 사운드를 들려주는 프로그레시브 메탈의 명작. 페트루치의 하이센스 기타가 가득하다.

Dream Theater
<A Change Of Seasons>

20분 이상에 달하는 대작을 수록한 강력한 작품. 7현 기타를 사용한 헤비하면서도 표현력 풍부한 플레이는 꼭 들어보자!

[프랭크 갬밸] 스위프(이코노미) 피킹의 원조로 폴 길버트를 비롯한 많은 초절정 기타리스트에게 큰 영향을 주었다. 솔로활동은 물론 칙 코리아의 서포트로도 활약했다.

60

야전의 전설 ~7~ '골드핑거'

리치 코첸 스타일의 스위프+레가토 솔로

 • 텐션음을 사용해 초절정 느낌을 증폭시키자!
• 왼손 태핑만으로 하강 플레이를 하자!

LEVEL ✦✦✦✦✦ 목표 템포 ♩= 130 모범연주 TRACK 119 반　주 TRACK 120

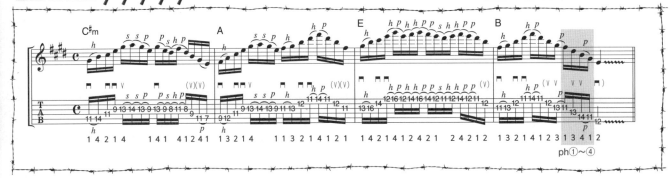

리치 코첸 스타일의 스위프와 레가토를 조합한 엑서사이즈. 코첸 특유의 텐션음을 사용한 코드 톤에 슬라이드를 더한 하이 레벨의 레가토를 연주하자. 4마디째 후반의 넌 피킹 고난이도 하강 레가토에도 도전해보자!

위의 악보를 연주할 수 없는 사람은 이것으로 수행하라!

초급 8분음으로 메인 프레이즈 시작 부분의 스위프를 연습하자.

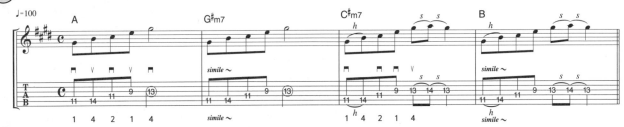

중급 메인 프레이즈 1&2마디째에 등장하는 스위프 기초연습. 포지션을 확인하라!

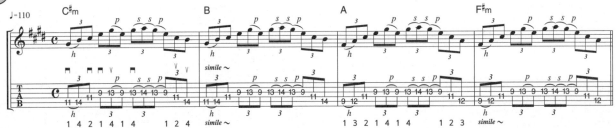

고급 16분음 발전 엑서사이즈. 메인 프레이즈에 등장하는 스위프 포지션을 익히자.

<지옥의 메커니컬 기타 트레이닝 - 입대편>에서

주의점 1 이론

텐션음을 더해서 초절정감을 만들어내자!

메인 프레이즈는 리치 코첸의 손버릇이라 할 수 있는 텐션음을 더한 코드 톤 플레이다(**그림1**). 이처럼 트라이어드에 텐션음을 여럿 더하면 코드의 명암을 결정하는 3rd음의 존재감이 약해지고 코드감도 옅어진다. 그렇기 때문에 듣는 이에게 '이 부분은 대체 어떻게 연주하고 있는 거지?'라는 좋은 의미의 위화감[주]을 주어, 재즈/퓨전 스타일의 세련된 초절정감을 만들어낼 수 있다. 다만 핑거링이 일반적인 트라이어드 프레이즈보다 복잡하므로 포지션을 미리 염두에 두지 않으면 음을 매끄럽게 연결시킬 수가 없다. 포지션을 확실하게 숙지하자.

그림1　텐션음을 추가한 코드 톤 포지션

◎루트음　●6th음　■7th음　◇9th음　▲11th음

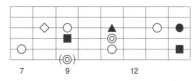

C#m (메인 프레이즈 1마디째)

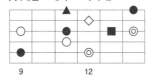

A (메인 프레이즈 2마디째)

TAB악보를 보면서 연주하기 어려우므로
손에 버릇이 들 정도로 많이 연습하자!

주의점 2 왼손

무리하게 힘을 주지 말고 군더더기 없는 터치로 연주하자!

메인 프레이즈의 마지막에는 초 고난이도 하강 레가토가 등장한다(**사진①~④**). 여기서는 기본적으로 피킹을 전혀 하지 않으므로 왼손으로 확실하게 태핑&풀링을 해야 한다. 하지만 소리를 확실하게 내려고 너무 힘을 주어 핑거링을 하면 건초염에 걸릴 우려가 있으므로 주의하자. 기타는 어느 정도의 힘으로 지판을 두드리면 소리가 나지만, 힘을 일정 수준 이상으로 준다고 해서 음량은 커지지 않는다(특히 왜곡시킨 음은 가벼운 터치로도 서스테인을 낼 수 있다). 따라서 이 하강 레가토에서도 왼손을 편하게 하고 손끝이 통통 튀는 듯한 느낌으로 태핑하기 바란다. 익숙해질 때까지 여러 번 반복 연습하자!

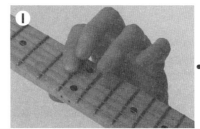

① 4마디째 3박째. 3번 줄을 1번 손가락으로 누르고…

② 3번 손가락만으로 4번 줄 13프렛을 연주한다.

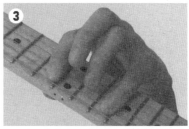

③ 4번 손가락과 동시에 1번 손가락도 5번 줄로 이동하면…

④ 이어지는 풀링도 원활하게 할 수 있다.

칼럼 42
지옥의 칼럼

저자 코바야시 신이치가 말하는 리치 코첸 1

저자가 처음 리치 코첸의 플레이를 본 것은 그의 교본용 비디오였다. 그 비디오에서는 지금은 거의 연주하지 않는 아밍도 보여주었지만, 역시 초절정 이코노미가 가장 눈길을 끌었다. 저자가 보기에 리치 코첸이 레가토를 연주하는 방법은 조 새트리아니의 연주 방법에 가까운 느낌이다. 둘 다 손이 매우 크다. 역시 레가토를 연주하려면 큰 손이 유리할지도 모르겠다. 그 후, 리치 코첸과 기타 세미나에서 직접 만났었는데 기타를 앰프에 연결하고 잠시 노브를 조정하는 것만으로 CD와 같은 사운드가 나와서 정말 놀랐다.

Richie Kotzen
<Mother Head's Family Reunion>
1994년에 발표된 솔로작품. R&B를 토대로 한 아메리칸 록을 심플한 사운드로 들려준다. 그의 소울풀한 노래도 일품이다.

MR. BIG
<Get Over It>
코첸이 가입한 후 발표된 5번째 앨범. 테크니컬한 요소를 남기면서도 더욱 블루스 색채가 강해진 작품이다.

[좋은 의미의 위화감] 재즈 계열에서는 스케일이나 리듬을 의도적으로 어긋나게 해서 사운드에 독특한 변화를 주는 경우가 있다. 음악이론은 물론 센스도 필요한 고도의 플레이이므로 음악을 다양하게 들으면서 연구해보기 바란다.

-61-
Gold 핑거

리치 코첸 스타일의 4성화음 스위프 피킹 프레이즈

- **4성화음 스위프 피킹 포지션을 배워라**
- **넌 피킹 하강 스위프를 공략하라!**

LEVEL ★★★★★

목표 템포 ♩= 135

| 모범연주 | TRACK 121 |
| 반주 | TRACK 122 |

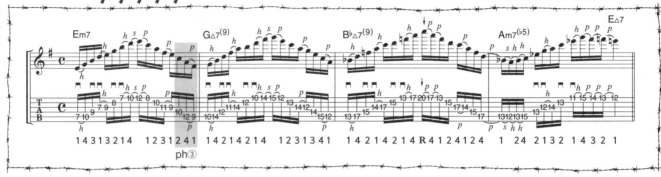

리치 코첸의 필살기 중 하나인 텐션 코드에 의한 멋진 스위프 피킹 프레이즈에 도전하자. 4성화음을 기준으로 하는 포지션을 연구해서 레가토를 사용한 스위프 피킹의 경지에 도달하자! 또한 리치 코첸의 장기인 넌 피킹 하강 프레이즈도 마스터하자.

위의 악보를 연주할 수 없는 사람은 이것으로 수행하라!

초급 우선은 리치 코첸 스타일 스위프 포지션을 머릿속에 넣자!

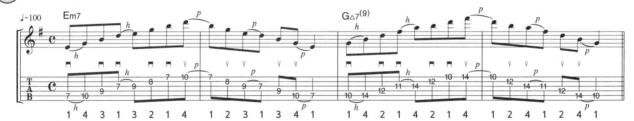

중급 상승&하강으로 나누어 메인 프레이즈 전반부의 포지션을 확인하자.

고급 상승은 스위프 피킹, 하강은 넌 피킹으로 연주하자!

<지옥의 메커니컬 기타 트레이닝 (2) - 사랑과 열반의 테크닉 '강화편'>에서

 주의점 1 　이론

정말 멋진 리치 코첸 스타일 코드 톤

여기서는 메인 프레이즈에서 사용하고 있는 **텐션 노트[주]**를 더한 코드 톤에 대해서 해설하겠다. 실제로 리치 코첸이 활용하는 코드 톤은 훨씬 복잡하며, 이 프레이즈에서는 3개의 코드 톤을 사용하고 있다(**그림1**). '마이너7th'와 '마이너7th+♭5th'는 대표적인 4성화음의 마이너 코드다. 3성화음 트라이어드에 7th음이라는 루트음에서 세어서 스케일상 7번째 음을 추가했다. 이어서 '메이저9th'는 리치 코첸이 잘 사용하는 5성화음 코드 톤. 이전의 4성화음에 9th음을 더한 것이다. 일단 어려운 이론은 생각하지 말고, 실제로 연주해보고 이 코드 톤의 멋을 느껴보기 바란다.

그림1　리치 코첸 스타일의 코드 톤 포지션

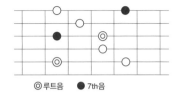

＜마이너7th＞

◎루트음　〇7th음

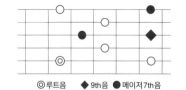

＜메이저9th＞

◎루트음　●9th음　●메이저7th음

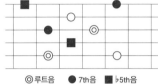

＜마이너7th+♭5th＞

◎루트음　●7th음　■♭5th음

주의점 2 　왼손

1번 손가락을 사용해서 쓸데없는 노이즈를 커트하자!

이 프레이즈 중에서 가장 어려운 부분은 넌 피킹에 의한 하강이다. 1마디째 4박째를 예로 들어 해설하겠다(**사진①~③**). 4번 줄 10프렛(2번 손가락), 5번 줄 12프렛(4번 손가락) 모두 왼손 태핑으로 연주하는데, 여기서 중요한 것이 뮤트다. 줄을 두드리면 음은 나오지만, 동시에 노이즈도 발생해서 결과적으로 깔끔한 소리를 낼 수 없다. 그래서 여기서는 노이즈를 멈추는 역할로써 왼손 1번 손가락을 활용하는 것이 좋다. 두드린 손가락의 왼쪽에 항상 1번 손가락을 두어 쓸데없는 진동을 방지하자. 왼손 태핑뿐만 아니라 뮤트하는 1번 손가락 이동에도 의식을 집중하기 바란다.

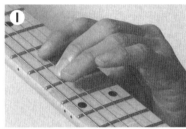

2번 손가락 4번 줄 10프렛의 태핑. 1번 손가락으로 뮤트한다.

5번 줄 12프렛을 태핑할 때에도 1번 손가락으로 뮤트하자.

4번 손가락을 풀링해서 5번 줄 9프렛을 연주한다.

칼럼 43
지옥의 칼럼

저자 코바야시 신이치가 말하는 리치 코첸 2

리치 코첸은 다섯 살부터 피아노를 시작했으며, 일곱 살에는 KISS의 포스터를 보고 충격을 받아 기타를 시작했다고 한다. 17세까지 The Fabulous Thunderbirds와 그렉 올맨 등의 오프닝 액트로서 미국 전역을 투어. 콘서트 횟수는 500회를 넘는다고 한다. 1989년에 시래프늘 레코드에서 솔로 데뷔를 했으며, 1993년에 포이즌에 가입. 1995년에는 그렉 하우와의 공동 작품 <TILT>를 발표한다. 요즘의 R&B 노선과는 다른 리치 코첸의 초절정 플레이를 듣고 싶은 사람은 초기의 음원을 체크해보는 것이 좋을 것이다. 젊은 천재의 탁월한 연주를 느낄 수 있다.

<Riche Kotzen>

솔로 데뷔작. 강력한 리듬을 바탕으로 약관 19세 리치 코첸의 초고속 플레이를 들을 수 있다.

<TILT>

하이 센스를 가진 두 사람의 플레이가 응축된 테크니컬 계열 기타 역사에 남을 명앨범. 기타 퓨전 초보자에게도 추천한다!

[텐션 노트] 트라이어드, 4성화음 등의 기본적인 코드에 추가하는 음. 텐션 노트에는 9th계열, 11th계열, 13th계열이 있다. 참고로 텐션 노트를 더한 코드가 텐션 코드.

-62- 스위프 복합

태핑을 사용한 5줄 스위프 피킹 프레이즈

지옥의 격언
- 세밀하게 변화하는 스위프 피킹에 도전하라!
- 민첩하게 포지션을 체인지하라!

왼 손	오른손
테크닉 스트레치 컨트롤 지구력	테크닉 리듬 컨트롤 지구력

LEVEL ✦✦✦✦✦

목표 템포 ♩= 160

모범연주　TRACK 123
반　　주　TRACK 124

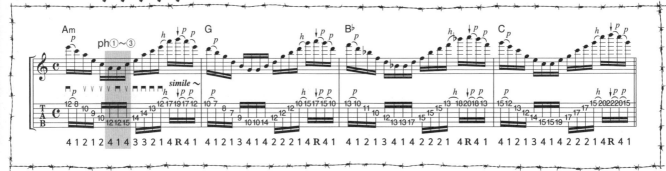

여기서는 5번 줄이 루트음인 트라이어드의 하강&상승 스위프 프레이즈에 도전한다. 루트음을 4번 손가락 또는 1번 손가락으로 누르므로, 포지션의 변화에 주의하기 바란다. 리듬도 여섯잇단음표가 아닌 16분음표로 되어있으므로 주의하면서 연주하자!

위의 악보를 연주할 수 없는 사람은 이것으로 수행하라!

초급 우선은 8분음으로 포지셔닝을 확인하자!

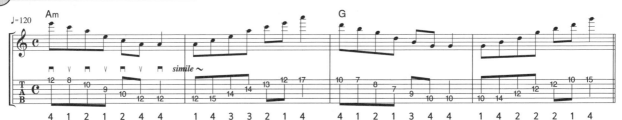

중급 다음은 16분음으로 하강과 상승의 움직임에 익숙해지자.

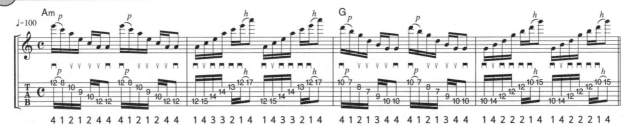

고급 하강과 상승을 단숨에 연결해서 연주하자.

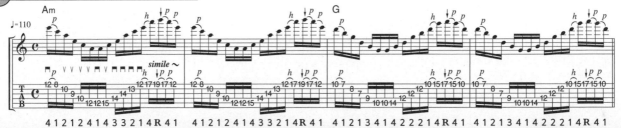

<지옥의 메커니컬 기타 트레이닝 (1)>에서

주의점 1　이론

2가지의 5번 줄 루트 트라이어드 포지션

스위프는 하나의 포지션만으로 상승&하강을 하면 너무 밋밋해진다. 그것을 타파하기 위해서는 2가지 포지션을 사용하는 것이 좋다. 여기서는 5번 줄이 루트음인 트라이어드 포지션 2가지를 소개하겠다. 그 2가지 포지션이란 루트음을 1번 손가락으로 누르는 패턴과 4번 손가락으로 누르는 패턴(**그림1**)이다. 실제 프레이즈 안에서의 효과적인 사용법으로는 어느 한쪽에서 연주를 시작해서 상승과 하강 교대로 연주하는 것이 좋을 것이다. 루트음이 1번 손가락인 패턴은 도중에 반드시 바레하는 조인트 부분이 등장하므로 난이도가 높다. 머리로 스위프 모양을 이해하는 것은 당연히 필요하고, 손가락 모양이 익숙해질 때까지 연습하는 것이 중요하다.

그림1　5번 줄 루트의 트라이어드 포지션

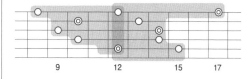

A마이너 트라이어드　◎루트음=A

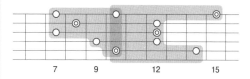

G메이저 트라이어드　◎루트음=G

두 그림 모두 왼쪽 박스는 5번 줄 루트음을 4번 손가락으로 누르는 패턴이며, 오른쪽 박스는 5번 줄 루트음을 1번 손가락으로 누르는 패턴이다.

주의점 2　왼손

두 가지 포지션 체인지는 민첩하게 하자!

이 스위프 프레이즈는 5번 줄 루트음을 4번 손가락으로 누르는 패턴으로 하강하고, 5번 줄 루트음을 1번 손가락으로 바꾸어 누르는 패턴으로 상승하는 구성으로 되어있다. 마디마다 코드가 바뀌므로 포지션을 잘 확인해두자. 실제로 연주할 때에는 2개의 포지션이 체인지하는 부분에 주의하기 바란다. 사진은 1마디째 2박째인데, 루트음을 4번 손가락으로 누르는 패턴으로 5번 줄까지 하강했으면 바로 다음 루트음을 1번 손가락으로 누르는 패턴으로 시프트하자. 루트음을 4번 손가락으로 누르는 시점에서 1번 손가락이 남은 줄을 뮤트하기 때문에 4번 손가락과 함께 5번 줄 위에 둔다. 하지만 여기서는 평소보다도 1번 손가락을 4번 손가락 가까이에 두면 좋을 것이다(**사진①**).

5번 줄 12프렛 운지. 1번 손가락을 4번 손가락 가까이에 두자.

5번 줄 12프렛을 1번 손가락으로 시프트. 다음의 4번 손가락도 준비해두자.

5번 줄 15프렛을 4번 손가락으로 누른다. 1번 손가락으로 6번 줄을 뮤트하자.

칼럼 44

지옥의 칼럼

PC레코딩으로 기타 인생이 크게 바뀐다!?

자신은 제대로 연주하고 있다고 생각하지만, 다른 사람이 들으면 엉망인 경우가 많이 있다. 이런 일을 피하기 위해서는 자신의 플레이를 객관적으로 듣고, 나쁜 부분이나 버릇을 파악하는 습관을 가지는 것이 중요하다. 현재는 저가격으로 HDR(하드디스크 레코더)을 구입할 수 있으므로 하나 구입하기 바란다. 곧바로 자신의 플레이를 녹음해서 체크할 수 있을 것이다. 또한 자신의 오리지널 송을 완벽하게 만들려는 크리에이터 정신이 강한 기타리스트는 한발 더 나아가 PC로 레코딩 환경을 구축하기 바란다. PC로 레코딩 환경을 구축하면 리듬 등의 백 트랙 시퀀서 입력부터 녹음, 믹스, 마스터링, CD작성까지 레코딩에 관한 모든 것을 할 수 있게 된다. 게다가 PC의 큰

화면으로 작업을 할 수 있어 작업효율도 높다. PC로 레코딩하는 것이 어렵게 느껴지는 분도 있을 것이다. 그러나 익숙해지면 이보다 편한 크리에이티브 환경이 없다. F코드를 누를 수 있게 되면서 기타의 세계가 단숨에 넓어지듯이, PC 레코딩 환경을 구축해놓으면 여러분의 기타 세계는 더욱 넓어질 것이다. 조금이라도 흥미가 있다면 지금 바로 도전해보기 바란다.

MOTU M2

저자도 사용하고 있는 MOTU의 2ch 오디오 인터페이스. USB전원으로 작동하므로 간편하게 고음질 녹음이 가능하다. 부속된 소프트웨어를 사용하면 수백 가지에 달하는 루프와 MIDI시퀀스를 이용할 수 있다.

애수☆꼬마 스위프 피킹

잉베이 스타일 속주와 심금을 울리는 솔로

- 스릴 넘치고 애절하게 연주하자
- 코드 체인지를 자주 하는 스위프에 도전하자!

LEVEL ★★★★★

목표 템포 ♩= 95

모범연주 TRACK 125
반　　주 TRACK 126

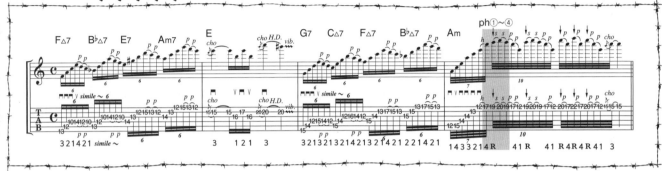

여기서는 기타리스트에게 주목 받고 있는 '애절한 기타' 프레이즈를 소개하겠다. 초절정 계열 기타에서 '애절하다'고 하면 속주와 느릿한 초킹 프레이즈를 융합시키는 것이 일반적이다. 그 완급을 확실하게 몸에 익혀 '스릴 넘치는 애절한 느낌'을 연출하자.

위의 악보를 연주할 수 없는 사람은 이것으로 수행하라!

초급 우선은 8분음으로 포지션을 확인하자.

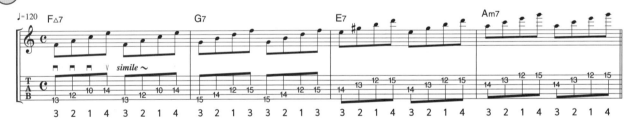

중급 다음은 셋잇단음으로 스위프 피킹 연습을 하자!

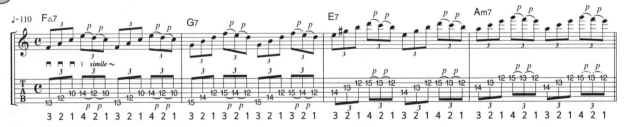

고급 초절정 상승 프레이즈의 포지셔닝에 익숙해지자!

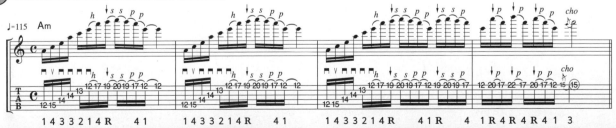

<지옥의 메커니컬 기타 트레이닝 (1)>에서

주의점 1 이론

트라이어드+7도음 코드 톤을 배우자

우선은 1, 3마디째에서 사용되고 있는 코드 톤을 분석하겠다. 이쪽은 기본적으로 루트음, 3도, 5도, 7도의 4성화음으로 구성되어있다(그림1-a). 일반적인 트라이어드에 7도가 더해졌다고 생각하면 기억하기 쉬울 것이다. 실제로 연주할 때에는 트라이어드를 3줄 스위프 피킹으로 하고, 3줄째에 7도음을 더하는 감각으로 하면 될 것이다. 참고로 7도음에는 메이저(장7도)와 마이너(단7도)의 2가지가 있으며(그림1-b), 이 프레이즈에는 6도음도 더해졌다. 지면 관계로 여기서는 상세하게 해설하지 않지만, 이것을 이해해두면 프레이즈 만들기에 도움이 되므로 흥미 있는 사람은 음악이론서를 읽고 연구해보기 바란다.

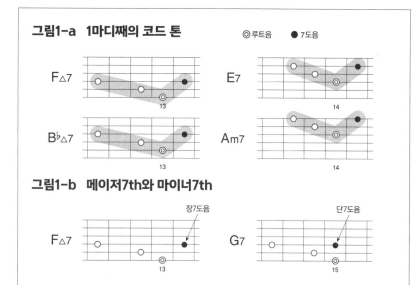

주의점 2 완손 오른손

태핑+슬라이드는 오른손을 줄에서 떼지 않고 미끄러뜨리자

1, 3마디째에 등장하는 스위프 프레이즈는 우선 3줄을 다운으로 스위프하고, 다음은 3줄째 2음째(7도음)를 업으로 연주하고, 마지막 음들은 풀링으로 울리게 한다. 이 프레이즈는 모두 이 패턴으로 되어있으므로 익숙해지면 빠르게 연주할 수 있다. 2마디째 초킹 플레이는 모범연주를 잘 듣고 뉘앙스를 파악하기 바란다. 4마디째에서 스위프+태핑 프레이즈가 등장하는데, 태핑 후의 오른손 슬라이드에 주의하자(사진 ①~④). 여기서는 1박째 마지막의 1번 줄 19프렛을 태핑한 후, 그 상태로 20프렛으로 슬라이드하고, 다시 슬라이드로 19프렛으로 되돌아간다. 이 갔다가 되돌아오는 동작을 1세트로 해서 '타라라'라는 트릴 같은 느낌으로 연주하자.

다운의 스위프 후, 1번 줄 17프렛을 해머링.

1번 줄 19프렛을 태핑. 서두르지 말고 확실하게 지판을 누르자.

1번 줄 20프렛으로 슬라이드. 손가락을 떼지 않도록 하자.

1번 줄 19프렛으로 슬라이드. 여기서도 손가락을 떼지 않도록 하자!

칼럼 45

지옥의 칼럼

프로에게 배우자! 애절한 기타 명연주 소개

여기서는 저자가 특히 추천하는 애절한 기타를 들을 수 있는 3곡을 소개하겠다. 첫 번째 곡은 게리 무어의 'Still Got The Blues'. 블루지하고 애절한 솔로를 확실하게 느낄 수 있는 곡이다. 두 번째 곡은 건즈 앤 로지즈의 'November Rain', 가슴을 울리는 슬래시의 이모셔널한 솔로가 담겨있다. 세 번째 곡은 하드록 역사에 길이 남을 명기타 솔로가 수록된 레드 제플린의 'Stairway To Heaven'. 훌륭하게 구축된 장대하고 애절한 솔로로 되어있다. 역시 멋지고 애절한 기타가 수록된 곡은 악곡 자체도 명곡이다.

Gary Moore
'Still Got The Blues'
from <Still Got The Blues>

Guns n' Roses
'November Rain'
from <Use Your Illusion I>

Led Zeppelin
'Stairway To Heaven'
from <4>

-64-
'줄 마찰 증후군' ~제1단계~

확장 포지션을 사용한 6줄 스위프 프레이즈

지옥의 격언
- 6번 줄 루트의 트라이어드 포지션을 익히자!
- 6줄 스위프 피킹의 뮤트 테크닉을 익히자!

LEVEL ✦✦✦✦✦　　목표 템포 ♩=140　　모범연주　TRACK 127
반　　주　TRACK 128

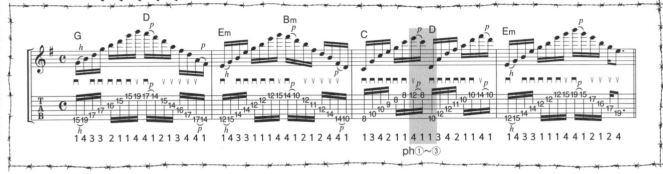

초절정 계열 프레이즈 중에서도 6번 줄부터 1번 줄까지 상승&하강하는 6줄 스위프 피킹의 임팩트는 상당히 크다. 여기서는 6줄 스위프의 트라이어드 포지션을 배우고, 나아가 스위프에서 발생하기 쉬운 노이즈를 확실하게 억제하는 철벽의 뮤트 능력을 익히자! 스위프의 제왕이 되자!

위의 악보를 연주할 수 없는 사람은 이것으로 수행하라!

초급 6번 줄 루트의 트라이어드 포지션. 1&2마디째가 메이저, 3&4마디째가 마이너다.

중급 하강&상승패턴을 각각 집중적으로 트레이닝하자.

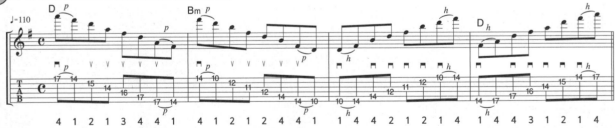

고급 상승패턴을 여러 번 반복해서 6줄 스위프 피킹에 완전히 익숙해지자!

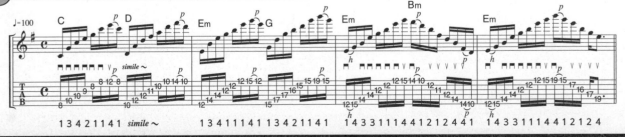

<지옥의 메커니컬 기타 트레이닝 (2) - 사랑과 열반의 테크닉 강화편>에서

 이론

5번 줄 루트+6번 줄 루트의 트라이어드 포지션

6번 줄 루트의 트라이어드 스위프 프레이즈를 연주하기 위해서는 우선 포지션 그림을 익히는 것이 중요하다(그림1). 6번 줄 루트의 바레 코드와 비슷하므로 비교적 기억하기 쉬울 것이다. 메이저와 마이너의 차이도 확실하게 이해하기 바란다. 또한 이 프레이즈에서는 6번 줄 루트와 5번 줄 루트의 **포지션이 융합[주]**된 것이 등장하므로 6번 줄 루트의 포지션은 물론 5번 줄 루트와 관련된 폭넓은 포지션을 머릿속에 넣는 것이 중요하다. 머릿속에 포지션을 기억해두면 이 프레이즈를 잘 연주할 수 있고, 나아가 오리지널 프레이즈를 만들 때에 스위프의 멜로디 라인을 다채롭게 구성할 수도 있을 것이다.

그림1 스위프 포지션 그림

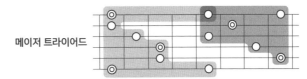

메이저 트라이어드

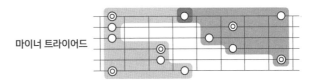

마이너 트라이어드

◎루트음 ☐…6번 줄 루트 ☐…5번 줄 루트

※루트음이 동일한 6번 줄&5번 줄 포지션 그림.
이 프레이즈에서는 코드가 변화하므로
이 그림처럼 6번 줄 루트와 5번 줄 루트가 배치되지는 않는다.

왼손

연속 상승 스위프 피킹의 핵심은 1번 손가락의 신속한 이동

주의점1에서 해설했듯이 이 프레이즈는 기본적으로 6번 줄 루트 패턴으로 상승해서 5번 줄 루트 패턴으로 하강하고 있다. 사실은 이 프레이즈에서 가장 어려운 부분은 이 패턴으로 연주하지 않는 3마디째다. 여기서는 6번 줄→1번 줄로 상승한 후, 곧바로 6번 줄로 이동해야 한다(사진①~③). 즉, 1번 줄 8프렛에서 6번 줄 10프렛으로 대폭적인 줄 이동을 한다. 여기서의 포인트는 1번 줄 8프렛 음을 약간 짧게 잘라서 1번 손가락을 단숨에 6번 줄로 이동시키는 것이다. 플레이가 상승 스위프로 이어지므로 1번 손가락과 동시에 3번, 4번 손가락의 운지를 준비하는 것도 중요하다. 코드를 체인지하는 3박째 최초의 음(6번 줄 10프렛)이 확실하게 울리도록 열심히 이동하자.

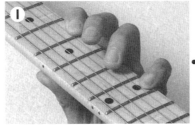
4번 손가락 1번 줄 12프렛 운지. 1번 손가락은 줄에서 떼지 말자.

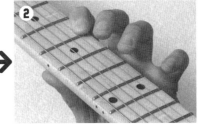
1번 손가락 운지. 여기서부터 단숨에 줄 이동을 한다.

6번 줄 10프렛을 1번 손가락으로 누른다. 3번&4번 손가락도 동시에 이동.

칼럼 46

지옥의 칼럼

절대로 모든 음을 뮤트하지 않는다!
스위프 피킹의 올바른 뮤트 방법

스위프 피킹은 음을 깔끔하게 울리게 하는 것이 핵심이다. 따라서 함부로 모든 음에 브릿지 뮤트를 걸면 음이 탁해져버린다. 기본적으로는 줄 이동하기 전 음을 뮤트하고, 다음 음은 뮤트하지 않는다. 이것을 반복하면 깔끔하게 연주할 수 있을 것이다. 뮤트는 오른손 손목 부근을 사용하면 좋다(그림2-a). 또한 6번 줄~1번 줄까지 확실하게 뮤트를 걸기 위해서는 손목을 고정시키고 팔을 똑바로 이동하는 것이 중요하다(그림2-b). 손목을 흔드는 스위프 피킹을 하면 뮤트의 세기가 달라지므로 이렇게 해서는 안 된다!

그림2-a
오른손 손목 부근으로 하는 뮤트

기본적으로 뮤트는 이 부분으로 한다.
자신에게 잘 맞는 위치도 찾아보기 바란다.

그림2-b 손목 사용방법

○ 손목을 고정하는 패턴   ✕ 손목을 흔드는 패턴

1~6번 줄까지 뮤트의 감각이 바뀌지 않아서 좋다.

뮤트의 감각이 달라지므로 이렇게 하면 안 된다.

[포지션이 융합] 여러 포지션을 겹침으로써 프레이즈의 폭을 넓힐 수 있다. 스케일 음을 연결해서만 연주하면 재미있는 내용이 되지 않는다. 프레이즈 전체의 흐름을 고려해서 음을 선택하며 연주하자.

65

Tap-ism type α

대표적인 펜타토닉 태핑 프레이즈

지옥의 격언
- **대표적인 펜타토닉 태핑을 익혀라!**
- **태핑 슬라이드도 마스터하라!**

LEVEL ★★★★

목표 템포 ♩= 130

| 모범연주 | TRACK 129 |
| 반 주 | TRACK 130 |

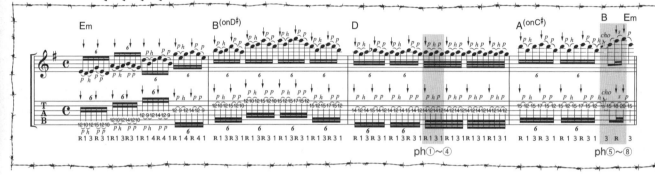

에드워드 반 헤일런의 등장과 함께 록 기타 세계에서 지위를 확립한 태핑(라이트 핸드 연주)에 의한 펜타토닉 프레이즈에 도전하자. 같은 프렛을 왼손 해머링과 오른손 태핑으로 교대로 두드리는 패턴, 초킹 때의 태핑 슬라이드 등, 태핑의 대표적인 테크닉이 가득하다!

위의 악보를 연주할 수 없는 사람은 이것으로 수행하라 !

초급 우선은 셋잇단음 프레이즈로 태핑의 기본 패턴을 이해하자.

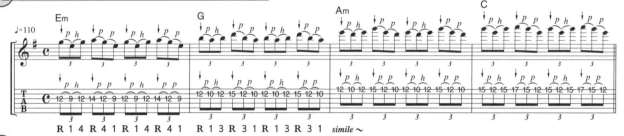

중급 펜타토닉 태핑 프레이즈의 기본 포지션을 연습하자.

고급 같은 프렛을 왼손과 오른손 교대로 연주하는 감각을 익히자!

<지옥의 메커니컬 기타 트레이닝 (2) – 사랑과 열반의 테크닉 강화편>에서

주의점 1 📖 이론

각 음의 역할이 정해져 있는 펜타토닉 포지션

태핑으로 펜타토닉 프레이즈를 연주하기 위해서는 스케일을 폭넓게 볼 수 있느냐가 포인트다. 기본적으로는 1줄에 3음을 배치하는 포지션이 되는데, 이 프레이즈는 그 3음 각각에 누르는 방법이 정해져 있는 것이 특징이다(**그림1**). 왼쪽 음은 1번 손가락으로 누르고, 한가운데 음은 왼손 해머링&풀링 또는 오른손 태핑으로 연주한다. 그리고 오른쪽 음은 태핑만으로 연주한다. 이것을 염두에 두면 연주하기 쉬울 것이다. 참고로 하강 패턴에는 ♭5th음이 더해져 있으므로 기억해두면 오리지널 프레이즈를 만들 때 도움이 될 것이다.

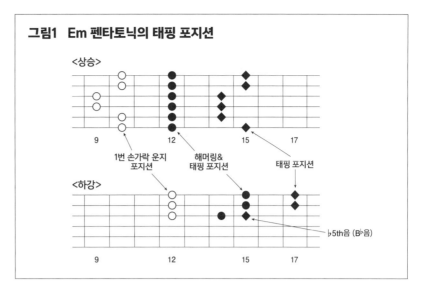

그림1 Em 펜타토닉의 태핑 포지션

<상승>

9   12   15   17

1번 손가락 운지 포지션   해머링& 태핑 포지션   태핑 포지션

<하강>

♭5th음 (B♭음)

9   12   15   17

주의점 2 🖐 완손 오른손

오른손과 왼손 접촉 주의! 신속하게 손 떼기를 의식하자

이 프레이즈에서는 같은 프렛을 왼손 해머링과 오른손 태핑으로 교대로 두드리는 곳이 등장한다. 특히 3마디째 3&4박째 프레이즈는 32분음으로 되어있으므로 주의하자. 여기서는 태핑 후에 풀링하면서 줄에서 손을 떼는 오른손과 해머링하는 왼손의 3번 손가락이 충돌하지 않도록 주의하자(**사진②~③**). 마찬가지로 태핑하는 오른손과 접촉하지 않기 위해서 풀링하는 왼손 3번 손가락은 신속하게 줄에서 떼자(**사진④**). 이것을 원활하게 반복하면 흐르듯이 플레이할 수 있을 것이다. 전체적으로 **고속 트릴처럼 들리도록[주]** 왼손 해머링과 오른손 태핑의 음량을 맞추자.

1번 손가락으로 12프렛을 누른 상태로 14프렛을 태핑한다.

오른손 풀링 후, 신속하게 손가락을 떼자.

다음은 14프렛을 3번 손가락으로 해머링한다.

왼손을 신속하게 떼서 태핑 준비에 들어간다.

주의점 3 🖐 완손 오른손

80년대의 대표적인 테크닉 태핑 슬라이드

4마디째 3&4박째에 등장하는 태핑 슬라이드는 80년대 태핑 플레이의 대표적인 테크닉 중 하나이므로 여기서 확실하게 익히자. 여기서는 초킹 상태에서 태핑하므로 주의가 필요하다(**사진⑤~⑦**). 초킹 때문에 줄이 올라가 있으므로 태핑의 미스 터치에 주의해야 한다. 다음의 슬라이드에서는 줄이 약간 비스듬한 상태로 되어 있으므로 확실하게 줄을 따라 손가락을 미끄러뜨려야 한다. 줄을 거스르는 움직임을 하면 음정이 바뀌어버리므로 주의하자. 전체적으로 태핑의 지판 누르기에 집중하면서 연주하는 것이 좋다.

우선 2번 줄 15프렛을 1음 초킹한다.

초킹 상태에서 18프렛을 오른손으로 태핑.

태핑한 상태로 오른손을 20프렛까지 슬라이드시키자.

오른손 풀링. 여기까지 초킹 상태를 계속 유지시킨다.

[고속 트릴처럼 들린다] 어떤 의미로는 오른손을 사용한 왼손의 이코노미 핑거링 플레이다. 왼손만으로 안 된다면 오른손도 활용한다는 발상이 재미있다. 기존 개념에 얽매이지 않는 고속 플레이 중 하나다.

66

Tap-ism type β

현대적인 왼손 선행형 태핑 프레이즈

- **왼손 1번 손가락 선행형 태핑을 마스터하라!**
- **강력한 운지 능력과 뮤트 능력을 단련하라!**

LEVEL ✦✦✦✦

목표 템포 ♩= 160

모범연주 TRACK 131
반 주 TRACK 132

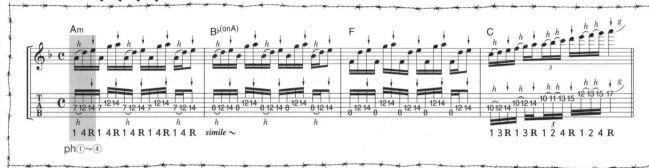

태핑의 궁극적인 형태인 '왼손 선행형 태핑'에 도전하자. 넌 피킹에서 갑자기 왼손 태핑으로 연주를 시작하는 지금까지 없었던 핑거링이다. 손가락 사용과 뮤트에 주의하면서 한 음 한 음 깔끔하게 플레이하자! 기합을 넣어 연주하라!

위의 악보를 연주할 수 없는 사람은 이것으로 수행하라!

초급 우선은 왼손 1번 손가락부터 시작하는 '왼손 선행 태핑' 감각을 배우자.

중급 이어서 1번 손가락, 4번 손가락의 스트레치 포지션을 연습하라!

고급 메인 프레이즈보다 메커니컬한 프레이즈. 지판 누르기 능력을 단련시키자!

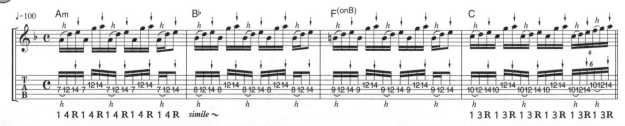

<지옥의 메커니컬 기타 트레이닝 (2) – 사랑과 열반의 테크닉 강화편>에서

주의점 1 이론

태핑 포지션을 확실하게 확인하라!

이 프레이즈는 D내추럴 마이너 스케일로 구성되어있다. 1~3마디째까지의 운지 포지션은 왼손 1번 손가락, 왼손 4번 손가락, 오른손의 3개다 (**그림1-a**). 기본적으로 왼손 4번 손가락과 오른손은 같은 패턴으로 되어있으며, 왼손 1번 손가락은 마디마다 코드의 루트음을 누르므로 세밀하게 이동한다. 4마디째는 운지 포지션이 심하게 변화하므로 주의하기 바란다(**그림1-b**). 전반이 왼손 2음+오른손의 3음 포지션이며, 후반이 왼손 3음+오른손의 4음 포지션으로 되어있다. 3마디째와 달리 3번 손가락을 사용하며, 줄 이동도 많으므로 집중해서 연주하자.

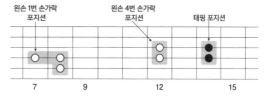

그림1-a　1~3마디째까지의 포지션

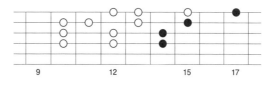

그림1-b　4마디째의 포지션

● … 태핑 포지션

주의점 2 왼손 오른손

통통 튀는 듯한 느낌으로 1번 손가락 태핑을 하자

갑자기 왼손으로 줄을 두드려서 연주를 시작하는 '왼손 선행형 태핑'을 연주하기 위해서는 우선 **왼손 태핑[주]**을 익힐 필요가 있다. 프레이즈 시작 부분을 예로 들어 해설하면, 1번 손가락 4번 줄 7프렛 태핑은 일반적인 해머링의 '두드리는 느낌'이 아닌 '튀는' 느낌으로 때린다 (**사진①&②**). 이것은 줄을 두드린 후에 약간 힘을 약하게 해서 손가락에서 줄이 벗어나지 않을 정도로 당기면 된다. 다음의 4번 손가락 해머링 때에는 1번 손가락 끝과 배부분을 사용해서 남은 줄 뮤트를 하자(**사진③**). 이어서 오른손으로 태핑한 시점에서 1번 손가락을 이웃한 줄로 이동시켜두면 프레이즈를 원활하게 연결시킬 수 있다(**사진④**).

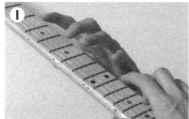

1번 손가락 태핑은 약간 높은 위치에서 한다.

1번 손가락 태핑 때. 이 시점에서 4번 손가락 운지도 준비한다.

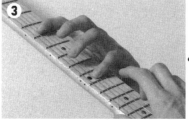

4번 손가락 해머링 때. 1번 손가락은 인접한 줄 뮤트도 한다.

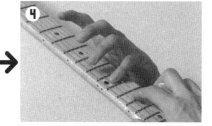

오른손 태핑 시점에서 1번 손가락은 줄 이동을 해둔다.

주의점 3 오른손

노이즈 대책은 문제없나? 태핑의 뮤트 방법

초보자는 태핑음을 크게 내려다가 줄을 강하게 두드려 노이즈를 많이 발생시키므로 뮤트에 유의해야 한다. 노이즈가 나지 않으면 결과적으로 태핑음도 잘 들리므로 뮤트를 확실하게 하는 것은 중요하다. 태핑 때의 뮤트는 오른손 엄지손가락 밑동 부분과 팔꿈치를 사용해서 한다 (**사진⑤**). 엄지손가락 밑동으로 태핑하는 프렛 주변을 뮤트하고, 팔꿈치로 저음줄의 진동을 억제시킨다. 기타 키즈 중에는 엄지손가락 밑동만으로 뮤트하려는 사람이 있는데, 저음줄 뮤트가 약해지므로 반드시 팔꿈치도 사용하자!

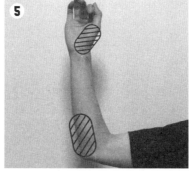

빗금친 부분을 저음줄에 대서 뮤트하자.

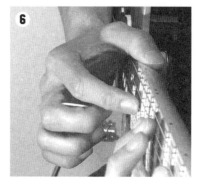

실제로 연주할 때는 이런 느낌이다.

[왼손 태핑] 왼손이므로 '태핑'이 아니라 '해머링'이 아닌가? 라고 생각하는 독자도 있을 것이다. 그러나 일반적인 해머링 느낌으로 연주하면 깔끔한 음이 나지 않으므로 태핑이라는 표현을 하고 있다.

67

야전의 전설 ~8~ '영선반장'

키코 루레이로 스타일의 줄 뛰어넘기 태핑 트레이닝

- 왼손 먼저 시작하는 태핑에 도전하라!
- 텐션감 있는 플레이를 목표로 하라!

LEVEL ★★★★★

목표 템포 ♩= 150

모범연주 **TRACK 133**
반　주 **TRACK 134**

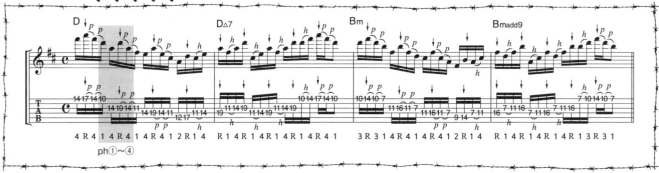

키코 루레이로 스타일의 양손 태핑 엑서사이즈. 양손 모두 코드 톤 포지션에 텐션음을 추가한 것이 포인트다. 왼손 4번 손가락 태핑부터 시작하므로 4번 손가락을 확실하게 들어올려 줄을 때리자. 노이즈가 적은 흐르는 듯한 플레이를 목표로 하자!

위의 악보를 연주할 수 없는 사람은 이것으로 수행하라!

초급 메인 프레이즈 시작 부분의 줄 뛰어넘기 엑서사이즈. 왼손 4번 손가락 태핑도 연습하자.

중급 왼손 4번 손가락으로 시작하는 태핑 엑서사이즈. 4번 손가락 태핑 음량에 주의하자!

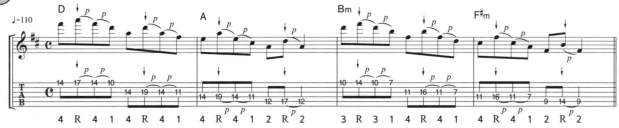

고급 왼손 1번 손가락으로 시작하는 태핑 엑서사이즈. 줄 이동에도 주의하자.

주의점 1 이론

2가지 코드를 합체해서 텐션감을 만들어내자!

메인 프레이즈에서는 텐션음을 더한 응용 포지션을 사용하고 있다. 1마디째 4박째는 기본 D코드에 7th음(C#음: 4번 줄 11프렛)과 9th음(E음: 4번 줄 14프렛)을 더했다. 포지션만 보면 이 부분은 A코드 트라이어드와 같으므로 기억하기 쉬울 것이다. 3&4마디째도 마찬가지로 Bm 트라이어드 안에 F#m의 트라이어드 포지션을 넣어서 7th음(A음: 4번 줄 7프렛)과 9th음(C#: 4번 줄 11프렛)을 더했다. 음악이론으로 보면 두 가지 모두 기본 코드(D코드와 Bm코드)에 5도 위의 코드(A코드와 F#m코드)를 조합시킨 것이다(그림1). 현대적인 포지션이므로 반드시 기억해두자.

그림1 2가지 코드가 융합된 왼손 포지션

◎ 루트음

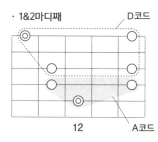

· 1&2마디째 — D코드
12 — A코드

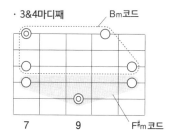

· 3&4마디째 — Bm코드
7   9 — F#m코드

A코드&F#m코드의 포지션을
조합해서 텐션음을 더할 수 있다.

주의점 2 왼손

줄 뛰어넘기 태핑에서는 1번&4번 손가락을 세트로 이동!

왼손 4번 손가락으로 시작하는 태핑 프레이즈[주]는 난이도가 매우 높다. 특히 메인 프레이즈에서는 추가로 줄 뛰어넘기까지 하므로 주의가 필요하다. 1마디째 1&2박째에서는 1번 줄 10프렛 후에 줄 뛰어넘기를 하고, 3번 줄 14프렛을 왼손 4번 손가락으로 태핑하므로 정확한 줄 이동과 함께 4번 손가락을 높이 올려서 줄을 때리자. 2박째 마지막인 3번 줄 11프렛은 풀링으로 연결되므로 4번 손가락과 동시에 1번 손가락을 11프렛 위로 이동시켜놓으면 원활한 핑거링이 된다(사진①~④). 이렇듯 4번 손가락과 1번 손가락을 동시에 움직이면 왼손 전체로 줄을 때릴 수 있으므로 4번 손가락의 태핑 음량을 높일 수 있다는 장점도 있다. 반드시 4번 손가락과 1번 손가락을 세트로 움직이자.

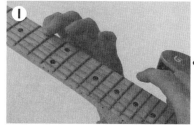

1마디째 1박째. 이어지는 3번 줄로의 줄 이동을 의식하자.

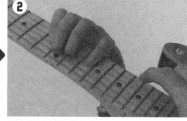

4번 손가락과 1번 손가락을 세트로 3번 줄로 이동하자!

오른손으로 19프렛 태핑 후에…

풀링으로 4번 손가락 14프렛으로 연결시키자.

지옥의 칼럼

저자 코바야시 신이치가 말하는 키코 루레이로

저자는 키코 루레이로를 인간의 능력을 뛰어넘어 정확한 플레이를 반복하는 '디지털형 초절정 기타리스트'라고 인식하고 있다. 그는 음악이론을 바탕으로 하는 메커니컬한 플레이가 장기이므로 존 페트루치와 공통되는 부분이 많다. 브라질 출신으로 백본에는 보사노바를 비롯한 라틴 뮤직이 있으며, 특히 솔로 앨범에서는 헤비메탈 기타리스트라고는 여겨지지 않는 스타일리시한 재즈풍 플레이를 들려준다. 예전에 그의 교본 비디오를 본 적이 있는데 엄청난 스피드로 펜타토닉을 연주하는 모습은 정말 충격적이었다.

ANGRA
<Angels Cry>

1993년에 발표된 데뷔작. 클래식 요소를 담은 심포닉한 스피드 메탈 넘버가 가득한 강력한 작품이다.

Kiko Loureiro
<universo inverso>

메탈의 영역을 뛰어넘어 하이 센스 재즈 플레이를 들려주는 앨범이다.

[왼손 4번 손가락으로 시작하는 태핑 프레이즈] 왼손 태핑은 일반적인 해머링과는 달리 손가락이 튀는 느낌으로 줄을 때리면 깔끔하게 소리가 난다. 낭비가 없는 최소한의 힘으로 매끄럽게 연주하자.

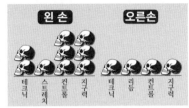

-68-
레가티브주의 ~1~

80년대 스타일의 횡이동 레가토 프레이즈

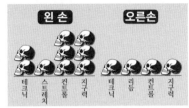

지옥의 격언
- 횡이동하면서도 정확하게 트릴을 연주하라
- 5연음과 6연음의 리듬변화에 대응하라!

왼손	오른손
테크닉 스트레치 컨트롤 지구력	테크닉 리듬 컨트롤 지구력

LEVEL ★★★★

목표 템포 ♩=125

모범연주	TRACK 135
반주	TRACK 136

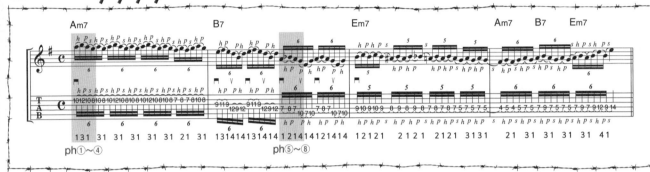

여기서는 마츠모토 타카히로, 조지 린치 등이 잘하는 레가토를 트레이닝하겠다. 레가토의 기본이라 할 수 있는 '트릴'의 요령을 확인하고 핑거링 능력을 단련시키자. 기본적으로 여섯잇단음이 중심이지만, 3마디째에 다섯잇단음이 등장하므로 리듬의 변화에도 잘 대응하자. 왼손 하나로 음을 연결시키자!

위의 악보를 연주할 수 없는 사람은 이것으로 수행하라!

초급 우선은 3음 트릴을 연습하자.

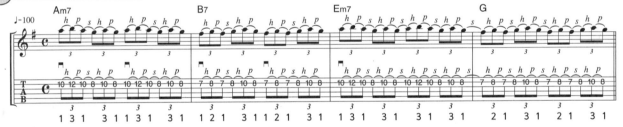

중급 1&2마디째에서 5음 감각을 파악하고 3&4마디째에서 다섯잇단음을 훈련하자.

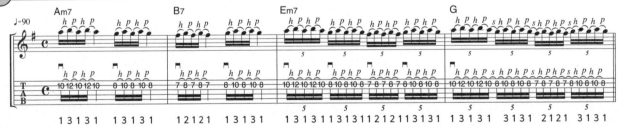

고급 다섯잇단음과 여섯잇단음이 교대로 등장하는 프레이즈. 리듬 변화에 확실하게 대응하자.

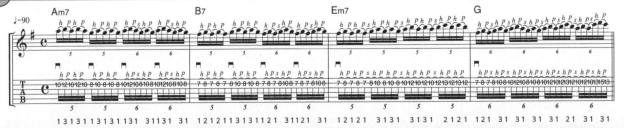

주의점 1 왼손

1번 손가락을 중심으로 트릴&슬라이드를 연주하자!

우선은 1마디째 1박째를 예로 들어서 트릴의 기본인 3음 패턴을 해설하겠다. 여기서는 전반 3음과 후반 3음 모두 해머링→풀링으로 연주해 전반과 후반을 슬라이드로 연결시키고 있다 (사진①~④). 여기서 포인트는 1번 손가락이다. 해머링&풀링 모두 1번 손가락으로 확실하게 지판을 누르지 않으면 깔끔한 음은 나오지 않는다. 슬라이드에서도 마찬가지로 1번 손가락이 매끄럽게 이동하지 않으면 전반과 후반 음의 연결이 좋지 않다. 따라서 1번 손가락 운지와 이동에 주의하면서 연주하는 것이 중요하다. 또한 1번 손가락은 **프레이즈의 단락[주]**이므로 1번 손가락으로 타이밍을 잡으면서 연주하면 리듬 유지가 쉬워진다.

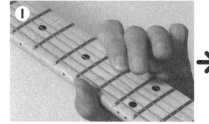

2번 줄 10프렛 운지. 다운으로 연주하자.

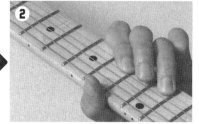

3번 손가락 2번 줄 12프렛 해머링. 1번 손가락은 떼지 않는다.

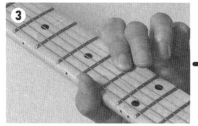

3번 손가락을 풀링해서 2번 줄 10프렛이 울리게 한다.

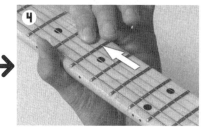

8프렛으로 슬라이드. 여기까지의 흐름을 1세트로 기억하자.

주의점 2 이론

트릴의 횟수를 세어서 5연음과 6연음을 구분하자

레가토의 기본은 해머링과 풀링을 반복하는 '트릴'이다. 트릴을 포지션을 이동하면서 함으로써 음을 연결해나가는 것이다. 여기서 트릴의 횟수와 리듬의 관계성에 대해서 해설하겠다. **그림1**을 보기 바란다. 트릴은 해머링&풀링으로 1세트가 되므로 최저 3음이 된다. 여섯잇단음은 사이에 슬라이드를 넣으면서 반음에 트릴을 1회 한다. 그에 비해 다섯잇단음은 같은 포지션에서 트릴을 2회 한 후에 포지션 이동을 한다. 즉, 여섯잇단음은 트릴을 1회 하고 이동, 다섯잇단음은 트릴을 2회 하고 이동한다고 생각하면 리듬을 잡기 쉬울 것이다.

그림1   다섯잇단음과 여섯잇단음의 리듬을 잡는 방법

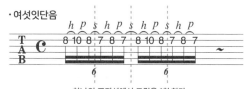

· 여섯잇단음

하나의 포지션에서 트릴을 1회 한다.

· 다섯잇단음

하나의 포지션에서 트릴을 2회 한다.

주의점 3 왼손

줄을 이동하는 레가토에서는 1번 손가락의 신속한 이동이 핵심!

이 프레이즈에서는 유일하게 줄 이동을 하는 2마디째에 주의하기 바란다. 기본적으로는 다른 것과 마찬가지로 3음 트릴을 하고, 그 뒤에 줄 이동을 한다. 예를 들어 3박째에서는 4번 줄에서 해머링&풀링을 하고(사진⑤~⑦), 풀링 후 곧바로 4번 손가락을 5번 줄 10프렛으로 이동시킨다. 이 4번 손가락의 줄 이동과 동시에 1번 손가락으로 5번 줄 7프렛을 누르자(사진⑧). 일반적인 줄 이동 프레이즈에서는 1번 손가락 이동을 먼저 해두고 싶지만, 이 프레이즈에서는 직전에 풀링을 하고 있으므로 어렵다. 그렇기 때문에 4번 손가락과 함께 단숨에 줄 이동을 하는 것이 좋을 것이다. 1번 손가락 이동에 집중해서 플레이하기 바란다.

1번 손가락으로 4번 줄 7프렛을 누른다. 인접한 줄을 뮤트하자.

2번 손가락 4번 줄 8프렛 해머링. 1번 손가락 운지는 그대로 둔다.

2번 손가락 풀링. 4번 손가락 줄 이동을 준비한다.

5번 줄로의 줄 이동은 1번 손가락도 동시에 하자.

[프레이즈의 단락] 노래에 브레스(숨 연결)가 있듯이, 기타 프레이즈에는 단락이 있다. 리듬을 잘 잡기 위해서는 단락이 되는 음을 확실히 이해하는 것이 중요하다. 우선은 프레이즈 전체의 흐름을 파악하자!

149

69

레가티브주의 ~2~

운지 능력을 시험받는 넌 피킹 레가토 프레이즈

• 넌 피킹 레가토를 마스터하라!
• 일곱잇단음 감각을 몸에 익혀라!

LEVEL 🗡🗡🗡🗡

목표 템포 ♩= 120

모범연주 TRACK 137
반　주 TRACK 138

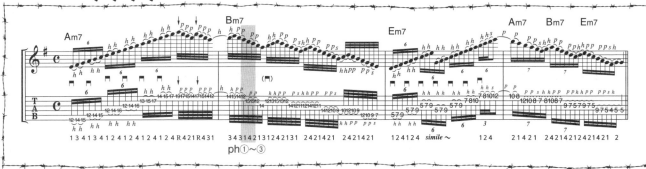

여기서는 태핑을 사용한 상승&하강 레가토 프레이즈에 도전한다. 최고 난관은 2&4마디째의 넌 피킹 레가토. 리치 코첸이 잘 하는 플레이로 강인한 핑거링 능력이 필요하다. 일곱잇단음에 주의하면서 아름답게 흐르듯이 연주하자. 자, 레가토 근육을 단련하자!

위의 악보를 연주할 수 없는 사람은 이것으로 수행하라!

초급 우선은 얼터네이트로 상승하면서 해머링 포지션을 확인하자.

중급 16분음 프레이즈로 메인 프레이즈 2마디째를 연습하자.

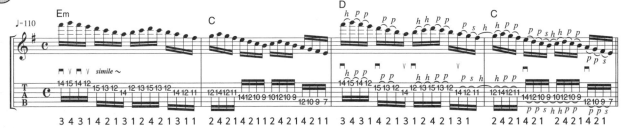

고급 메인 프레이즈를 약간 간단하게 어레인지한 프레이즈. 흐르는 듯한 레가토 감각을 파악하자!

<지옥의 메커니컬 기타 트레이닝 (2) – 사랑과 열반의 테크닉 강화편>에서

주의점 1 이론

1옥타브에 달하는 레가토 포지션을 확인하자!

지판 위를 흐르듯이 연주하는 레가토 플레이의 핵심은 왼손 핑거링에 있다. 우선은 누르는 음의 배치=포지션을 확인해둘 필요가 있다(**그림 1**). 이 프레이즈는 E내추럴 마이너 스케일로 구성되어 있으며, 5~19프렛까지 거의 1옥타브의 폭넓은 포지셔닝으로 되어있는 것이 특징이다. 익숙해지지 않으면 이러한 폭넓은 포지션은 정확하게 파악할 수 없으니, 여러 번 연주해서 손가락에 스케일 감각으로 익히기 바란다. 한 음한 음 확실하게 연습하는 것도 중요하지만, 스케일의 흐름과 포지션을 폭넓게 잡을 수 있게 되는 것도 중요하다.

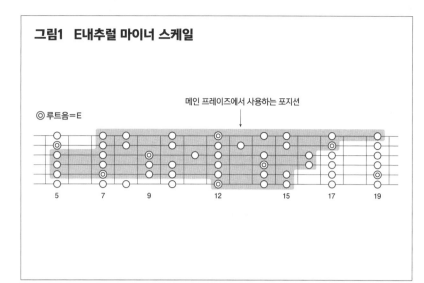

그림1 E내추럴 마이너 스케일

◎ 루트음=E

메인 프레이즈에서 사용하는 포지션

 왼손

4번, 1번 손가락을 세트로 줄 이동을 하자!

궁극의 레가토 연주법이란 피킹을 하지 않고 왼손만으로 음을 울리게 하는 것이다. 기본적으로는 각각의 음을 확실하게 해머링&풀링하는 것이 중요하며, 특히 줄 이동 때에 주의가 필요하다. 2마디째 1박째는 줄 이동을 하면서 4번 손가락 해머링만으로 프레이즈를 연결시키는 부분이 등장한다. 집중해서 연주하기 바란다(**사진①~③**). 이 부분은 그냥 4번 손가락으로 해머링하려고 하면 개방음이 울려서 노이즈가 발생하게 된다. 이것을 피하기 위해서는 4번 손가락과 함께 1번 손가락도 줄 이동해서 지판을 누르는 것이 좋다. 넌 피킹 레가토 프레이즈에서는 항상 2손가락 이상이 동시에 줄 이동을 하도록 하자.

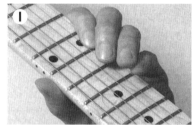

1번 줄 12프렛 운지. 다음이 넌 피킹 줄 이동이다.

4번 손가락 2번 줄 15프렛 해머링. 1번 손가락도 줄 이동하자.

이어서 4번 손가락으로 풀링한다.

 이론

7연음을 7음으로 연주하면 안 된다? 8음 주기로 리듬을 잡자!

4마디째에 등장하는 일곱잇단음은 4분음을 7등분한 음표다. 즉, 1박 안에 7개의 음을 넣게 된다. 여기서 포인트는 어떻게 리듬을 잡느냐다. 일곱잇단음은 절반으로 나눌 수 없으므로 여덟잇단음=32분음표를 떠올리며 연주하는 것이 좋다(**그림2**). 즉, 프레이즈를 8음 단위로 기억하고 다음 박 시작음이 8음째까지 단숨에 연주해서 결과적으로 일곱잇단음을 연주하는 것이다. 초보자는 7음씩 나누어 연주하려고 하면 일곱잇단음이 아니라 32분음으로 연주해서 마지막 음을 늘려버리기 쉽다. 이것을 피하기 위해서라도 일곱잇단음은 항상 **8음으로 나눠서 연주**[주]하는 것이 좋다.

그림2 일곱잇단음을 연주하는 방법

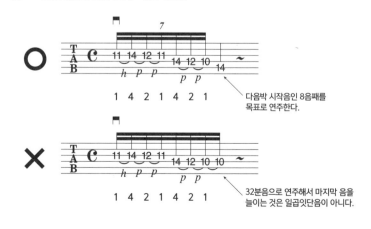

다음박 시작음인 8음째를 목표로 연주한다.

32분음으로 연주해서 마지막 음을 늘리는 것은 일곱잇단음이 아니다.

[8음으로 나눠서 연주한다] '1234567, 8234567, 8234567~'과 같이 '8'을 다음 박자의 시작으로 보고 노래하면서 하머링하면 좋다. 이렇게 하면 일곱잇단음이 이어지는 프레이즈라도 혼란에 빠지지 않고 연주할 수 있을 것이다.

70

태핑의 역사에 종지부가!?

줄 뛰어넘기 태핑 플레이

- 왼손 태핑을 단련시켜라!
- 줄 뛰어넘기에 흔들리지 않는 운지를 익히자

LEVEL ★★★★★ 목표 템포 ♩= 130

모범연주 **TRACK 139**
반　주 **TRACK 140**

태핑은 단계를 높이면 높일수록 왼손이 어려워진다!? 이 최고 난관의 태핑 프레이즈를 연주해보면 이런 거짓말 같은 말이 이해가 될 것이다. 음을 내기 힘든 왼손 태핑을 바탕으로 줄 뛰어넘기가 연속되는 이 프레이즈에 도전해서 태핑의 역사에 종지부를 찍자!

위의 악보를 연주할 수 없는 사람은 이것으로 수행하라!

초급 우선은 왼손 태핑과 줄 뛰어넘기 기초 프레이즈를 체크!

중급 이어서, 16분음 패턴에 익숙해지자. 리듬을 잡는 방법에도 주의하자.

고급 메인 프레이즈 4마디째와 같이 디미니쉬 스케일을 연주하자.

<지옥의 메커니컬 기타 트레이닝 (1)>에서

주의점 1 왼손

왼손 태핑의 비결은 왼손 전체의 통통 튀는 움직임에 있다

최고 난이도의 왼손이 선행하는 태핑 프레이즈. 마이클 로메오가 잘 하는 이 초절정 테크닉을 연주하기 위해서는 우선 왼손 태핑을 확실하게 익혀야만 한다. **사진①~④**는 1마디째 1박째의 것으로, 5번 줄 7프렛을 왼손 1번 손가락으로 태핑할 때, 일반적인 해머링의 '두드리는' 느낌이 아니라 '때리는' 느낌으로 하는 것이 좋다. 이때 왼손 전체를 통통 튕기면 된다. **사진①**과 **사진②**를 비교해보면 알 수 있듯이 1번 손가락으로 지판을 누른 뒤, 1번 손가락을 축으로 4번 손가락 쪽의 손이 떠있는 것처럼 보인다. 이처럼 왼손 전체가 통통 튀듯이 움직임으로써, 더욱 큰 음량을 얻을 수 있다. 또한 1번 손가락 끝과 배 부분으로 남은 줄을 뮤트하는 것이 좋다.

왼손 1번 손가락의 5번 줄 7프렛 태핑 직전 상태.

1번 손가락 태핑. 뮤트와 왼손의 통통 튀는 움직임에 주의하자.

이어서 4번 손가락 5번 줄 10프렛 해머링.

오른손 태핑. 1번 손가락 뮤트를 잊지 말자.

주의점 2 이론

4마디째의 변칙 리듬은 손가락 순서를 기억해서 대응하자

이 프레이즈의 기본적인 포지션은 1번+4번 손가락 또는 3번 손가락+오른손 태핑의 3음 세트 패턴으로 되어있다. 우선은 이 기본 패턴을 1줄로 확실하게 연습하자. 익숙해지면 **그림1**의 스케일 그림에서 전체 포지션을 확인하기 바란다. 이 프레이즈에서 1~3마디째는 Em7의 코드 톤, 4마디째는 Edim7의 코드 톤이 사용되고 있다. 여기서도 각 파트마다 포지셔닝을 확인하는 것이 좋을 것이다. 4마디째는 다섯잇단음+여섯잇단음의 변칙 리듬이 등장하므로 주의가 필요하다. 다만 너무 복잡하게 생각하지 말고, 3음+줄 뛰어넘기 3음의 총 6음을 '상승은 1번 손 가락부터', '하강은 오른손 태핑부터'로 생각하면서 연주하면 리듬을 잡기 쉬울 것이다.

그림1   줄 뛰어넘기 태핑의 코드 톤 그림

◎ 루트음=E

1~3마디째 Em7의 코드 톤

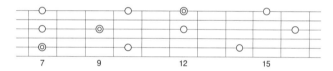

4마디째 Edim7의 코드 톤

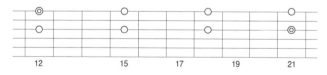

칼럼 48

지옥의 칼럼

프로에게 배우자! 태핑 명음반

여기서는 태핑의 뿌리가 되는 70&80년대 명플레이를 소개하겠다. 첫 번째 곡은 반 헤일런의 'Eruption'. 이 에디의 태핑環 당시 전 세계의 기타리스트에게 큰 충격을 주었다. 현재에도 빛이 바래지 않는 역사적인 명연주. 다음은 LOUDNESS의 'Soldier of Fortune'. 아키라 타카사키의 양손 태핑은 에디 다음으로 태핑에 혁명을 가져온 초절정 플레이라고 할 수 있다. 매우 테크니컬하면서도 깔끔하게 연주된 점에도 주목하기 바란다. 마지막은 ALCATRAZZ의 'Stripper'. 스티브 바이의 태핑은 매우 음역이 넓으며, 태핑의 새로운 가능성을 보여주었다.

Van Halen
'Eruption'

from <Van Halen>

Loudness
'Soldier of Fortune'

from <Soldier of Fortune>

Alcatrazz
'Stripper'

from <Disturbing the Peace>

−71−
쌍칼이 되자!

양손 태핑 프레이즈

지옥의 격언
- 복잡 기괴한 양손 태핑에 도전하자!
- 정확하게 핑거링하자!

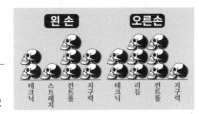

LEVEL ✦✦✦✦

목표 템포 ♩= 120

모범연주　TRACK 141
반　　주　TRACK 142

전 세계적으로 유명한 일본인 기타리스트 아키라 타카사키. 여기서는 기타의 상식을 뒤엎은 그의 대표적인 테크닉 '양손 태핑'에 도전한다! 왼손을 넥 위로 돌려서 지판을 누르는 독특한 폼에 익숙해지고, 나아가 모든 음이 제대로 나도록 연주하자. 남은 줄 뮤트에도 신경 쓰자!

위의 악보를 연주할 수 없는 사람은 이것으로 수행하라!

초급 8분음으로 양손 태핑의 기본동작에 익숙해지자!

중급 코드 변화에 주의하면서 연습하자!

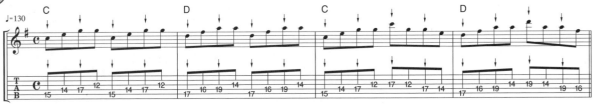

고급 조금씩 음표 배분을 세밀하게 해서 양손 태핑을 마스터하자!

<지옥의 메커니컬 기타 트레이닝 (1)>에서

154

주의점 1　왼손 오른손

양손 태핑에서 왼손 사용법을 익히자

1980년대에는 전 세계의 기타리스트가 앞 다투어 새로운 연주 테크닉을 내놓았다. 그 중에서 특출났던 것이 아키라 타카사키가 만들어낸 양손 태핑 테크닉이다. 우선은 기본 폼을 확인하겠다. 왼손은 넥 위에서 잡는 스타일로 되어 있어(사진①, ②) 오른손 태핑 때의 뮤트 역할도 하고 있다. 뮤트는 왼손 3번, 4번 손가락을 사용하는 것이 좋다(사진③). 왼손은 '2번&1번 손가락이 태핑'이며 '4번&3번 손가락이 뮤트'라는 식으로 동시에 두 가지 역할을 하게 되는데, 일단 익숙해지면 양쪽 모두 자연스럽게 할 수 있게 되므로 열심히 연습하자.

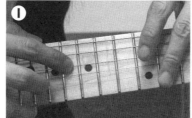
오른손 태핑 때에는 왼손으로 뮤트한다.

왼손 태핑은 1번 또는 2번 손가락을 사용한다.

뮤트는 왼손 4번과 3번 손가락을 사용한다.

주의점 2　이론

양손 태핑의 기본적인 포지션 그림

이 프레이즈는 코드 톤을 바탕으로 하며, 텐션 노트 등의 +α음으로 구성되어있다. 우선은 이 프레이즈의 포지션 그림을 기억하기 바란다(그림1). 이것이 양손 태핑의 기본적인 트라이어드 폼이라고 할 수 있는데, 오른손과 왼손이 교대로 태핑하는 테크닉이므로 일반적인 코드 톤 포지션과는 약간 다르다. 왼쪽 2음이 왼손 태핑음이며 오른쪽의 파워 코드 형태가 오른손 태핑음으로 되어있다. 실제로 연주할 때에는 오른손과 왼손 각각의 지판 포지션을 확인하고, 그 뒤에 전체 흐름을 파악하는 것이 좋을 것이다.

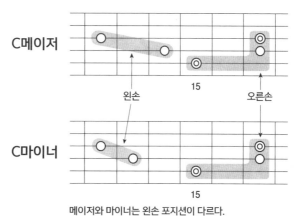

그림1　양손 태핑의 기본적인 트라이어드 폼

C메이저

왼손　　　　　　15　　　　오른손

C마이너

15

메이저와 마이너는 왼손 포지션이 다르다.

주의점 3　왼손 오른손

타악기를 두드리는 듯한 느낌으로 태핑을 하자

양손 태핑은 오른손과 왼손이 교대로 태핑하기 때문에 타악기를 두드리는 듯한 감각을 가질 필요가 있다. 3마디째까지 16분음으로 되어 있어 확실하게 코드의 형태를 누르면서 이동하자. 4마디째는 여섯잇단음 펜타토닉 프레이즈로 바뀐다. 사진은 4마디째 1박째인데, 2번 줄 15프렛을 오른손으로 태핑한 시점에서 다음의 왼손 2번 손가락은 2번 줄 12프렛 태핑 준비를 해두자. 오른손과 왼손이 교대로 태핑하므로 항상 다음 손가락을 준비하면서 연주하는 것이 중요하다. 또한 양손 태핑에 풀링이 들어가지 않으므로 태핑과 동시에 손가락을 바로 위쪽 방향으로 떼도록 하자.

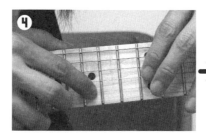
2번 줄 15프렛 오른손 태핑. 다음의 왼손 준비를 하자.

2번 줄 12프렛 왼손 2번 손가락 태핑. 오른손은 3번 줄로 이동.

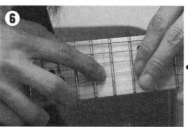
3번 줄 14프렛 오른손 태핑. 왼손 1번 손가락의 준비를 하자.

3번 줄 12프렛을 왼손 1번 손가락으로 태핑. 뮤트를 잊지 말자.

72

야전의 전설 ~9~ '베테랑의 양손'

조 새트리아니 스타일의 양손 태핑 엑서사이즈

 지옥의 격언
- 리드미컬한 양손 태핑에 도전하자!
- 오른손 폼을 세밀하게 체인지하라!

왼 손	오른손
테크닉 스트레치 컨트롤 지구력	테크닉 리듬 컨트롤 지구력

LEVEL ✸✸✸✸✸　　목표 템포 ♩=135　　모범연주 TRACK 143　반주 TRACK 144

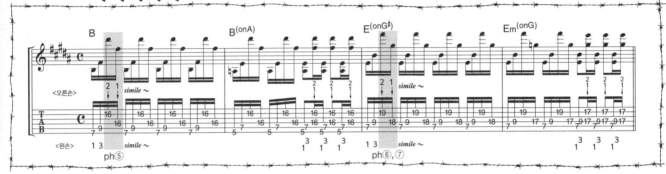

조 새트리아니 스타일의 퍼커시브한 양손 태핑 엑서사이즈. 기본적으로는 코드 플레이이므로 왼손은 파워 코드, 오른손은 3rd음과 5th음, 9th음을 줄을 뛰어넘으며 연주한다. 양손 모두 태핑한 손가락을 다음 음 태핑 직전에 떼면 리드미컬하게 연주할 수 있을 것이다.

위의 악보를 연주할 수 없는 사람은 이것으로 수행하라 !

초급 8분음 기본 패턴을 연습하자. 리드미컬하게 연주하자.

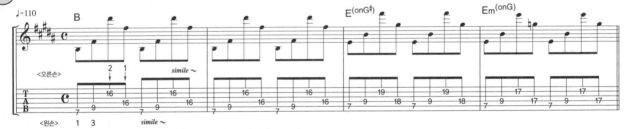

중급 왼손 2손가락, 오른손 2손가락 동시 태핑 연습. 화음이 깔끔하게 나도록 연주하자!

고급 양손 태핑의 발전연습. 전반은 단음 태핑, 후반은 코드 태핑에 도전하자.

<지옥의 메커니컬 기타 트레이닝 – 입대편>에서

주의점 1  왼손

1번 손가락을 크게 휘둘러 루트음을 또렷하게 소리내자

메인 프레이즈는 양손 태핑 코드 플레이다. 왼손이 파워 코드, 오른손이 3rd음과 5th음, 9th음을 담당한다. 이러한 코드 플레이에서는 우선 루트음을 정확하게 소리 내는 것이 중요하므로 루트음을 담당하는 왼손 1번 손가락에 주의하자. 1번 손가락을 높이 들어올렸다 내리면서 줄을 확실하게 때리자(**사진①~④**). 실제로는 손의 움직임이 다소 거친 편이 알맞은 상태다. 일반적인 테크니컬 플레이에서 거친 왼손의 움직임은 필요 이상으로 움직이는 경우가 많다. 그러나 이 프레이즈에서는 루트음을 정확하게 발음하는 것이 포인트이므로 문제없다. 익숙하게 연주할 수 있을 때까지는 **거울 앞에서 연습[주]**하면서 자신의 폼을 확인하는 것도 좋다.

 ①
이렇게 1번 손가락의 움직임이 작으면…

 ②
루트음을 제대로 연주할 수 없다.

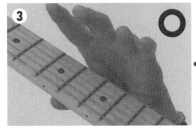 ③
1번 손가락을 크게 들어서…

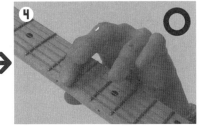 ④
줄을 힘차게 내려치자! 루트음을 확실하게 내자.

주의점 2  오른손

태핑 공략의 열쇠는 오른손 손목 각도에 있다!

메인 프레이즈의 양손 태핑에서 파워 코드를 담당하는 왼손은 항상 일정한 폼이 된다. 하지만 그 밖의 코드음을 연주하는 오른손은 위치에 따라서 폼이 달라진다. 1&2마디째 4&2번 줄 16프렛처럼 다른 줄 같은 프렛을 태핑할 때에는 손목을 똑바로 펴고(**사진⑤**), 3마디째 2번 줄 19프렛&4번 줄 18프렛처럼 다른 프렛을 태핑할 때에는 손목이나 팔의 각도를 조절하자(**사진⑥**). 1&2마디째와 마찬가지로 3마디째도 손목을 똑바로 해서 태핑을 하면 손끝을 무리하게 구부려야 하므로 음이 작아진다(**사진⑦**). 태핑은 손끝은 물론 손목의 각도에도 주의해야 한다.

 ⑤
손목을 똑바로 펴서 4&2번 줄 16프렛을 태핑한다.

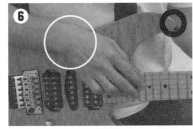 ⑥
손목을 넥 쪽으로 구부리면 정확하게 플레이할 수 있다.

 ⑦
손목을 구부리지 않으면 균등하게 태핑할 수 없다.

칼럼 49
지옥의 칼럼

저자 코바야시 신이치가 말하는 조 새트리아니

수많은 인스트루멘털 작품을 발표하고 있는 새트리아니. 그의 연주는 고속 레가토를 비롯해 매우 테크니컬하다. 그러나 동시에 서정적이며 표현력도 매우 풍부한 기타리스트다. 새로운 테크닉을 도입하는 센스도 뛰어나서 태핑과 아밍, 하모닉스를 사용해서 오리지널리티가 넘치는 사운드를 만들어내고 있다. 새트리아니는 아티스트이자 기타 선생님으로서 스티브 바이와 커크 해밋 등 수많은 기타리스트를 키워냈다. 저자도 역시 기타 선생님을 하고 있기 때문에 그런 새트리아니를 크게 존경하고 있다.

Joe Satriani
<Surfing with the Alien>
1987년에 발표된 2nd 앨범. 테크니컬&트리키한 초절정 플레이를 토대로 전체적으로 인상적인 멜로디를 들려준다.

Joe Satriani
<crystal planet>
새트리아니의 진수인 질주감 넘치는 사운드와 풍부한 표현력의 플레이가 가득한 걸작. 악곡도 매우 다채롭다.

[거울 앞에서 연습] 거울에 자신의 플레이를 비춰보면 핑거링과 피킹의 불필요한 움직임을 확인할 수 있다. 최근에는 동영상도 간단히 촬영할 수 있으므로 자신의 플레이를 녹화해서 동영상으로 폼을 확인해보는 것도 좋다.

73

현관을 열자 치킨이!

치킨 피킹 펜타토닉 프레이즈

• 호쾌한 잭 스타일의 치킨 피킹에 도전하자!
• 독특한 치킨 피킹의 리듬을 익히자

LEVEL ✦✦✦

목표 템포 ♩= 115

모범연주 TRACK 145
반　주 TRACK 146

컨트리에 익숙하지 않아도 호쾌한 잭 와일드의 치킨 피킹에 마음이 흔들리는 사람은 많을 것이다. 여기서는 치킨 피킹의 기초를 배우고 나아가 치킨 특유의 리듬과 줄 이동을 익힌다. 마스터하면 록에 치킨을 이용해보자!

위의 악보를 연주할 수 없는 사람은 이것으로 수행하라!

초급 치킨 피킹의 기초적인 연주방법에 익숙해지자.

중급 2번&3번 손가락을 사용한 치킨 피킹도 연습하자.

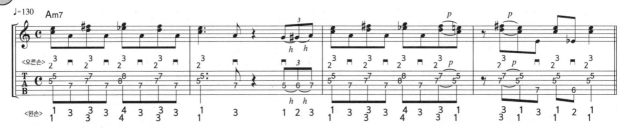

고급 자유로운 타이밍에 치킨을 넣을 수 있는 리듬감각을 기르자!

<지옥의 메커니컬 기타 트레이닝 (1)>에서

주의점 1　👉 오른손

치킨 피킹의 기본동작을 확인하자

치킨 피킹은 컨트리 스타일에서 태어난 테크닉으로 저음줄을 피크로 피킹(플랫 피킹, **사진①**)하고, 고음줄을 오른손 2번&3번 손가락으로 걸듯이 피킹(핑거 피킹, **사진②**)하는 연주법이다. 기본적으로는 플랫 피킹 때에는 브릿지 뮤트를 하고, 핑거 피킹에서는 확실하게 줄을 아래에서 걸어서 음을 내는 것이 좋다. 이 뮤트음 '푸칙!'과 실음 '파칭!'이 닭 울음소리와 비슷하다고 해서 붙여진 이름 같다. 피크와 오른손 가운뎃손가락으로 2줄을 바깥쪽에서 끼우는 느낌으로 누른다. 우선은 피크의 다운과 오른손 가운뎃손가락의 업을 반복연습하자. 잭 와일드를 목표로 열심히 하자!

플랫 피킹은 일반적인 피크 연주다. 브릿지 뮤트를 하자.

핑거 피킹은 오른손 가운뎃손가락으로 줄을 아래에서 위 방향으로 건다. 줄이 지판을 때리는 느낌이 되도록 하자.

주의점 2　👉 오른손

2번, 3번 손가락을 사용한 화음 핑거 피킹

실제로 이 프레이즈를 연주할 때에는 치킨같은 줄 이동 프레이즈가 등장하는 전반부, 그리고 피크에 의한 업 피킹과 비슷한 연주방법의 치킨 피킹이 등장하는 후반부로 나눠서 연습하는 것이 좋을 것이다. 여기서 특히 주의할 것은 화음을 핑거 피킹으로 연주하는 2마디째다(**사진③, ④**). 여기서는 2줄에 오른손 2번&3번 손가락을 동시에 걸어서 음을 내는데, 줄을 바로 위 방향으로 걸도록 하자. 여기서 2번과 3번 손가락의 음량의 차이가 생기지 않도록 하자. 2번과 3번 손가락의 음량을 같게 하려면 같은 프레이즈를 평소에도 연습하면 좋을 것이다.

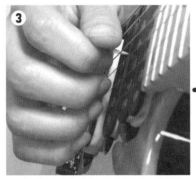

피크에 의한 다운 피킹. 2번과 3번 손가락을 2줄의 아래로 확실하게 넣자.

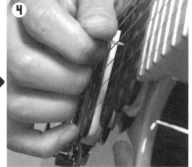

2줄 핑거 피킹. 2번과 3번 손가락 모두 제1관절을 구부려서 바로 위 방향으로 걸자.

칼럼 50

지옥의 칼럼

여기서는 헤비메탈에 등장하는 치킨 피킹의 명플레이를 소개하겠다. 우선은 잭 와일드의 'Dead As Yesterday'. 서던 록의 영향을 받은 잭은 이 곡에서 메탈 기타리스트라고는 여겨지지 않는 훌륭한 치킨 피킹을 선보이고 있다. 이 밖의 곡에서도 잭은 호쾌한 치킨 피킹을 들려준다. 다음은 임펠리테리의 '17th Century Chicken Pickin'. 이 곡에서는 스키핑을 연주하기 위해 치킨 피킹을 사용한 것 같다. 컨트리와는 정반대의 초절정 플레이를 들려준다. 타이틀에도 'Chicken Pickin'이라고 되어있는 것이 재미있다.

프로에게 배우자! 치킨 피킹 명플레이

Zakk Wylde
'Dead As Yesterday'
from <Book of Shadows>

Impellitteri
'17th Century Chicken Pickin''
from <Screaming Symphony>

74

SLASH 메탈!?

슬래쉬 스타일의 애절한 펜타토닉 솔로 프레이즈

・애절한 초킹&비브라토를 익혀라!
・솔로에 완급을 주는 센스를 연마하라!

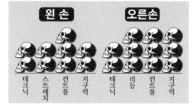

LEVEL ✦✦✦✦

목표 템포 ♩= 120

모범연주　TRACK 147
반　주　　TRACK 148

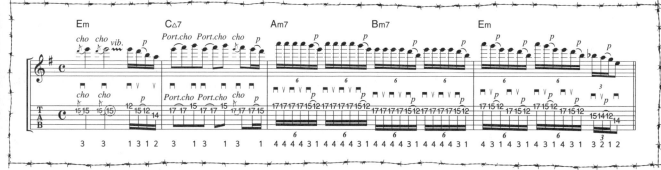

록 기타리스트라면 펜타토닉을 애절하게 연주할 수 있어야 한다! 건즈 앤 로지즈의 슬래쉬 스타일의 블루스 록 솔로로 애절한 기타를 완전 마스터하자! 초킹과 비브라토의 뉘앙스를 연구하고, 나아가 펜타토닉 여섯잇단음 프레이즈의 피킹을 익히자! 와우 페달의 뉘앙스도 파악하자!

위의 악보를 연주할 수 없는 사람은 이것으로 수행하라!

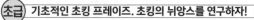

초급 기초적인 초킹 프레이즈. 초킹의 뉘앙스를 연구하자!

중급 메인 프레이즈 3&4마디째의 여섯잇단음 프레이즈를 셋잇단음으로 연습하자!

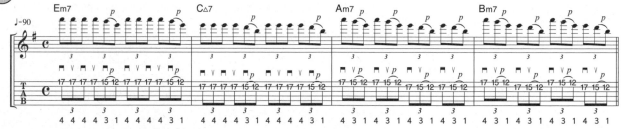

고급 마지막에 풀링을 넣는 여섯잇단음 프레이즈를 익히자!

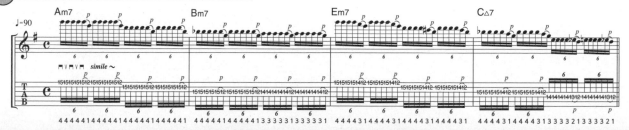

<지옥의 메커니컬 기타 트레이닝 (2) – 사랑과 열반의 테크닉 강화편>에서

주의점 1 왼손

뜨거운 록 기타리스트라면 비브라토 사용법을 익혀라

기타리스트에게 있어서 초킹 비브라토는 최고의 '승천' 테크닉[주]이라고 할 수 있다. 그것은 자신뿐만 아니라 듣는 이도 황홀하게 만들 수 있기 때문이다. 그러나 그냥 줄을 흔드는 것만으로는 안 된다. 비브라토의 베리에이션에 대해서 해설하겠다. **그림1-a**는 초킹 후에 더욱 높은 음으로 올려서 흔드는 타입으로 메탈 계열 보컬리스트의 하이톤 비브라토와 비슷하다. **그림1-b**는 초킹 후에 힘을 느슨하게 해서 음정을 낮춘 후 흔드는 타입. 애절함이 연출되어 약간 블루지한 느낌이 나는 70년대적인 패턴이다. 이 2가지를 선택 사용할 수 있게 되면 가장 좋을 것이다. 참고로 **그림1-c~e**는 좋지 않은 패턴이다. 이렇게 되지 않도록 초킹의 피치를 정확하게 하는 것이 중요하다.

그림1 비브라토에 대해서

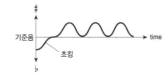

(a) 샤우트 스타일 비브라토

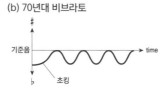

(b) 70년대 비브라토

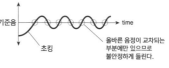

(c) 좋지 않은 비브라토 ①

올바른 음정이 교차되는 부분에만 있으므로 불안정하게 들린다.

(d) 좋지 않은 비브라토 ②

올바른 음정에 도달하지 못해서 애절함이 없다.

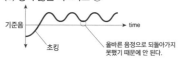

(e) 좋지 않은 비브라토 ③

올바른 음정으로 되돌아가지 못했기 때문에 안 된다.

주의점 2 왼손

1번 손가락 조인트로 고속 프레이즈를 연주하자!

지금까지 줄 이동을 동반한 프레이즈에서는 조인트를 하지 않고, 제대로 줄 이동을 해야만 한다고 해설했다. 그러나 템포가 너무나 빠르고, 또한 줄 이동을 반복하는 프레이즈에서는 플레이의 안정성을 고려해서 1번 손가락 조인트를 활용하기 바란다. 이 프레이즈에서는 4마디째 1&2박째에서 조인트를 사용하자(**그림2**). 이곳은 우선 1번 손가락으로 1&2번 줄 12프렛을 눌러둔다. 그리고 1번 줄을 연주할 때에는 1번 줄 쪽에 중심을 두고, 2번 줄을 뮤트하자. 마찬가지로 2번 줄을 연주할 때에는 2번 줄에 중심을 두고 1번 줄을 뮤트하면 된다. 이 중심이동을 원활하게 할 수 있게 되면 메인 프레이즈 같은 줄 이동을 동반한 와이드 스트레치도 잘 연주할 수 있을 것이다.

그림2 1번 손가락의 조인트

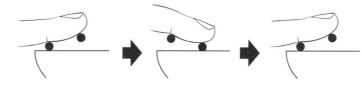

・1번 줄을 연주할 때 ・2번 줄을 연주할 때 ・1번 줄로 되돌아왔을 때

1번 손가락의 중심이동을 원활하게 하자.

칼럼 51

지옥의 칼럼

1987년에 건즈 앤 로지즈가 발표한 데뷔작 <Appetite For Destruction>에는 생생한 밴드 사운드, 한 번 들으면 잊을 수 없는 노랫소리, 배드 보이적인 분위기…… 등, 록이 가진 매력의 모든 것이 담겨 있다. 이 한 장의 앨범으로 세계 최고 록 밴드의 지위를 획득한 건즈 앤 로지즈. 보컬 액션과 함께 밴드의 중심인물이었던 기타리스트 슬래쉬 역시, 기타 히어로의 정점으로 단숨에 올라섰다. 데뷔 당시 긴 아프로 헤어와 톱햇을 트레이드 마크로 레스폴을 연주하는 그의 모습에 많은 기타 키즈가 열광했다. 그러나 그가 다른 기타 히어로들과 뚜렷하게 구별되는 이유는 외모 때문만은 아니다. 펜타토닉을 메인으로 하면서도 코드 톤을 절묘하게 사용한 멜로디 센스, 조바꿈을 교묘하게

저자 코바야시 신이치가 말하는 슬래쉬 2

활용한 프레이즈의 구축능력 등, 기타리스트로서의 실력을 확실하게 보여주었기 때문이다. 2003년에 결성한 새로운 밴드 'Velvet Revolver'에서도 최고의 기타 플레이를 들려주는 슬래쉬. 같은 레스폴 사용자인 잭 와일드와 마찬가지로 스타일을 바꾸지 않고 압도적인 존재감을 내뿜는 그는 와일드하고 파워풀한 기타 사운드를 영원히 들려줄 것이다.

Velvet Revolver
<Contraband>

슬래쉬의 새로운 밴드 데뷔작. 다크한 요소를 가지고 있으면서도 하드한 아메리칸 록을 들려준다.

[승천 테크닉] 초절정 기타의 궁극적인 형태. 다만 지미 헨드릭스나 커트 코베인 등 전설적인 기타리스트처럼 젊은 나이에 정말로 '승천'해서는 안 된다. 살아서 승천하자!

75

동양적인 정신

마티 프리드먼 스타일의 화음계를 사용한 솔로

- 마티 프리드먼 스타일로 동양적인 스케일을 배워라!
- 애절한 하프 초킹을 익혀라!

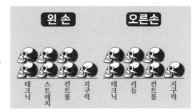

LEVEL ✦✦✦   목표 템포 ♩= 90   모범연주 TRACK 149 / 반　주 TRACK 150

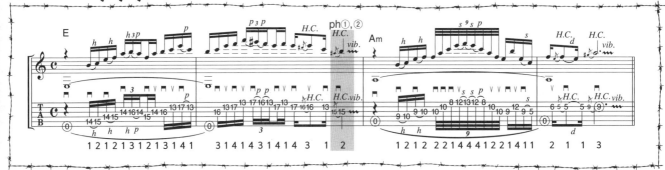

여기서는 동양적 음계를 사용한 애절한 기타 프레이즈를 배우겠다. 동양적인 음악을 초절정 기타에 도입한 제1인자라고 하면 마티 프리드먼이다. 이 프레이즈를 연주함으로써 마티에 지지 않는 애절한 기타의 표현력을 익히자!

위의 악보를 연주할 수 없는 사람은 이것으로 수행하라!

초급 우선은 8분음으로 동양적 스케일의 포지션을 확인하자!

중급 '초급'과는 다른 포지션도 머릿속에 넣자!

고급 하프 초킹의 음정을 확인하자!

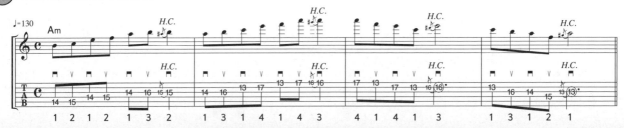

주의점 1 이론

현대적으로 어레인지된 동양적인 음계를 연주해보자

동양적인 음계에는 다양한 종류가 있다. 아악적 음계나 민요 등은 펜타토닉에 가까우며, 민요는 주로 '메이저 펜타토닉'이다. 또한 오키나와 류큐 음계나 엔카적인 음계 등, 서양의 펜타토닉과는 다른 5음음계도 있다. 이 프레이즈에서 사용되고 있는 스케일은 '음선법'이라 불리는데, 오래전 중국에서 전해진 것이다(그림 1-a). 이것을 A마이너 느낌의 현대적으로 어레인지한 음선법으로 연주해보자(그림1-b). 일반적인 펜타토닉처럼 1줄 당 2음씩 연주할 수 있으므로 기타리스트에게는 연주하기 쉬운 포지션이라고 생각한다.

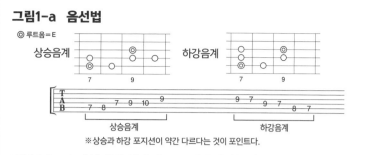

그림1-a　음선법

◎ 루트음＝E

상승음계　하강음계

※상승과 하강 포지션이 약간 다르다는 것이 포인트다.

그림1-b　A마이너를 현대적으로 어레인지한 음선법

◎ 루트음＝A

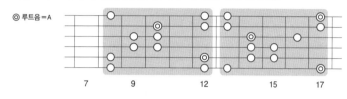

주의점 2 왼손

트로트 가수 같은 비브라토를 사용하자

이 프레이즈에서는 동양적인 스케일 느낌을 제대로 표현하는 것을 목표로 하자. 포지셔닝이 변칙적이므로 우선 손가락 사용에 익숙해지기 바란다. 전반부는 6번 줄 루트 포지션이며, 후반부는 5번 줄 루트 포지션이다. 그림1-b를 확인하면서 프레이즈를 기억하자. 2마디째에는 마티 스타일의 초킹 비브라토가 등장한다. 마티가 트로트 가수의 창법을 흉내 내서 시작한 이 테크닉은 울리고 싶은 음의 1프렛 아래(반음 아래)를 누르고, 반음 초킹을 함으로써 목적한 음이 울리게 한다(사진①, ②). 초킹을 아랫방향으로 하면 트로트 가수처럼 끈적한 비브라토를 걸기 쉬워진다. 이 프레이즈는 동양적 분위기를 낼 수 있도록 표현력에 주의해서 연주하기 바란다.

2번 손가락 3번 줄 15프렛 운지. 이 상태에서 줄을 아랫방향으로 당긴다. 목적한 음정을 확실하게 확인해두자.

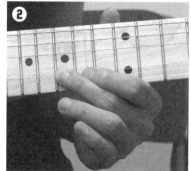

2번 손가락 3번 줄 15프렛 하프 초킹. 초킹과 함께 트로트 가수처럼 끈적한 비브라토를 걸자.

칼럼 52

지옥의 칼럼

마티 프리드먼의 간략한 히스토리

트로트 스타일의 프레이즈까지 연주하는 초절정 기타리스트, 마티 프리드먼의 원점이라고 하면 역시 제이슨 베커와 결성한 캐코포니를 들 수 있다. 이 무렵부터 초고속 프레이즈 안에 트로트적인 프레이징을 담고 있었다. 캐코포니의 활동 후에 발표한 솔로 앨범 <Dragon's Kiss>에서는 장대한 마티 스타일의 연주가 작열하고 있다. 특히 'Thunder March'는 명곡이므로 꼭 들어보기 바란다. 그리고 전 세계의 메탈 팬에게 충격을 준 메가데스 가입 직후에 발표한 <RUST IN PEACE>에는 건초염이 걸린 상태에서 한 레코딩이라고는 여겨지지 않을 정도로 기백이 넘치는 초 테크니컬한 플레이가 담겨있다.

Marty Friedman
<Dragon's Kiss>

1988년에 발표된 마티 프리드먼의 1st 솔로 앨범. 때로는 장대하고, 때로는 과격하게 정(靜)과 동(動)이 훌륭하게 융합한 걸작이다.

Megadeth
<Rust In Peace>

슬래시 메탈 역사에 길이 남을 명작 중 명작. 치밀하게 구축된 악곡은 메탈의 영역을 초월해 그들의 높은 음악성을 보여준다.

고속의 숲 '오블리가토' 미술관

-76-

고속 오블리가토 플레이를 사용한 리프

지옥의 격언
- 리프와 오블리가토의 전환을 마스터하자!
- 슈퍼 스트레치 레가토에 도전하자!

LEVEL ✦✦✦✦✦

목표 템포 ♩= 120

모범연주　TRACK 151
반　　주　TRACK 152

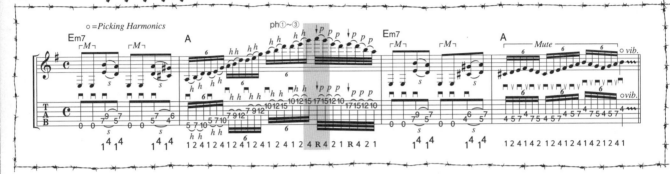

여기서는 헤비 리프와 고속 오블리가토에 도전한다. 랜디 로즈, 반 헤일런 등 기타 히어로라 불린 기타리스트는 모두 훌륭한 오블리가토 플레이를 들려주었다. 리프와 오블리가토의 전환을 마스터해서 미래의 기타 히어로가 되자.

위의 악보를 연주할 수 없는 사람은 이것으로 수행하라!

초급 우선은 셋잇단음표로 레가토 포지션을 확인하자!

중급 이어서 리프와 오블리가토의 전환에 익숙해지자!

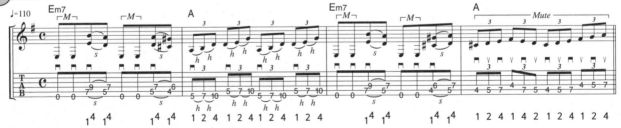

고급 '중급'보다 약간 복잡한 오블리가토를 연습하자!

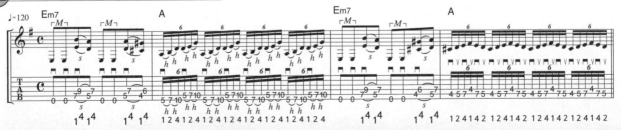

<지옥의 메커니컬 기타 트레이닝 (1)>에서

주의점 1 　이론

고속 오블리가토 파트의 스케일을 머릿속에 넣자

리프와 고속 오블리가토의 전환을 잘 하기 위해서는 우선 오블리가토의 스케일을 머릿속에 넣어두는 것이 중요하다. 2마디째는 E마이너 펜타토닉, 1줄에 3음의 와이드 스트레치 포지션으로 되어있다(그림1-a). 5&6번 줄, 3&4번 줄, 1&2번 줄의 세트에서 같은 운지이므로 이 3가지 세트를 나눠서 기억하면 좋을 것이다. 6번 줄 10프렛 다음에 같은 D음인 5번 줄 5프렛이 오는 등, 약간 독특하게 음을 사용하고 있다. 이 리프는 E도리안 모드인데, E마이너 펜타토닉은 E도리안에 포함되어있기 때문에 도리안 모드의 리프에서도 이러한 마이너 펜타토닉을 구성할 수 있다. 4마디째는 일반적인 E도리안 스케일(그림1-b)이며, D메이저 스케일과 같은 포지션으로 되어있다.

그림1-a　E마이너 펜타토닉 와이드 스트레치 포지션

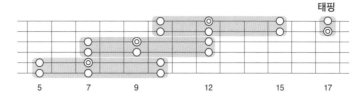

그림1-b　E도리안 스케일 포지션

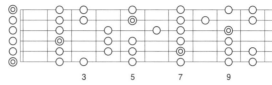

※ 포지셔닝은 D메이저 스케일과 같다.

주의점 2 　왼손 오른손

오블리가토로의 전환 때에 리듬을 잘 잡는다!

이 프레이즈를 연주할 때에는 리듬을 이해하는 것이 중요하다. 1, 3마디째 리프는 8비트이며, 2, 4마디째는 여섯잇단음으로 되어있다. 이 리프에서 오블리가토로 전환할 때에 리듬이 알 수 없게 되어버리지 않도록 템포를 바꾸지 않고 프레이즈를 연결시키자. 이어서 주의할 것이 2마디째 4박째의 와이드 스트레치&태핑 프레이즈다. 3박째는 4번 손가락 1번 줄 15프렛 해머링에서 1번 줄 17프렛 태핑으로 들어가는데(사진①&②), 32분음으로 되어있으므로 태핑이 들어가는 타이밍을 확실하게 맞추어야 한다. 또한 그 직후에 8비트 리프로 확실하게 돌아가는 것도 중요하다.

4번 손가락 해머링. 확실하게 스트레치한다.

태핑 때 왼손 운지를 계속 유지하자.

오른손 풀링. 32분음으로 변화하는 리듬에 주의하자.

칼럼 53
지옥의 칼럼

여기서는 리프에서 오블리가토로 깔끔하게 옮겨가기 위한 연습법 2가지를 소개하겠다. 하나는 리프를 1마디 연주했으면 다음은 오블리가토 최초의 1음만 연주하는 것이다(그림2-a). 리프에서 오블리가토로 전환할 때에는 너무 서두른 나머지 운지가 완전하지 못하거나, 리듬이 너무 앞으로 나오는 경우가 있다. 하지만 이 연습을 반복하면 정확한 운지와 리듬감을 기를 수 있다. 두 번째는 리프를 연주한 후 오블리가토 최초의 음을 4분음으로 4번 연주하는 연습이다(그림2-b). 이렇게 함으로써 오블리가토 중의 리듬을 확인할 수 있다. 이러한 연습은 어떠한 오블리가토에서도 리듬이 흐트러지지 않게 할 수 있다.

당장 효과가 나타난다!
손쉬운 오블리가토 트레이닝 프레이즈

그림2-a　리프→오블리가토 전환 연습 프레이즈

그림2-b　오블리가토 리듬 확인 프레이즈

77

대럴이여, 영원하라~

다임백 대럴 스타일의 레가토&하모닉스 프레이즈

- 대럴 스타일 펜타토닉을 익혀라!
- 하모닉스+아밍 기술을 익혀라!

LEVEL ★★★★★ 목표 템포 ♩= 115   모범연주 TRACK 153
반 주 TRACK 154

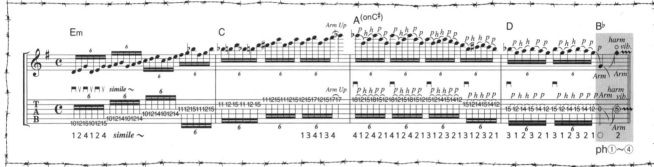

향년 38세. 압도적인 충격으로 헤비메탈계에 혁명을 일으켰으며, 2004년에 갑자기 세상을 떠난 다임백 대럴. 그런 그가 사용한 '대럴 스타일 펜타토닉 포지션'에 의한 레가토 프레이즈에 도전하자. 그의 독특하고 강력한 아밍 기술과 함께 격렬한 기타 사운드를 재현해보자!

위의 악보를 연주할 수 없는 사람은 이것으로 수행하라!

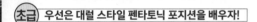
초급 우선은 대럴 스타일 펜타토닉 포지션을 배우자!

중급 셋잇단음 프레이즈를 4번 손가락을 중심으로 단련하라!

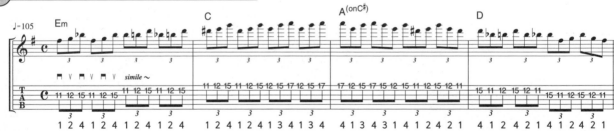

고급 대럴 스타일 펜타토닉 포지션으로 풀 피킹과 레가토를 교대로 연습하자!

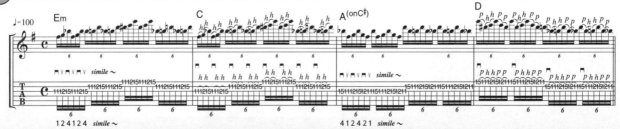

<지옥의 메커니컬 기타 트레이닝 (2) – 사랑과 열반의 테크닉 강화편>에서

주의점 1 📖 이론

연주의 편안함과 울림을 중시한 대럴 스타일 펜타토닉 포지션

여기서는 다임백 대럴이 활용한 '대럴 스타일 펜타토닉'에 대해서 해설하겠다. 우선은 잭 와일드 등으로 대표되는 1줄에 3음을 배치하는 펜타토닉의 포지션 그림을 보기 바란다(**그림1-a**). 대럴 스타일 펜타토닉은 이것을 베이스로 해서 ♭5th음, 9th음 등을 더하고 있는 것이 특징이다(**그림1-b**). 대럴은 안이하게 ♭5th음을 넣거나 9th의 코드 톤만 사용해서 플레이하는 것이 아니라, 연주의 편안함과 스케일 전체의 울림을 고려해서 이렇게 펜타토닉의 포지션을 변화시켰을 것이다. 그렇기 때문에 6번 줄~1번 줄까지 모든 줄을 사용해야 비로소 대럴 스타일 펜타토닉이 완성된다고 해도 과언이 아니다.

그림1　Em 펜타토닉과 대럴 스타일 펜타토닉의 비교

◎ 루트음＝E　● 대럴 스타일 어레인지음

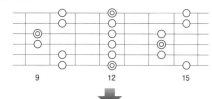
(a) Em펜타토닉

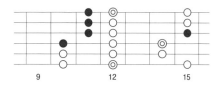
(b) 대럴 스타일 펜타토닉

주의점 2 왼손 오른손

하모닉스 발음 직후에 남은 줄 뮤트에 주의하자!

이 프레이즈 마지막에는 격렬한 고함 같은 대럴 스타일 아밍 플레이 '스퀼(squeal) 연주법'이 등장한다(**사진①~④**). 이것은 우선 풀링으로 3번 줄 개방을 연주하는 동시에 암 다운하고, 5프렛 하모닉스 포인트를 두드려서 하모닉스음을 낸다. 그 후, 암을 올려가고 암 업 상태에서 격렬하게 비브라토를 건다. 여기서 주의할 것이 3번 줄 하모닉스음을 낸 후의 남은 줄의 뮤트다. 이러한 **초고음 하모닉스[주]**는 매우 작아지기 쉬우며, 약간의 노이즈만으로도 사라져 버린다. 그렇기 때문에 3번 줄 이외의 줄의 진동을 완전하게 멈추게 할 필요가 있다(**사진②**). 하모닉스를 내는 순간에 엄지손가락과 1번 손가락으로 남은 줄을 뮤트하자.

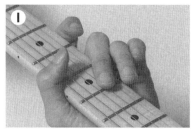
3번 줄 5프렛 위를 손가락으로 두드린다.

하모닉스음이 나오면 남은 줄을 뮤트하자.

대럴은 암을 뒤로 돌리고 있는 것이 특징.

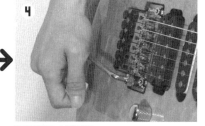
암 업은 암을 누르면서 한다.

칼럼 54

지옥의 칼럼

저자 코바야시 신이치가 말하는 다임백 대럴

헤비메탈의 암흑시대였던 1990년대, 다임백 대럴만큼 메탈을 관철했던 기타리스트는 없었을 것이다. 멜로딕 하드코어의 등장으로 기타 솔로를 연주하면 무시당했던 풍조 속에서도 대럴은 압도적인 기술을 무기로 솔로 플레이를 했다. 판테라의 중후하면서 깔끔한 헤비 사운드와 풍부한 독창성의 리프가 없었다면 현재의 라우드 록은 존재하지 않았을 것이다. 판테라가 해산되어 데미지플랜에서 활동을 시작한 후에도 유일무이한 강철음을 들려준 대럴. 2004년 12월 8일, 너무나도 짧은 생을 마쳤지만 그의 업적은 영원할 것이다.

Pantera
<Vulgar Display Of Power>
판테라의 라우드 신에서의 지위를 결정적으로 만든 메이저 2nd 앨범. 대지를 흔드는 듯한 헤비니스&그루브가 응축된 걸작이다.

Damageplan
<New Found Power>
대럴의 새로운 밴드 데뷔작. 판테라에 뒤지지 않는 초강력 사운드가 담겨있다. 절친 잭 와일드도 게스트로 참가.

[초고음 하모닉스] 대럴처럼 강렬하게 왜곡시키면 하모닉스음을 내기 쉽다. 하지만 동시에 노이즈도 많이 발생한다. 정확한 순간에 제대로 뮤트할 수 있는가가 하모닉스 플레이의 열쇠가 된다.

78

서스펜스 극장 '호수의 살인귀'

알렉시 라이호 스타일의 태핑&스위프 피킹 프레이즈

- 알렉시 스타일의 스위프 포지션을 파악하라!
- 스위프+태핑 복합기술을 익혀라!

LEVEL ★★★★★

목표 템포 ♩=160

모범연주 TRACK 155
반　　주 TRACK 156

차세대형 기타 히어로로서 압도적인 존재감을 내뿜는 알렉시 라이호. 이 알렉시 스타일 프레이즈로 그의 독특한 스위프 포지션과 태핑을 활용한 스피디한 플레이 감각을 익히자! 동시에 그의 특기인 1980년대적인 16분음 풀 피킹 프레이즈도 마스터하자!

위의 악보를 연주할 수 없는 사람은 이것으로 수행하라!

초급 우선은 1980년대적인 4음 세트 하강 프레이즈를 연습하자.

중급 알렉시 스타일의 스위프 포지션을 머릿속에 넣자!

고급 스위프 피킹+태핑 프레이즈. 태핑으로의 흐름을 확인하자!

<지옥의 메커니컬 기타 트레이닝 (2) – 사랑과 열반의 테크닉 강화편>에서

주의점 1 📖 **이론**

현대적인 테이스트를 도입한 알렉시 스타일 포지션

현대의 기타 히어로[주], 알렉시 라이호가 사용하는 그의 독특한 스위프 포지션을 해설하겠다. 그의 포지션은 5번 줄 루트 트라이어드에 6번 줄의 2음을 더해서 6번 줄 스위프 포지션으로 변화시킨 것이 큰 특징이다. 알렉시 스타일 포지션(**그림1**)을 보면 알 수 있듯이, 지금까지 여러 번 해설한 메이저&마이너의 5번 줄 루트 트라이어드를 바탕으로 6번 줄에 음이 더해져 있다. 6번 줄 음은 3도음과 5도음으로 되어있다. 결과적으로 그는 3도음부터 코드 톤을 연주하고 있는 것이다. 지금까지는 거의 없었던 약간 괴짜 스타일의 아이디어인데, 그 점이 현대적이라고 할 수 있다. 6번 줄과 1번 줄은 음의 배치가 같으므로 이 포지션을 기억하는 것은 그렇게 힘들지는 않을 것이다.

그림1 알렉시 스타일 5번 줄 루트 트라이어드의 확장 포지션

◎ 루트음   △ 3도음   ☐ 5도음

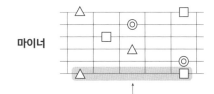
마이너

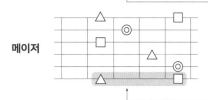
메이저

6번 줄에 2음을 추가한 것이 알렉시의 센스다!

 주의점 2 👉 **오른손**

스위프→태핑 전환은 신속하게!

이 프레이즈의 최고 난관은 3마디째 2&3박째에 등장하는 스위프+태핑 프레이즈일 것이다. 여기서는 스위프→태핑→스위프로 연주하는 오른손 흐름에 주의하자. 3마디째 2박째에서 1번 줄 10프렛을 다운으로 연주한 후(**사진①**), 1번 줄 14프렛을 4번 손가락으로 해머링하는데, 이 순간에 오른손은 태핑하는 19프렛 부근으로 이동시킨다(**사진②**). 그 후 2번 줄 12프렛을 업으로 피킹할 때에는 확실하게 스위프의 태세로 돌아가는 것이 중요하다(**사진④**). 태핑하는 포지션 부근에서 스위프 피킹을 해버리는 기타리스트도 있지만, 음질을 일정하게 유지시키기 위해서는 평소와 같은 피킹 포지션으로 연주하도록 하자.

1번 줄을 다운으로 연주한다. 이것으로 상승 스위프를 마친다.

왼손 해머링 중에 오른손은 태핑 준비를 하자.

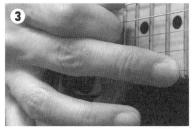
피크를 잡은 상태로 가운뎃손가락은 1번 줄 19프렛을 태핑한다.

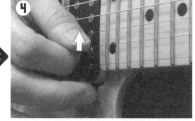
스위프 태세로 돌아가 2번 줄을 업으로 연주하자.

칼럼 55

지옥의 칼럼

저자 코바야시 신이치가 말하는 알렉시 라이호

멜로딕 데스 메탈 밴드 '칠드런 오브 보둠'을 이끄는 기타리스트 '알렉시 라이호'. 그는 1979년 4월 8일에 핀란드에서 태어났다. 1997년, 약관 18세 때에 '칠드런 오브 보둠'의 데뷔 앨범을 발표했으며, 그 후에도 변함없이 작품을 발표하고 있다. 메인 보컬을 맡으면서도 스위프 피킹 등의 초절정 플레이를 하는 그는 정말 신세대 기타 히어로라고 할 수 있는 존재다. 또한 그의 재능은 칠드런 오브 보둠에 머무르지 않고, '시너지' 등의 다른 프로젝트를 통해서 활발한 활동과 높은 작곡능력을 보여주었다.

Children of Bodom
<Hate Crew Deathroll>
지금까지 이상으로 묵직한 사운드를 들려주는 4th 앨범. 알렉시의 초절정 플레이도 더욱 강력하게 진화되어있다.

Synergy
<Suicide By My Side>
2002년에 발표된 3rd앨범. 멜로디, 사운드, 연주 모두 밴드로서의 큰 성장을 느낄 수 있는 충실한 작품이다.

[현대의 기타 히어로] 2000년대 이후에는 새로운 기타 히어로가 좀처럼 나타나지 않았다. 하지만 2000년대 중반부터는 알렉시를 비롯해 젊은 기타리스트가 많이 등장했다. 메탈 전성기 부활의 날도 멀지 않았다!

준비운동　필수 기술　기술 강화　동영상 연동　연습곡집

-79-
정말 초 스티브 바이한 느낌(^^)
스티브 바이 스타일의 스위프 피킹&태핑 프레이즈

- **바이 스타일의 스위프 프레이즈를 연구하라!**
- **복잡한 리듬의 태핑을 익혀라!**

LEVEL ★★★★★   목표 템포 ♩=130

모범연주 TRACK 157
반　주 TRACK 158

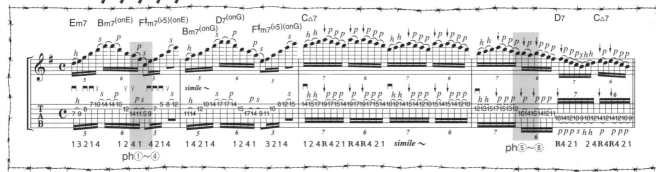

일반인은 표현이 불가능한 초절정 플레이를 들려주는 스티브 바이. 여기서는 독창성이 넘치는 바이 스타일의 스위프 피킹&태핑 프레이즈에 도전한다. 바이의 독특한 스위프 포지션을 익혀서 고도의 레가토+태핑 플레이를 나의 것으로 만들자. 리듬에도 주의하자!

위의 악보를 연주할 수 없는 사람은 이것으로 수행하라!

[초급] 우선은 바이 스타일의 변형 스위프 피킹 포지션을 얼터네이트로 연주해보자.

[중급] 이어서 16분음 프레이즈로 바이 스타일의 스위프 프레이즈를 연습하자!

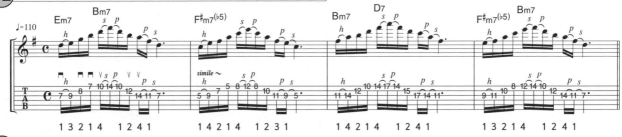

[고급] 다섯잇단음 스위프와 여섯&일곱잇단음 태핑에 도전하자.

<지옥의 메커니컬 기타 트레이닝 (2) – 사랑과 열반의 테크닉 강화편>에서

주의점 1 이론

코드 진행에 맞추어 변화하는 스티브 바이 스타일 포지션

1&2마디째에는 4성화음의 코드 톤을 몇 가지 사용해서 전개하는 3줄 스위프 프레이즈가 등장한다. 우선은 확실하게 포지션을 확인하자. **그림1-a**는 1&2마디째 1~2박째의 코드 톤 포지션이다. 1마디째는 Em7에서 Bm7으로 2마디째는 Bm7에서 D7으로 변화하고 있다. **그림1-b**는 1&2마디째 3~4박째에서 사용하고 있는 F#m7(♭5)의 코드 톤 포지션이다. 이처럼 바이의 스위프 프레이즈는 하나의 코드 톤을 6번 줄→1번 줄로 단숨에 연주하는 것이 아니라, 코드 진행에 맞추어 멜로디를 만들 듯이 세밀하게 구축해서 연주하는 것이 특징이라 할 수 있다.

그림1 스티브 바이 스타일 포지션

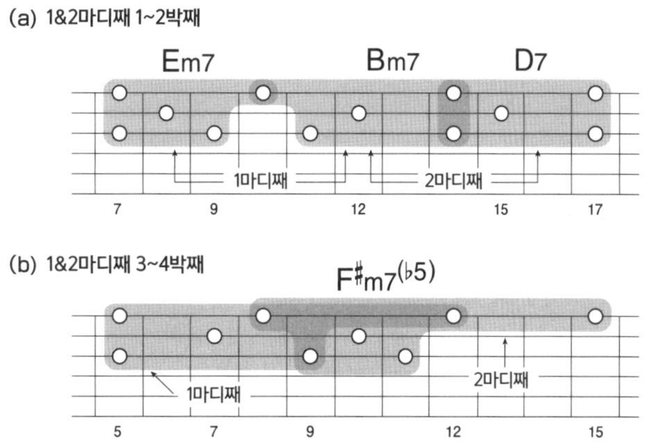

주의점 2 왼손

큰 슬라이드 이동을 동반한 3줄 스위프 피킹 프레이즈

스티브 바이 특유의 플레이 중에서도 스위프에 슬라이드를 더한 패턴은 자주 등장한다. 바이는 3줄 스위프를 기본으로, 스위프의 포지션 이동 때에 슬라이드를 사용하는 경우가 많은 것 같다. 그렇기 때문에 슬라이드는 스위프 포지션을 머릿속에 떠올리면서 하면 좋을 것이다. 이 프레이즈에서는 1마디째 2~3박째에 큰 포지션 이동이 등장한다. 스위프 프레이즈를 연결시켜 연주하기 때문에 1번 손가락 슬라이드와 동시에 다음의 4번 손가락 운지를 준비하는 것이 중요하다(**사진①~④**). 슬라이드를 하는 1번 손가락에 의식을 집중하기 쉬운데, 다음의 운지를 고려해서 4번 손가락 움직임에도 주의하면서 연주하기 바란다.

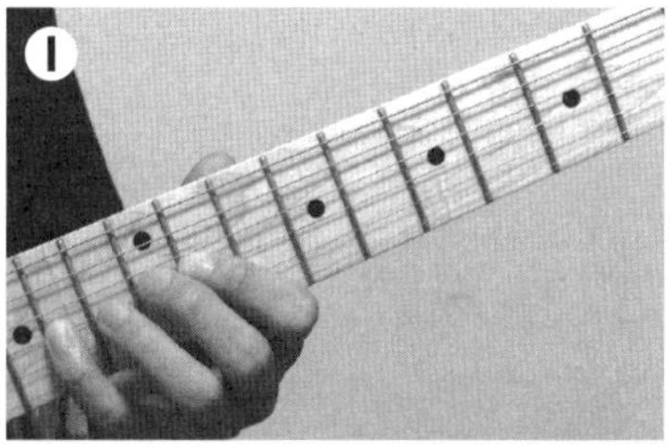

4번 손가락 14프렛 운지. 1번 손가락은 11프렛 위에 준비한다.

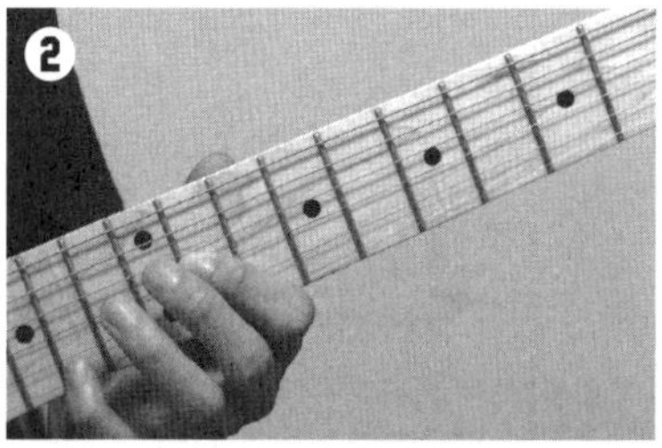

11프렛을 1번 손가락으로 누른다. 이동할 포지션을 눈으로 확인!

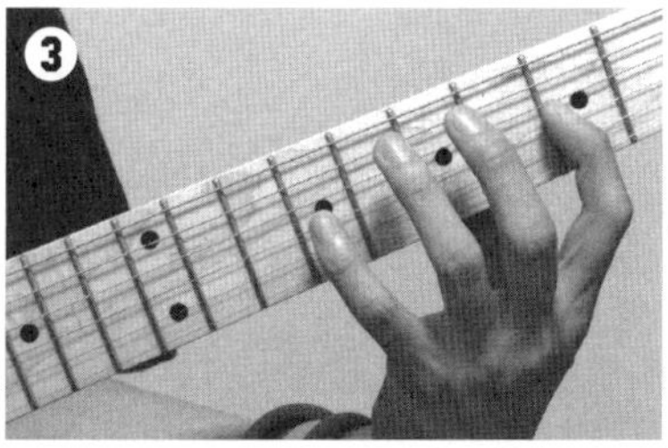

5프렛으로 슬라이드 이동. 9프렛 위에 4번 손가락을 준비시킨다.

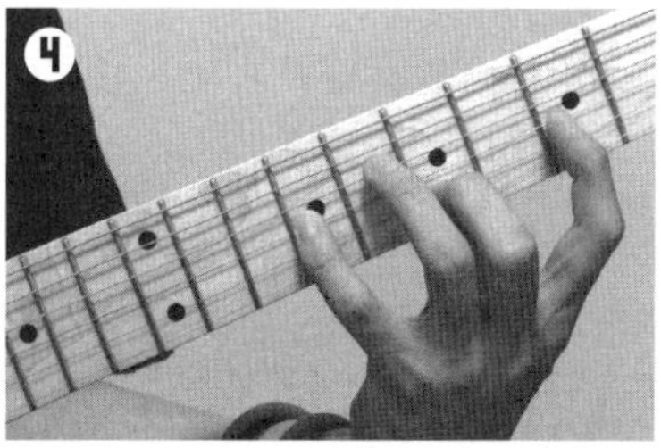

9프렛을 누르면서 다음의 2번 줄 7프렛을 누르자.

주의점 3 왼손 오른손

줄 이동 태핑에서는 왼손도 동시에 이동하자!

바이의 기타 플레이 특징 중 하나로 태핑을 들 수 있다. 그는 **양손 태핑[주]**도 하며, 일반적인 스케일 프레이즈 안에서도 태핑을 사용하는 경우가 많다. 이 프레이즈 안에서는 4마디째의 줄 이동을 동반한 태핑에 주의하자(**사진⑤~⑧**). 예를 들어 1~2박째에서 3번 줄 16프렛의 태핑으로 줄 이동을 할 때에는 왼손 1번, 2번, 4번 손가락도 동시에 줄 이동을 해서 지판을 누르는 것이 중요하다. 또한 2회 연속으로 태핑할 때에도 왼손 지판 누르기를 유지하자. 그렇게 하면 남은 줄 뮤트와 다음에 이어지는 프레이즈를 원활하게 연주할 수 있을 것이다.

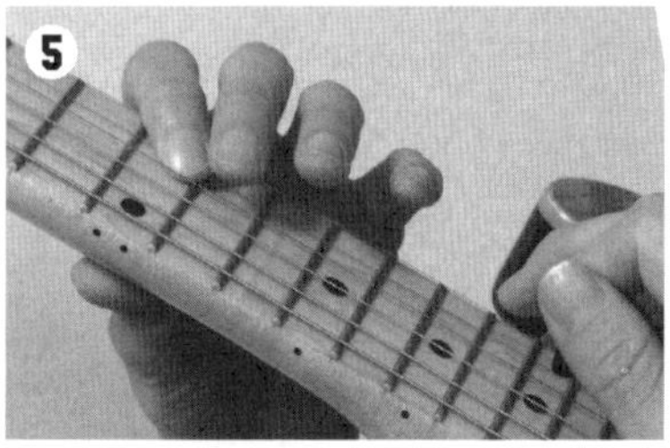

1번 손가락 2번 줄 12프렛 운지. 여기서부터 줄 이동을 한다.

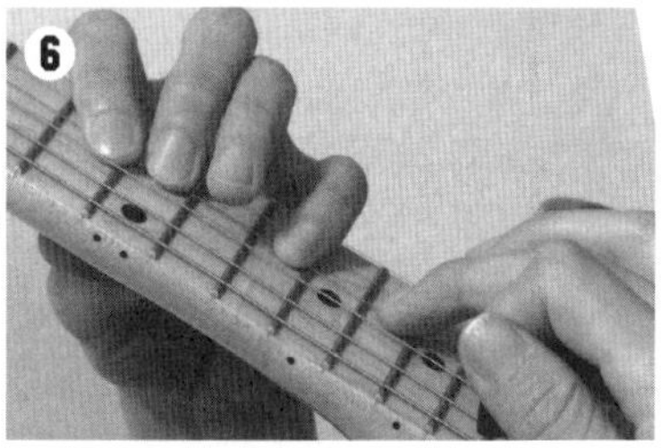

3번 줄 16프렛 태핑 때. 왼손도 동시에 줄 이동을 하자.

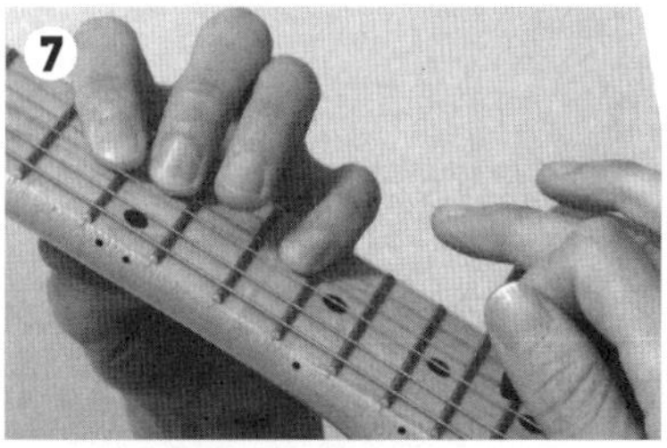

오른손 풀링으로 3번 줄 14프렛을 연주한다.

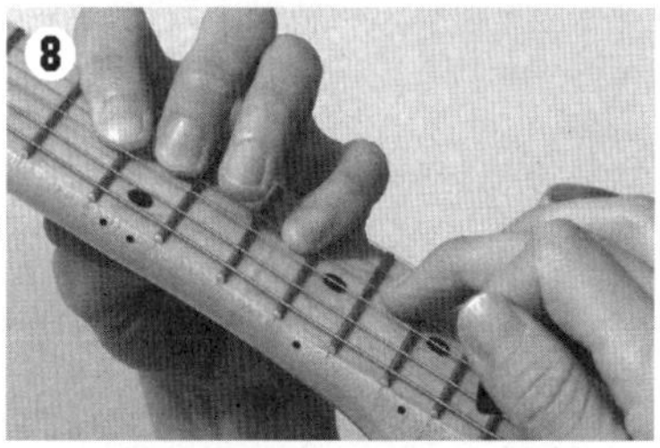

3번 줄 16프렛을 다시 태핑. 1번~4번 손가락 지판 누르기 유지!

[양손 태핑] 왼손을 넥 위쪽으로 올리는 말 그대로 양손으로 태핑하는 특수 플레이. 라우드니스의 아키라 타카사키가 제1인자이며, '보스(both) 핸드 연주법'이라고도 불린다. 상세한 연주법은 154페이지 참조.

80

금단의 스트레치

초와이드 스트레치 프레이즈

지옥의 격언
- 왼손의 한계! 초와이드 스트레치에 도전하자!
- 줄 뛰어넘기 태핑을 마스터하자!

LEVEL ★★★★★ 　목표 템포 ♩=130　모범연주 TRACK 159　반　주 TRACK 160

왼 손	오른손
테크닉 스트레치 컨트롤 지구력	테크닉 리듬 컨트롤 지구력

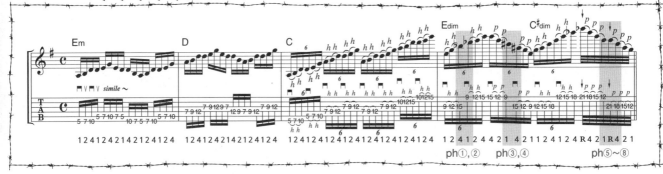

왼손의 한계에 도전하는 초스트레치 프레이즈다. 2번, 4번 손가락을 중심으로 손가락을 벌려서 정확하게 지판을 누르자. 4마디째는 디미니쉬 스케일에 의한 줄 뛰어넘기 태핑이 등장한다. 스트레치를 유지하면서 태핑을 깔끔하게 연주하자. 건초염을 방지하기 위해 연습 전에는 손가락을 충분히 풀자!

위의 악보를 연주할 수 없는 사람은 이것으로 수행하라!

초급 와이드 스트레치의 펜타토닉 포지션을 익히자!

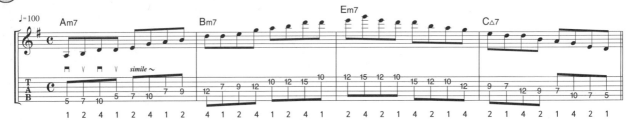

중급 줄 뛰어넘기 디미니쉬 프레이즈에 도전하자.

고급 스트레치에 의한 레가토 프레이즈. 핑거링 능력을 철저하게 단련시키자.

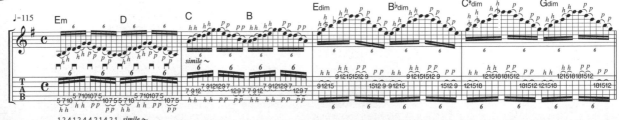

<지옥의 메커니컬 기타 트레이닝 (2) – 사랑과 열반의 테크닉 강화편>에서

주의점 1　왼손

1번&4번 손가락은 선행해서 줄 이동을 하자!

이 프레이즈를 연습하기 전에 우선은 올바른 스트레치 폼을 재확인해보자. 이 프레이즈에서는 4마디째의 디미니쉬 코드 톤에 주의하기 바란다. 1박째 3번 줄에서 1번 줄로의 줄 이동 때에는 4번 손가락 해머링 중에 1번 손가락은 줄에서 떼서 1번 줄로 이동을 시작하는 것이 중요하다(**사진①**). 다만 해머링을 깔끔하게 하기 위해서 2번 손가락은 줄에서 바로 떼지 않는다. 마찬가지로 2박째 1번 줄에서 3번 줄로 줄 이동할 때에는 우선 4번 손가락이 선행해서 이동한다(**사진③**). 그리고 그 직후에 다른 손가락을 이동할 수 있으면 좋을 것이다(**사진④**). 이렇게 함으로써 이 다음의 풀링을 원활하게 할 수 있다. 스트레치 때문에 왼손이 상당히 힘들겠지만 열심히 연습하기 바란다.

4번 손가락 해머링 때에 1번 손가락은 먼저 줄 이동을 시작한다.

1번 손가락이 1번 줄로 이동. 다른 손가락도 운지를 준비한다.

선행해서 4번 손가락은 3번 줄로 이동을 시작하자.

4번 손가락과 거의 같은 타이밍으로 1번&2번 손가락도 이동.

주의점 2　왼손 오른손

오른손과 세트로 왼손 세 손가락도 줄 이동을 하자

4마디째 3&4박째의 32분음 프레이즈는 와이드 스트레치로 지판을 누르고, 나아가 태핑도 하기 때문에 매우 어렵다. 여기서의 포인트는 줄 이동을 하면서 태핑&풀링을 얼마나 원활하게 할 것인가다. 우선 1번 손가락으로 1번 줄 12프렛을 누르고 있는 시점에서 태핑할 3번 줄 21프렛의 위치를 확인하자(**사진⑤**). 이어서 3번 줄을 태핑할 때에는 1번, 2번, 4번 손가락의 3개는 스트레치 상태로 지판 누르기를 완료한다(**사진⑥**). 이 왼손의 신속한 줄 이동을 하지 못하면 태핑에서 풀링으로의 흐름을 원활하게 연결시킬 수 없다. 또한 **줄 이동 때에 1번 줄 개방이 울리지 않도록[주]** 1번 손가락으로 1&2번 줄을 뮤트하자.

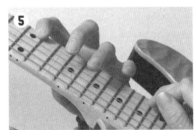
오른손과 4번 손가락을 일찍 이동시키자.

3번 줄 태핑 때에 왼손 이동을 완료하면…

태핑 후의 풀링을 원활하게 할 수 있다.

칼럼 56
지옥의 칼럼

누구나 할 수 있는 비기 폼으로 초와이드 스트레치를 간단히 공략하자!

여기서는 인간의 한계를 뛰어넘는 초인 스트레치를 연주하기 위한 비기를 2가지 소개하겠다. 첫 번째는 '엄지손가락을 사용하자!'라는 연주법. 엄지손가락으로 1번 줄 5프렛을, 4번 손가락으로 14프렛을 누르고, 나아가 21프렛을 태핑하는 변태적인 기술이다(**사진⑧**). 아마도 제이크 E. 리도 같은 방법을 사용했던 것 같다. 두 번째는 '오른손으로 얼버무리기!' 연주법(**사진⑨**). 1번 줄 5프렛을 오른손으로 누르고, 왼손으로 14&21프렛 풀링을 한다. 이쪽은 덕 앨드리치가 했었다. 손이 작아서 아무리 해도 바이 같은 와이드 스트레치 프레이즈를 연주할 수 없는 사람은 이러한 비기를 이용해서 연주하는 것도 좋을 것이다.

엄지손가락을 활용한 스트레치. 엄지손가락이 빗나가지 않도록 하면서 4번 손가락으로 풀링을 하자.

로우 포지션을 오른손으로 누르는 변칙 스트레치 폼. 오른손을 카포타스토처럼 사용해서 연주하자.

[줄 이동 때에 1번 줄 개방이 울리지 않도록] 줄 이동에 너무 집중한 나머지 뮤트가 약해져서 이동 전의 줄에서 노이즈가 발생해서는 안 된다. 뮤트를 정확하게 하자!

'지옥'의 묵시록 -3- '폭주하는 클래식 명곡편'의 탄생

<지옥의 메커니컬 기타 트레이닝(3) - 폭주하는 클래식 명곡편>(2007년)은 어떻게 탄생하게 되었는가? 코바야시 씨와 담당 편집자인 스즈키 씨의 증언을 들어보았다.

이때는 어디를 가도 '지옥의 코바야시'라고 불렸습니다(웃음)

스즈키: 제1탄과 제2탄에서 지옥과 극락왕생의 윤회가 완성되었기 때문에 이걸로 이 시리즈는 끝이라고 생각했습니다. 하지만 인기 시리즈가 되어 다음 편을 내게 되었습니다. <지옥의 메커니컬 기타 트레이닝(3) - 폭주하는 클래식 명곡편>에는 정말 뭘 담아야 할지 고민이었습니다. 고민 끝에 클래식 명곡을 코바야시 씨가 메탈로 어레인지해서 연주하는 것은 어떨까 하는 생각을 했는데요, Zepp Tokyo에서 애니메탈 라이브가 있던 날 만나서 회의를 했던 것을 기억하시나요?

코바야시: 그랬었죠! 애니메이션 메탈 어레인지를 원하는 수요가 그렇게 많다면 클래식 명곡 메탈 어레인지도 괜찮지 않을까?라고 생각을 했었죠. 그때가 마침 '캐논 록'이 화제였던 때였고요.

스즈키: 게다가 저작권료를 지불하지 않아도 되죠(웃음).

코바야시: 다만 실제로 해보니 카피해서 밴드 어레인지를 하는 것이 예상 외로 어려웠습니다. 원곡의 악보에서는 코드 진행이라는 개념이 약해서 코드를 붙이는 것부터 시작했습니다.

스즈키: 그 다음은 마디수를 생각했습니다. 어느 정도의 마디수로 만들면 좋을까를 많이 고민했습니다.

코바야시: 지금까지의 책에서 최종연습곡은 4페이지, 펼쳐서 한 번 넘기면 마치는 정도가 대략 80마디였습니다. 그래서 클래식 명곡편도 이것과 맞출 필요가 있었습니다. 클래식에는 긴 곡이 많기 때문에 어디를 어떻게 다듬을 것인가 하는 데에 많은 고민을 했습니다.

스즈키: 도돌이표를 사용하지 않기로 했지요.

코바야시: 그렇죠. 연습에서 이전 페이지로 되돌아가는 일이 없도록 지옥 시리즈 연습곡은 모두 스트레이트 악보입니다. 달 세뇨 같은 것이 있으면 잠시 '어디로 돌아가야 하지?'라는 생각을 하게 되니까요.

스즈키: '클래식 명곡편' 다음에는 '게임 음악편'을 냈습니다. 그때는 <록맨>의 게임 음악 어레인지 동영상이 화제가 되었습니다. 제가 칸노 요코 씨의 팬이라는 점도 있지만요.

코바야시: 칸노 요코 씨는 우주인 같은 사람입니다. 저는 게임이나 애니메이션을 잘 몰랐기 때문에 어떤 곡이든 저에게는 신곡이었죠. 컴퓨터로 어레인지 작업을 했기 때문에 그 경험을 잘 살렸습니다.

스즈키: 그때는 밀봉 페이지를 넣고, 밀봉 페이지 커버 뒤에 악보를 넣기도 했습니다. 다양한 정보를 담고 싶어서 악보 아래에도 미니 정보를 실었는데요, 그건 제가 제 목을 조르는 짓이었습니다(웃음). 매번 방법도 바꾸고 결과물도 바꾸면서 시리즈를 만들어갔고 각각 판매가 잘 되어서 좋았습니다.

코바야시: 저는 10년 주기로 한 가지 일에 집중하는 스타일이어서 지옥 시리즈 제4탄까지 왔을 때에는 '나의 10년은 스즈키 씨에게 맡기자'라는 생각이 있었습니다. 그 전에는 7현 기타 데몬스트레이션이 메인이어서 '7현의 별'이라고 불렸는데요, 이때는 어딜 가든 '지옥의 코바야시'라고 불렸습니다(웃음). 지금은 중국에서도 활동을 많이 하는데요, 중국에서도 '지옥의 코바야시'입니다(웃음). 저를 기억할 수 있는 무언가가 생긴다는 것은 정말 고마운 일입니다.

제 4 장
지옥의 동영상 강의

백문이 불여일견.
TAB악보와 음원만으로 파악하기 힘든 뉘앙스도 있다.
이 장에서는 YouTube 동영상과 함께
처절한 지옥의 엑서사이즈를 눈에 새기게 될 것이다.
각오를 다진 자만 다음 페이지로 넘어가라!

○YouTube 연주동영상
이 장의 엑서사이즈는 동영상을 통해서 모범연주를 확인할 수 있다.

- YouTube에서 '서울음악출판사' 검색 → 재생목록에서 '지옥의 메커니컬
  기타 트레이닝 20주년 기념판! 스파르타 베스트편' 검색!

- 제4장 YouTube 모범연주 동영상 QR코드

81

메탈정신 리프동맹 ~홍대앞 지부~

멜로딕 스피드 메탈 스타일의 고속 리프

- **16분음 같은 음 2회 연주를 익혀라!**
- **고속 리프에 적합한 손목 사용법을 익혀라!**

	왼 손				오른손			
	테크닉	스트레치	컨트롤	지구력	테크닉	리듬	컨트롤	지구력

LEVEL ★★★

목표 템포 ♩= 170

모범연주 TRACK 161
반 주 TRACK 162

멜로딕 스피드 메탈 계열의 악곡에서 반드시 들을 수 있는 16분음 같은 음 2회 연주 리프. 이 고속 리프는 스피드감을 유지하면서도 정확성 높은 피킹 기술과, 음을 고르게 하는 정확한 브릿지 뮤트를 마스터해야만 연주할 수 있다. 손목 사용방법을 중심으로 집중 트레이닝하라!

위의 악보를 연주할 수 없는 사람은 이것으로 수행하라!

초급 8분음으로 같은 음을 2회씩 연주하는 피킹 패턴에 익숙해지자.

중급 메인 프레이즈의 흐름을 8분음으로 이해하자.

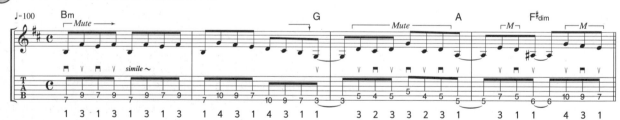

고급 16분음 같은 음 2회 연주패턴을 마스터하자!

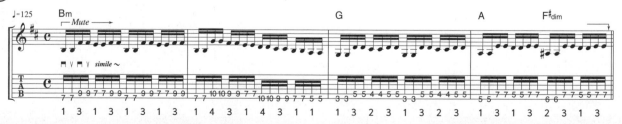

<지옥의 메커니컬 기타 트레이닝 - 스위트홈TV에서 경악의 DVD편>에서

주 의 점 1  오른손

기타의 보디를 노리고 직선적으로 피크를 움직이자!

같은 음을 2회씩 피킹하는 멜로딕 스피드 메탈 계열 리프를 연주할 때는 보디를 향하는 듯한 직선적인 피킹을 하는 것이 좋다(**그림1-a**). 줄을 튕긴 후 보디에서 멀어지는 다운 피킹은 시계추 같은 궤도가 되어 움직임에 쓸데없는 동작이 많아지므로 좋지 않다(**그림1-b**). 1줄 짝수 피킹은 줄 이동을 했을 때에 반드시 다운부터 연주를 시작하게 되므로 직선적인 움직임을 해야 원활하게 다른 줄을 피킹할 수 있다(**그림1-c**). 줄 아래로 피크를 끼워 넣는 느낌으로 다운을 하면 다음 다운으로 들어가는 순간에 자연스럽게 피크가 닿으므로(업피킹) 다운을 연타하는 감각으로 얼터네이트 피킹을 할 수 있다.

그림1-a 직선적인 다운&업 궤도

직선적인 움직임으로 쓸데없는 동작이 적다.

그림1-b 시계추 같은 다운&업 궤도

움직임이 크고 쓸데없는 동작이 많아서 좋지 않다.

그림1-c 업 뒤의 줄 이동 다운도 직선적으로!

②다운 ①업

직선적인 움직임이라 줄 이동도 원활하게 할 수 있다.

주 의 점 2  오른손

고속 리프를 연주할 때의 손목 사용법을 익히자

고속리프를 연주할 때에는 빠르게 피킹하는 것에 정신이 팔려 브릿지 뮤트를 제대로 하지 못하는 경우가 많다. 또한 반대로 브릿지 뮤트를 확실하게 하려다가 이번에는 피킹을 빨리 할 수 없게 되는 경우도 있다. 리프에 익숙하지 않은 초보자는 우선 연주 전에 손목 흔들기로 이미지 트레이닝을 하는 것이 좋다. 방법은 오른손 뮤트하는 부분을 왼손의 손가락으로 집어서 고정시키고, 피킹하듯이 손목을 흔드는 것이다(**사진①**). 왼손으로 잡고 있기 때문에 마음먹은 대로 손목을 흔들 수 없지만, 이렇게 함으로써 손목의 사용법과 힘의 세기를 익힐 수 있을 것이다.

I

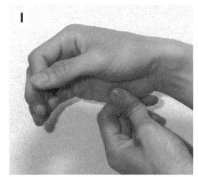

브릿지에 닿는 부분을 왼손으로 잡는다. 그 부분을 움직이지 않고 손목을 흔드는 연습을 하면 이상적인 피킹에 다가갈 수 있다.

주 의 점 3 왼손

3번 손가락 조인트로 다른 줄 같은 프렛 운지를 하자

메인 프레이즈와 같은 멜로딕한 리프에는 코드 톤이 많이 사용되어 스위프 프레이즈와 마찬가지로 다른 줄 같은 프렛 조인트를 하는 경우가 많다. 39페이지에서는 1번과 4번 손가락 조인트를 권장했다. 파워 코드를 분해하는 고속 리프를 연주할 때에는 조인트를 염두에 두고 1번 손가락과 3번 손가락으로 지판을 누르기 바란다(**사진②&④**). 3마디째 2~3박째는 3번 손가락을 눕혀서 단숨에 5번 줄 5프렛에서 4번 줄 5프렛으로 이동시킨다(**사진③**). 이렇게 함으로써 왼손의 기본 코드폼을 흐트러뜨리지 않으면서 그 후로 이어지는 프레이즈를 연주할 수 있다.

파워 코드를 1번, 3번 손가락으로 눌러두고…

3번 손가락 조인트로 4번 줄 5프렛을 누른다.

파워 코드를 1번, 3번 손가락으로 눌러두지만……

4번 줄 5프렛을 조인트하지 않으면 쓸데없는 동작이 많아진다.

82

메탈을 사랑한 남자니까……

메탈 계열 초고속 리프 트레이닝

- **피킹 스피드의 한계에 도전하라!**
- **코드 체인지도 신속하게 하자!**

LEVEL ✦✦✦✦ 목표 템포 ♩=170 모범연주 TRACK 163 / 반주 TRACK 164

초고속 리프 엑서사이즈. 6번 줄 개방을 브릿지 뮤트 하고, 오른손 엄지손가락 사용에 아이디어를 더해서 빠르게 피킹하자. 3도 음을 누르는 코드 폼도 등장하므로 왼손도 신속하고 정확하게 움직이자. 오른손 근력을 철저하게 단련해서 스피드의 한계에 도전하자!

위의 악보를 연주할 수 없는 사람은 이것으로 수행하라!

초급 메인 프레이즈 1~3마디째의 기초연습. 브릿지 뮤트를 확인하자.

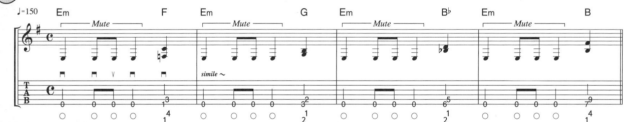

중급 메인 프레이즈 1~3마디째 3&4박째의 기초연습. 스피드에 뒤처지지 않도록 하자!

고급 메인 프레이즈를 간략화한 엑서사이즈. 코드 체인지를 정확하게 하자!

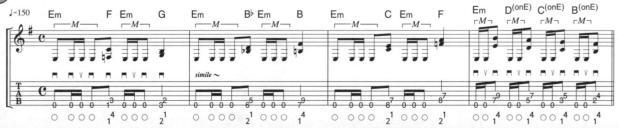

<지옥의 메커니컬 기타 트레이닝 - 경악의 DVD로 제자 입문편>에서(한국 미발매)

주의점 1 👉 오른손

업 피킹 때에는 엄지손가락을 약간 구부려 스피드를 올려라!

메인 프레이즈와 같은 고속 메탈 리프에서는 '6번 줄과 5번 줄 같은 굵은 줄을 얼마나 빨리 연주할 수 있는가'가 포인트가 된다. 특히 업 피킹을 얼마나 고속으로 할 수 있는가는 공략의 열쇠다(다운 피킹은 줄에 끼워 넣는 느낌으로 연주하면 된다). 저음줄 리프를 고속으로 연주할 때에는 기본적으로 손목을 지지점으로 피킹한다. 업 피킹 때에는 피크를 위쪽으로 빨리 되돌리는 느낌으로 엄지손가락을 약간 구부리면 스피드를 올릴 수 있다(**사진①&②**). 다만, 엄지손가락을 너무 심하게 구부려 손가락 끝만 꿈틀거리면 사운드에 파워가 없어지므로 주의하자. 팔과 손목만이 아닌, 엄지손가락 사용법에도 주의하며 고속 리프를 '**쟈가쟈가**'[주] 연주하자!

업 피킹에 들어가기 직전 상태. 손목을 지지점으로 피크가 위쪽을 향하게 하자.

업 피킹 순간에 엄지손가락을 헤드 쪽으로 약간 구부리면 업 동작을 원활하게 할 수 있다.

주의점 2 📖 이론

독특한 애수감을 더하는 '루트음+3rd음' 코드

메인 프레이즈에는 2가지 코드가 등장한다. 하나는 메탈 리프의 대표인 파워 코드이며, 다른 하나는 루트음과 △3rd음으로 구성된 2음 코드다. 2음 코드는 코드의 마이너와 메이저를 결정하는 3rd음을 누른다. 2음 뿐이지만 코드의 명암이 확실하다는 점이 특징이다(**그림1**). 이 코드를 메탈 리프에서 사용하면 더욱 멜로디어스한 분위기가 나며 독특한 애수감을 더할 수 있다. 실제 연주 때에는 2번 손가락(루트음)을 확실하게 세워서 1번 손가락의 △3rd음을 실수로 없애지 않아야 한다. 파워 코드뿐만 아니라 이러한 코드를 사용함으로써 사운드와 프레이징의 폭을 넓힐 수 있다.

그림1 루트음+3rd음 코드

◎…루트음 △…△3rd음

칼럼 57
지옥의 칼럼

슬립낫의 믹 톰슨도 사용하는 초고속의 최종 필살기, '경련 피킹'

저자가 20대 후반일 때, 리프를 최대한 빠르게 연주하고 싶어 했다. 매일 기타를 몇 시간씩 연주하며 클릭 수치를 하나씩 올리면 언젠가는 최고점에 도달할 것이다. 그렇게 믿고 고행을 계속했지만 일정 템포 이상은 죽어도 올라가지 않았다. 발상을 바꾸어 이번에는 순수하게 몸을 단련하기로 했다. 매일 팔굽혀펴기를 수 십 세트하며 팔의 근력 향상에 노력했다. 그리고 몇 개월 후, 클릭 수치를 10이나 올리는 데 성공했다! 게다가 팔에 힘을 꽉 주고 경련을 일으키면 피킹이 더욱 빨라진다는 것도 알게 되었다. 참고로 슬립낫의 믹도 이 경련 피킹을 사용하고 있다고 한다. 다만 그는 팔을 경련시키면서 동시에 피크를 수직으로 세우고 줄과 피크의 밀착면을 최대한

작게 해서 군더더기를 더욱 줄였다. 이것은 기네스북에 오를 수준의 초고속 속주법이다. 그의 플레이를 보고 저자는 세계수준의 벽이 얼마나 높은지 통감했다. 하지만 이런 굉장한 경련 피킹에도 약점이 있다. 템포를 자신의 의지로 컨트롤 할 수 없다는 것이다. 그날그날의 팔의 컨디션에 따라서 일정 템포로만 연주할 수 있다. 경련 피킹을 잘 사용하는 것은 어렵지만 도전해보기 바란다.

Slipknot
<Disaster Pieces>

2002년의 라이브를 수록한 영상앨범. 그들의 압도적인 퍼포먼스를 느낄 수 있는 강력한 작품이다.

[쟈가쟈가] '쟈가쟈가'로 표현되는 사운드를 내기 위해서는 브릿지 뮤트가 내는 저역감 뿐만 아니라 깔끔하게 끊어지는 고음감도 필요하다. 항상 오른손 사용방법에 주의하면서 연주하자!

준비운동 필수 기술 기술 강화 동영상 연동 연습곡집

83

록 모임 ~제4회 담합~

스티브 바이 스타일의 슬라이드 프레이즈

- 목표한 프렛으로 이동할 수 있는 슬라이드 능력을 키워라!
- 슬라이드 때의 뮤트를 마스터하라

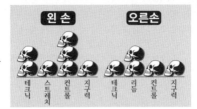

LEVEL ★★★

목표 템포 ♩= 125

모범연주　TRACK 165
반　주　TRACK 166

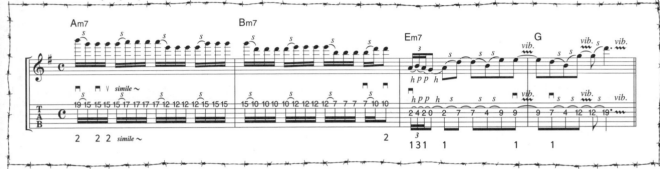

고작 슬라이드, 그래도 슬라이드…. 슬라이드를 단지 손가락을 미끄러뜨리는 기술이라고 생각하지 마라! 슬라이드는 타이밍, 이동속도를 교묘하게 컨트롤함으로써 프레이즈에 큰 악센트를 줄 수 있다. 이 스티브 바이 스타일의 슬라이드 프레이즈에 도전해서 슬라이드 능력을 철저하게 기르자!

위의 악보를 연주할 수 없는 사람은 이것으로 수행하라!

초급 1줄 슬라이드 프레이즈. 각 슬라이드의 이동감각을 익히자!

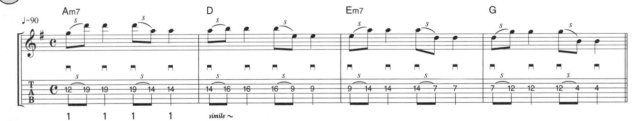

중급 8분음 중심의 대표적인 슬라이드 프레이즈. 느린 템포로 연습하자.

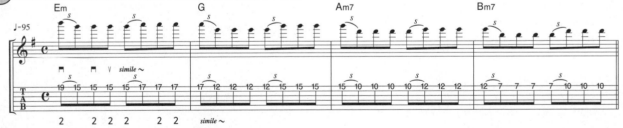

고급 상승&하강이 연속되는 '왕복 슬라이드'에 도전하자!

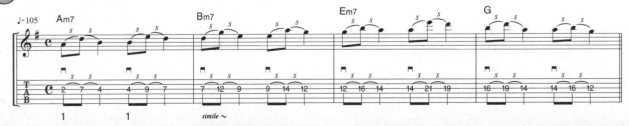

<지옥의 메커니컬 기타 트레이닝 - 스위트홈TV에서 경악의 DVD편>에서

 **주의점 1** 🖐 **왼손**

손바닥과 넥 사이에
빈틈이 생기도록 잡자

슬라이드는 사전에 목표로 하는 프렛을 확인해두고 매끄럽게 이동하는 것이 중요하다. **음이 끊어지지 않는 매끄러운 이동[주]**을 하려면 손바닥과 넥 사이에 약간 틈이 생기도록 넥을 잡는 것이 좋다(**사진①**). 손바닥이 넥에 밀착되어 감싸듯이 잡으면 손바닥이 넥 뒤에 걸려서 매끄러운 이동을 할 수 없게 된다(**사진②**). 슬라이드 때에 엄지손가락을 넥 위로 약간 내밀면 넥에 대해서 평행이동을 할 수 있을 것이다.

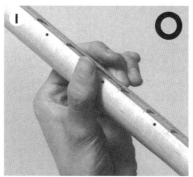

손바닥을 넥에 붙이도록 하자. 또한 엄지손가락은 곁들이는 느낌으로 넥 위쪽에 두는 것이 좋다.

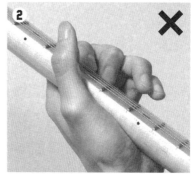

손바닥이 넥에 밀착될 정도로 깊게 잡으면 횡이동이 어려워진다.

 **주의점 2** 🖐 **왼손**

노이즈 대책은 문제없는가?
슬라이드 때에는 뮤트를 확인!

격렬한 횡이동을 할수록 인접한 줄에 닿는 일이 많아지며, 또한 넥의 진동과 미스 피킹 등으로 개방현이 울리게 되는 경우도 있다. 그렇기 때문에 슬라이드 때에는 뮤트를 하자. 이 프레이즈에서 1번 줄은 모두 2번 손가락으로 누르고, 1번 손가락으로 2&3번 줄을 뮤트하자(**사진③**). 기본적으로 이 폼으로 포지션 이동을 하면 노이즈를 커트할 수 있을 것이다. 또한 폼을 일정하게 하면 슬라이드도 안정적으로 할 수 있다. 슬라이드음의 지판 누르기에만 집중하면 남은 줄이 계속 울릴 수 있으므로 주의하기 바란다(**사진④**). 우선 1마디째만 반복 연주해서 뮤트의 감각을 파악하자.

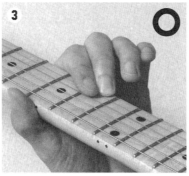

1번 줄 슬라이드의 기본 폼. 2번 손가락으로 지판을 누르고, 1번 손가락으로 2&3번 줄을 뮤트하자.

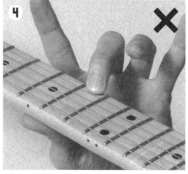

슬라이드와 운지를 너무 의식하면 쓸데없이 힘이 들어가서 손가락이 벌어진다. 이래서는 부드러운 이동을 할 수 없다.

 **주의점 3** 🖐 **왼손**

운지&뮤트의 1인 2역!
1번 손가락을 잘 사용하자!

위아래에 줄이 있는 상황에서 슬라이드를 할 때에는 인접한 줄의 뮤트도 해야만 한다. 이 프레이즈에서 3&4마디째가 3번 줄 슬라이드 연주이므로 뮤트에 주의하자. 여기서는 1번 손가락으로 슬라이드를 하므로 1번 손가락으로 뮤트하면 된다. 기본적으로 1&2번 줄은 1번 손가락을 약간 눕혀서 뮤트하고, 4번 줄은 1번 손가락 끝을 대서 진동을 억제한다(**사진⑤**). 1번 손가락을 세워서 슬라이드를 하면 개방현이 울리게 되므로 그렇게 하지는 말자(**사진⑥**). **사진⑤**는 사진을 보기 쉽도록 2번&3번 손가락을 약간 세우고 있지만, 눕혀서 5&6번 줄 뮤트를 하는 것이 좋다.

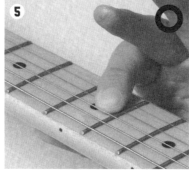

1번 손가락 3번 줄 슬라이드 폼. 손가락을 인접한 줄에 대서 뮤트하자.

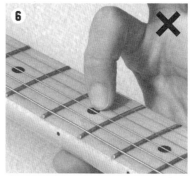

'인접한 줄에 대지 않는 편이 움직이기 좋지 않나?'라고 착각하고 있는 폼. 이래서는 노이즈 지옥이다.

[음이 끊어지지 않는 매끄러운 이동] 슬라이드 도중에 운지가 약해져 음이 스치는 것은 좋지 않다. 사족이지만 손에 땀이 많으면 핑거링 능력이 저하된다. 도로처럼 수분이 많으면 미끄러지기 쉬우므로 땀을 자주 닦자!

181

-84-
개방현에 줄 두드리기

개방현에 두드리는 태핑 플레이

지옥의 격언
- 섬세한 터치의 태핑을 익히자!
- 미묘하게 변화하는 리듬에 대응하자!

	왼 손				오른손		
테크닉	스트레치	컨트롤	지구력	테크닉	리듬	컨트롤	지구력

LEVEL ★★★

목표 템포 ♩= 200

모범연주　TRACK 167
반　　주　TRACK 168

여기서는 개방현을 활용하는 태핑 프레이즈에 도전한다. 개방현에 대한 오른손&왼손 태핑은 매우 섬세한 터치가 요구된다. 쓸데없는 동작이 적으면서도 강력한, 높은 태핑 기술을 익히자. 피킹이 없기 때문에 리듬감도 요구된다.

위의 악보를 연주할 수 없는 사람은 이것으로 수행하라 !

초급 우선은 개방현을 사용한 오른손 태핑 감각을 익히자.

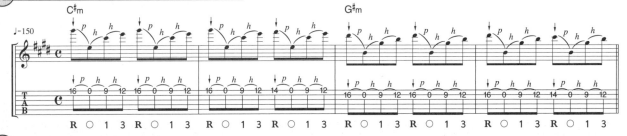

중급 이어서 메인 프레이즈 2마디째를 느리게 연주해보자.

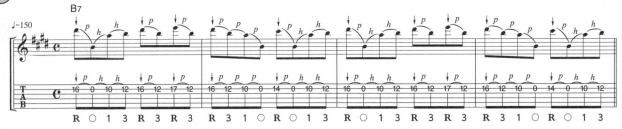

고급 줄 이동을 동반한 태핑 프레이즈를 연습하자.

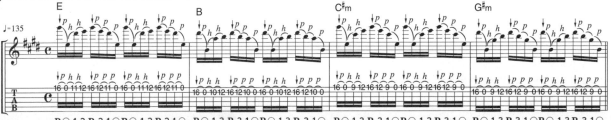

<지옥의 메커니컬 기타 트레이닝 – 스위트홈TV에서 경악의 DVD편>에서

주의점 1　오른손

개방현 태핑은 똑바로 들어가서 비스듬하게 빠져라!

원조 라이트핸드[주]에서 발전한 개방현을 활용한 태핑 프레이즈는 키보드를 연주하는 듯한 부드러운 터치로 음을 낼 필요가 있다. 그러기 위해서는 원활한 포지션 체인지와 레가토처럼 음이 끊어지지 않아야 한다. 여기서 가장 주의해야 할 것은 개방현에 대한 오른손 태핑이다. 개방현에 대한 태핑은 정확하게 줄 바로 위에서 두드리고, 손을 뗄 때에는 손가락의 힘을 빼면서 줄을 비스듬하게 위로 거는 느낌으로 한다(그림1-a). 개방현에 대한 태핑은 왼손이 지판을 누른 상태에서의 태핑과 비교해서 줄을 너무 심하게 걸기 쉬우므로 주의하자(그림1-b). 이러한 점들을 이해하고 연습하기 바란다.

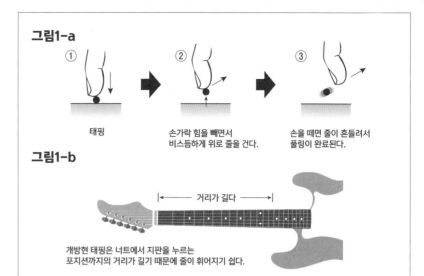

그림1-a

① 태핑
② 손가락 힘을 빼면서 비스듬하게 위로 줄을 건다.
③ 손을 떼면 줄이 흔들려서 풀링이 완료된다.

그림1-b

← 거리가 길다 →

개방현 태핑은 너트에서 지판을 누르는 포지션까지의 거리가 길기 때문에 줄이 휘어지기 쉽다.

주의점 2　왼손 오른손

2회 연속 태핑은 왼손 운지의 고정이 중요하다!

이 태핑 프레이즈는 1마디째 패턴을 베이스로 코드 체인지를 4번 하면서 포지션을 바꾼다. 실제로 연주할 때에는 개방현에 대한 것 이외에도, 태핑을 2회 연속하는 2박째에 주의해야 한다. 이것은 모든 마디에 공통된 것으로, 1마디째를 예로 해설하겠다. 여기서는 1번 줄 12프렛을 2번 손가락으로 누른 상태에서 1번 줄 16프렛을 태핑하고(사진①), 오른손으로 풀링을(사진②), 다시 한 번 1번 줄 17프렛을 태핑한다(사진③). 이때 지판을 누르고 있는 왼손은 단단히 고정시켜두는 것이 중요하다. 이렇게 함으로써 줄의 진폭이 최소한으로 억제되어 오른손 풀링이 편해진다.

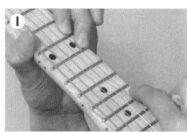

1 | 1번 줄 16프렛 태핑. 이때 왼손 운지는 고정한다!

2 | 16프렛 오른손 풀링. 왼손 운지가 흐트러지지 않도록 한다.

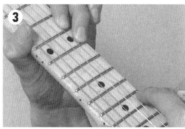

3 | 1번 줄 17프렛 태핑. 여기서도 왼손 운지는 고정.

4 | 1번 줄 17프렛 풀링. 풀링은 비스듬하게 아랫방향으로 하자.

칼럼 58
지옥의 칼럼

노이지한 라이트핸드와 작별하자! ~오른손 뮤트 방법~

저자가 18살 때, 집에서 라이트핸드를 맹연습하고 라이브를 한 적이 있었다. 그런데 큰 음량으로 라이트핸드를 하자 엄청난 노이즈 때문에 망했다. 큰 음량의 라이브에서는 노이즈 대책을 확실하게 세우는 것이 중요하다는 것을 깨달았다. 보통 오른손으로 줄을 두드리면 자연스럽게 기타 전체가 진동하고, 그 밖의 다른 줄도 울려서 노이즈가 발생한다. 그것을 막기 위해서는 오른손 손목과 팔을 사용해서 뮤트하면 된다(사진⑤, ⑥). 특히 저음줄 쪽은 진동하기 쉬우므로 오른손으로 확실하게 뮤트하자.

5 | 손목부터 팔에 걸쳐 사선으로 표시한 부분으로 뮤트하자. 다만 프레이즈에 따라서 사용하는 부분은 달라진다.

6 | 가장 강하게 뮤트를 한 예. 프레이즈에 따라서는 이 정도로 노이즈 대책을 하는 경우도 있다.

[원조 라이트핸드] 오른손을 사용하기 때문에 '라이트핸드 주법'이다. 기본적으로 기타는 오른손으로 연주한다. 그렇다면 '기타 플레이'='라이트핸드 주법'인가?!

85

야전의 전설 ~10~ '운명'

랜디 로즈 스타일의 고속 레가토 프레이즈

지옥의 격언
• 2마디에 걸친 고속 트릴을 공략하라!
• 상승형 레가토를 물 흐르듯이 연주하자!

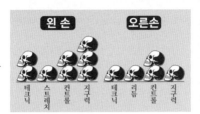

LEVEL ✦✦✦　　목표 템포 ♩=120　　모범연주 TRACK 169　반　주 TRACK 170

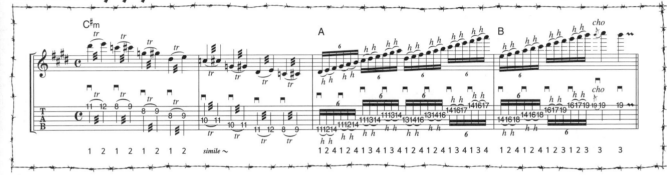

랜디 로즈 스타일의 트릴&레가토 엑서사이즈, 해머링&풀링 연속기술이다. 왼손의 내구력을 기르자. 트릴에서는 필요 이상의 힘이 들어가지 않도록 주의하고 각 음을 균등한 세기로 연주하자. 후반의 80년대를 대표하는 듯한 상승형 레가토는 미리 포지션을 파악해서 물 흐르듯이 연주하자!

위의 악보를 연주할 수 없는 사람은 이것으로 수행하라!

초급 트릴 연주법과 포지션을 확인하자. 이동 때에 음이 끊어지지 않도록 주의하자!

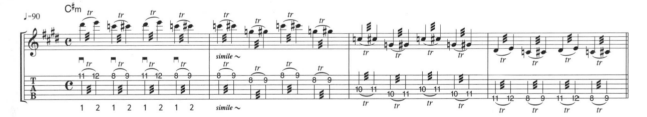

중급 메인 프레이즈 후반에 등장하는 상승형 레가토의 기초연습. 매끄럽게 연주하자!

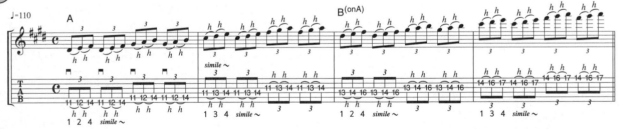

고급 상승형 레가토의 발전 엑서사이즈. 여섯잇단음에 익숙해지자!

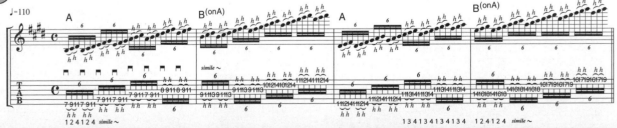

<지옥의 메커니컬 기타 트레이닝 - 경악의 DVD로 제자 입문편>에서(한국 미발매)

주의점 1 　이론

트라이어드를 바탕으로 하는 고속 트릴 포지션

메인 프레이즈 1&2마디째는 왼손의 지구력이 필요한 연속 트릴 프레이즈다. 이 부분은 C#m 트라이어드 코드 톤으로 되어있다. 코드 톤의 반음 아래 음을 1번 손가락으로 누르고 2번 손가락으로 코드 톤을 해머링&풀링한다(**그림1**). 트릴은 해머링과 풀링을 신속하게 연주할 필요가 있지만 신속하게 연주하는 것만 의식하면 핑거링이 약해져 음이 작아질 수 있으므로 주의하자. 줄을 확실하게 두드리고 당기기 바란다. 그리고 1박자마다 포지션 이동을 하는데, 1번 손가락이 운지한 상태로 이동하면 슬라이드음이 울리므로 프렛에 약간 닿은 상태로 다음 프렛으로 이동하도록 하자.

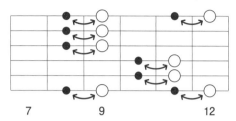

그림1　트라이어드 트릴 포지션

· 메인 프레이즈 1&2마디째

○ = C#m 트라이어드　● = 1번 손가락으로 지판을 누르는 음.

7　　　9　　　12

트릴 포지션을 확실하게 익혀서 트릴을 정확하게 연주하자!

주의점 2 　이론

미리 포지션을 기억해두고 고속 레가토를 공략하라!

3&4마디째는 여섯잇단음 고속 레가토 플레이가 등장한다. 매끄러운 핑거링을 위해서 우선은 이 상승 프레이즈에서 사용하고 있는 C#내추럴 마이너의 포지션을 머릿속에 기억해두자(**그림2**). 이 프레이즈는 3음마다 줄 이동을 하므로 왼손은 일정한 움직임으로 해머링을 반복해야 한다. 어느 한 손가락(특히 4번 손가락)만 빨라지거나 느려지면 여섯잇단음을 정확하게 연주할 수 없으므로 주의하자. 실제 연주 때에는 **손가락을 살짝 세우면[주]** 매끄러운 핑거링을 할 수 있을 것이다. 이때 뮤트는 오른손으로 하는 것이 좋다.

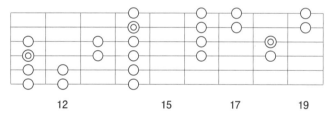

그림2　메인 프레이즈 3&4마디째의 포지션
（C#내추럴 마이너 스케일）

◎ 토닉 = C#음

12　　　15　　　17　　　19

3음을 1세트로 포지션을 익히자!

칼럼 59

지옥의 칼럼

저자 코바야시 신이치가 말하는 랜디 로즈

저자는 랜디 로즈의 플레이를 들으면 '따스함'을 느낀다. 헤비한 곡이든 슬픈 발라드든 공통되며, 이것은 아마도 그의 온화한 인품이 소리에 반영되기 때문은 아닐까? 오지 오스본의 곡에서는 '이것이 바로 메탈!'이라고 할 수 있는 하드한 리프와 테크니컬한 솔로를 선보이지만, 모두 평범한 메탈계 기타리스트로서는 따라하기 힘든 그의 뛰어난 센스와 내공을 느낄 수 있다(클래식 기타를 연주한 것이 그 이유 중 하나일지도 모른다). 그의 세련된 플레이는 사후 30여 년이 지난 지금도 배울 점이 많다.

Ozzy Osbourne
<Blizzard Of Ozz>

헤비메탈의 초(超)명반으로 빛나는 오지의 데뷔작. 클래식의 요소를 담은 아름답고 기교적인 기타 플레이는 꼭 들어보자!

Ozzy Osbourne
<Randy Rhoads Tribute>

랜디가 타계한 후, 그를 추모하는 의미로 발매된 라이브 음반. 그의 뜨거운 영혼이 폭발할 듯한 풍부한 표정과 파워풀한 사운드가 가득하다.

[손가락을 살짝 세우면] 해머링은 줄 바로 위에서 손가락을 똑바로 내려 연주하자. 이때 손가락 끝으로 줄을 정확하게 때리는 것이 중요하다. 익숙해질 때까지는 한 박자씩 나누어 연습해보는 것도 좋다.

86

'줄 마찰 증후군' ~제2단계~

응용력을 시험하는 5줄 스위프 피킹 프레이즈

- 5줄 스위프 포지션을 이해하라!
- '되돌리기'가 있는 스위프를 마스터하라!

LEVEL ★★★★

목표 템포 ♩= 160

모범연주 TRACK 171
반　주 TRACK 172

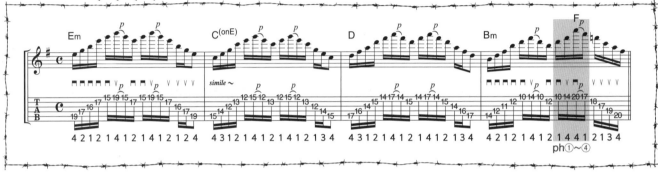

이 5번 줄 루트의 트라이어드 프레이즈는 5번 줄부터 1번 줄까지 상승하고 1음만 2번 줄을 연주한다. 그 후, 1번 줄로 되돌아간 다음에 하강하는 '되돌리기'를 포함한 스위프 피킹으로 연주해야 한다. 단순히 상승&하강을 하는 스위프 피킹에서 졸업하고 응용력을 기르자!

위의 악보를 연주할 수 없는 사람은 이것으로 수행하라!

초급 8분음으로 메인 프레이즈의 스위프 패턴을 확인하자.

중급 메인 프레이즈와 같은 코드진행이다. 전체의 흐름을 파악하자.

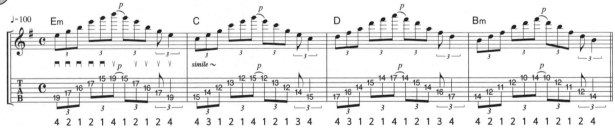

고급 1&2번 줄을 집중적으로 연주해서 '되돌리기' 피킹에 익숙해지자!

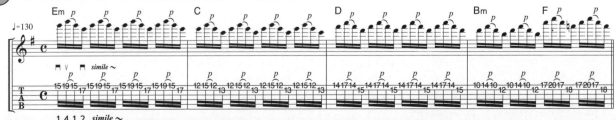

<지옥의 메커니컬 기타 트레이닝 – 스위트홈TV에서 경악의 DVD편>에서

주의점 1　☞오른손

다음 음을 고려해서 피킹의 방향을 선택하자

이 프레이즈를 연주할 때에 주의해야할 점은 5번 줄→1번 줄로의 상승 스위프 후에 하는 1&2번 줄의 되돌리기 피킹이다. 1마디째를 예로 들어 해설하면, 2&3박째는 같은 내용의 프레이즈를 반복하고 있으며, 각 박자 4음째의 피킹이 다르다(그림1). 2박째 4음째는 3박째 머리부분의 1번 줄을 이코노미 피킹하기 위해서 다운으로 연주한다. 이것과는 반대로 3박째 4음째는 4박째 머리부분의 3번 줄을 스위프 피킹하기 위해서 업으로 연주한다. 스위프/이코노미 피킹을 연주할 때에는 다음 음을 고려해서 유연하게 피킹 컨트롤을 할 필요가 있다. 힘으로만 연주하는 것이 아니라 피킹의 순서를 확실하게 생각하고 연주하는 것이 중요하다.

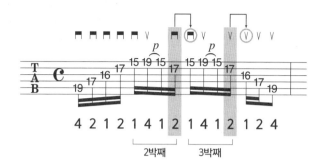

그림1　1마디째 2&3박째의 피킹 비교

4 2 1 2 1 4 1 2 1 4 1 2 1 2 4

2박째　　3박째

같은 프레이즈지만 다음에 올 음의 줄이 다르기 때문에 4음째의 피킹이 반대가 된다.

주의점 2　왼손

1번 손가락 움직임을 의식하면서 4번 손가락을 크게 이동시키자!

이 프레이즈에서는 특히 4마디째 3박째 코드 체인지에 주의하기 바란다. 여기서는 B마이너에서 F메이저로 **일시적으로 조바꿈[주]**을 하고 있어 4번 손가락이 1번 줄 14프렛에서 20프렛으로 크게 이동하고 있다(**사진②~③**). 이때 노이즈 대책을 위해서 1번 손가락으로 2번 줄을 뮤트하기 바란다. 이어서 20프렛을 누른 시점에서 1번 손가락을 1번 줄 17프렛 위에 대기시켜두는 것이 좋다. 이와 같이 4번 손가락이 크게 이동하는 프레이즈에서는 4번 손가락에만 신경이 집중되기 쉬운데, 1번 손가락의 움직임에도 주의해서 뮤트, 신속한 지판 누르기를 하기 바란다. 이러한 1번 손가락의 평범한 움직임에도 주의함으로써 정확한 속주 플레이에 필요한 센스가 길러지는 것이다.

1번 손가락 1번 줄 10프렛 운지. 14프렛 운지도 준비한다.

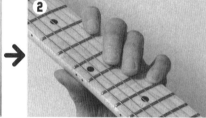

4번 손가락 14프렛 운지. 이 다음에 큰 이동을 한다.

20프렛으로 이동. 1번 손가락도 17프렛을 눌러둔다.

4번 손가락 풀링으로 17프렛이 울리게 한다.

칼럼 60

지옥의 칼럼

초절정 기타리스트가 목표라면 줄 높이 조정에도 신경을 쓰자

기타 줄 높이를 조정해본 적이 있는가? '줄 높이'란 줄의 높이를 말하는 것으로 일반적으로 12프렛에서 '줄의 밑 부분'과 '프렛의 정상부분' 사이의 거리를 가리킨다(그림2). 0.1mm 단위의 세밀한 수치로 조정하는 것이므로 매우 심오하다. 기본적으로는 1.8~2.0mm 정도로 하는데, 초절정 기타리스트들은 이것보다 약간 낮게 조정하는 경우가 많은 것 같다. 줄 높이가 낮은 편이 핑거링은 하기 쉽지만, 그만큼 움직임이 위축될 수 있다. 그렇기 때문에 넥과 지판의 정교한 조정이 필요하다. 제대로 조정하면 확실하게 기타 연주가 쉬워지므로 흥미 있는 사람은 시도해보자.

그림2　줄 높이에 대해서

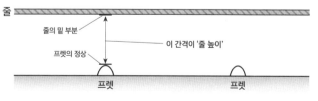

줄
줄의 밑 부분
이 간격이 '줄 높이'
프렛의 정상
프렛　　프렛

일반적으로는 12프렛에서 측정한다.
기본적으로는 1.8~2.0mm로 설정한다.

[일시적으로 조바꿈] 지금까지의 키(조)를 떠나 일시적으로 다른 키로 바꾸는 것. 짧은 시간에 원래의 키로 되돌아오기 때문에 조표는 달라지지 않는다. 단조롭고 획일적인 코드 진행에 다채로운 분위기를 주는 효과가 있다.

87

수색! 5줄 소탕작전

세밀하게 포지션이 달라지는 5줄 스위프 피킹 트레이닝

지옥의 격언
- 5줄 스위프 피킹의 응용기술에 도전하라!
- 양손 뮤트를 마스터하라!

LEVEL ⚜⚜⚜⚜⚜

목표 템포 ♩= 135

모범연주　TRACK 173
반　주　TRACK 174

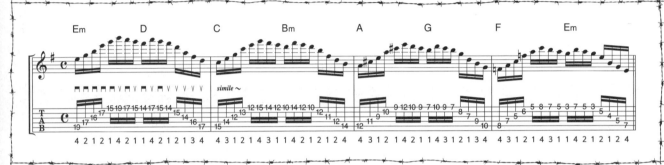

1번 줄 풀 피킹을 추가한 5줄 스위프 엑서사이즈의 응용. 다운 스위프의 상승 후에 1번 줄 프레이즈를 사이에 두고 포지션을 이동, 그리고 업 스위프의 하강으로 옮기자. 양손의 뮤트에 주의하고 끝까지 리듬이 흐트러지지 않도록 하자!

위의 악보를 연주할 수 없는 사람은 이것으로 수행하라 !

초급 5줄 스위프 피킹 기본 연습. 메이저&마이너 포지션을 익히자.

중급 1번 줄 프레이즈를 추가한 스위프 연습. 도중에 리듬이 흐트러지지 않도록 하자!

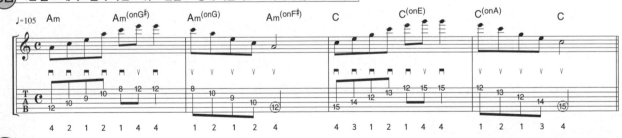

고급 메인 프레이즈를 간략화한 엑서사이즈. 상승과 하강의 흐름을 확인하라!

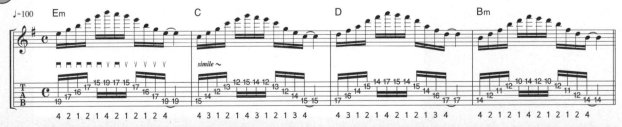

〈지옥의 메커니컬 기타 트레이닝 - 경악의 DVD로 제자 입문편〉에서(한국 미발매)

주의점 1  오른손

스위프 피킹 때에 피크는 평행&똑바로 움직여라!

스위프 피킹에서는 피크의 각도와 궤도에 주의하기 바란다. 줄에 대해서 피킹의 궤도를 비스듬하게 하면 줄과 마찰되는 노이즈음이 발생한다(사진①&②). 또한, 피크가 어긋나서 음이 작아지는 경우도 많다. 기본적으로는 손목을 고정시키고 피크와 줄이 평행한 각도로 연주하는 것이 좋다(사진③&④). 그리고 다운에서는 피크와 엄지손가락으로 줄을 누르듯이, 업에서는 피크와 집게손가락으로 계단을 올라가듯이 연주하자. 거울 앞에서 연주해보기도 하면서 스위프 피킹의 오른손 궤도[주]를 확인해보기 바란다.

다운 스위프의 시작 위치.

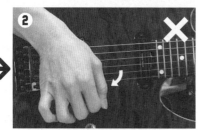

손목을 구부리면 궤도가 휘어지므로 주의하자!

다운 스위프는 피크를 줄에 평행하게 대고…

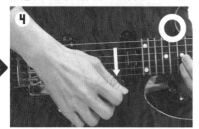

똑바른 궤도로 연주하자!

주의점 2  오른손

자신에게 딱 맞는 뮤트 위치를 찾아보자!

스위프 피킹에서는 줄 이동하기 전의 음을 없애기 위해 순서에 따라 뮤트를 해야 한다. 스위프 연주에 익숙하지 않은 사람은 모든 줄에 강한 뮤트를 걸어 탁한 음이 나는 경우가 많다. 기본적으로는 오른손 뮤트가 포인트다. 줄에 닿는 부분은 ①새끼손가락 쪽, ②손목 쪽, ③엄지손가락 쪽의 3곳이 있다(그림1). 손의 크기에 따라 뮤트하기 쉬운 위치가 다르므로 여러 번 반복연습하면서 자신에게 맞는 곳을 찾아보자. 최종적으로는 왼손은 지판을 누르지 않은 1~6번 줄 개방을 오른손만으로 스위프할 수 있도록 하자.

그림1　스위프 피킹의 오른손 뮤트 위치

① 새끼손가락 쪽

② 손목 쪽

③ 엄지손가락 쪽

손의 크기와 손목 사용방법에 따라서 알맞은 뮤트 포인트가 다르다.

주의점 3 이론

1번 줄 프레이즈를 사이에 두고 2개의 코드를 연결시키자!

메인 프레이즈는 5번 줄 루트 트라이어드에 1번 줄 프레이즈를 더한 응용 포지션이다(그림2). 1번 줄 프레이즈는 각 코드의 3rd음, 4th음, 5th음의 3음으로 구성되어있어서 코드와 코드를 연결하는 역할을 하므로 포지션 이동을 정확하게 해야 한다. 또한 피킹 능력을 기르기 위해 해머링&풀링을 전혀 하지 않는 풀 피킹으로 연주해보기 바란다. 스위프 피킹에 익숙한 사람은 손버릇에 의한 해머링&풀링을 넣는 경우가 많으므로 주의하자!

그림2　트라이어드+4th음 포지션

◎토닉　△3rd음　●4th음　□5th음

· 마이너 포지션(Em、Bm)

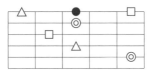

· 메이저 포지션①(D、A)

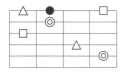

· 메이저 포지션②(C、G、F)

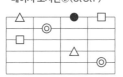

각 포지션의 차이를 머리와 손가락으로 기억하자!

[스위프 피킹의 오른손의 궤도] 스위프의 잘못된 궤도 중에는 비스듬한 궤도 이외에 '원운동=서클 피킹'이 있다. 서클 피킹은 피크의 각도가 불안정하기 때문에 노이즈가 많고 리듬도 잡기 힘들다.

88

지옥소곡 제1번 '코체리아'

왼손 강화 종합소곡

- 해머링&풀링, 조인트를 완전히 마스터하라!
- 정확한 스트레치 폼을 확인하자!

LEVEL 🗡🗡🗡🗡🗡

목표 템포 ♩= 145

모범연주　TRACK 175
반　　주　TRACK 176

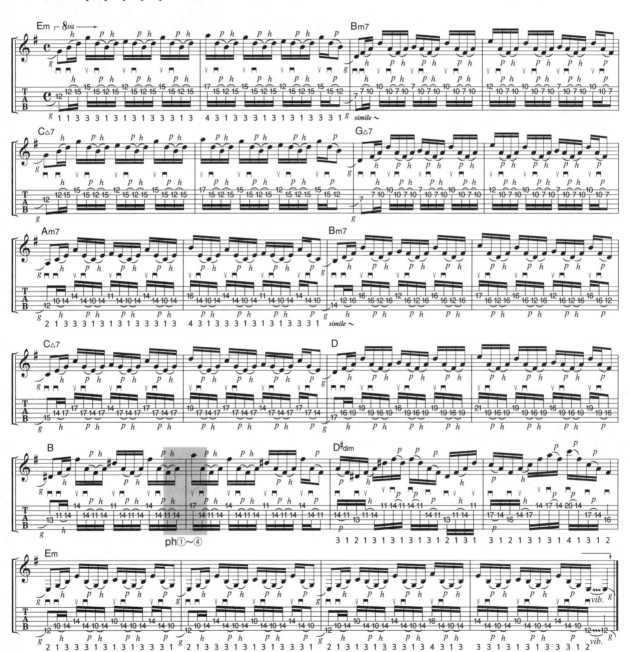

기교파 기타리스트를 목표로 하는 사람이라면 누구나 동경하는 초절정의 제왕 '리치 코첸'. 그의 초절정 핑거링 능력을 내것으로 만들기 위해서라면 해머링&풀링과 조인트 등의 테크닉을 집중적으로 수행해서 왼손의 정확성을 기르자! 핑거링의 안정성을 높이기 위해서 스트레치 폼도 확인하자.

주의점 1 이론

운지의 효율성을 위해
1번 손가락을 12프렛 위에 두자!

이 엑서사이즈 프레이즈는 리치 코첸도 자주 연주하는 **시퀀스 프레이즈[주]**로 되어있다. 코 첸은 기본적으로 가로 이동이 적고 조인트를 활용한 펜타토닉 포지션(**그림1-a**)을 사용하는 경우가 많다. 조인트를 하면서도 2번 줄에서 해 머링과 풀링을 잘 할 수 있는가가 포인트다. 효 율적인 운지를 위해 3번과 4번 손가락이 지판 을 누를 때에도 1번 손가락은 항상 12프렛에 있 도록 하자. 다만 12프렛을 계속 누르는 것이 아 닌, 손가락을 띄우면서 뮤트도 해야 한다. 참고 로 이러한 리치 코첸 스타일의 프레이즈 포지 셔닝은 제이슨 베커도 자주 사용했다(제이슨 베커는 옛날부터 사용하고 있었다). 제이슨 스 타일 포지션(**그림1-b&c**)은 메이저/마이너 모 두 트라이어드(3화음)를 기준으로 6th음 또는 9th음 등의 텐션음을 더한다. 이 엑서사이즈 프 레이즈에는 다양한 코드가 등장하며, 이 제이 슨 스타일 포지션의 변형 패턴도 사용하고 있 다. 우선은 여기서 제이슨 스타일 포지션의 기 본형을 확실하게 머릿속에 넣어두자.

그림1 트릴 포지션

(a) 펜타토닉 기본형

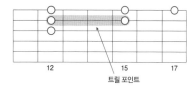

12　　　15　　　17
트릴 포인트

(b) 메이저 기본형(5번 줄 루트)　◎루트음　●6th음　□9th음

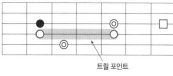

트릴 포인트

(c) 마이너 기본형(6번 줄 루트)

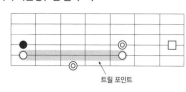

트릴 포인트

주의점 2 왼손

줄 뛰어넘기 스트레치의 열쇠는
왼손 손목 사용방법에 있다!

이 프레이즈의 최대 난관은 17마디째 4박째 ~18마디 1박째의 디미니시 프레이즈다(**사진 ①~④**). 이곳은 주의점1에서 해설한 펜타토닉 포지션을 디미니시로 바꾸었기 때문에 운지가 약간 복잡하다. 연주할 때에는 3번 손가락으로 3번 줄 14프렛을 해머링한 직후, 1번 줄 17프렛(4 번 손가락)으로 줄 뛰어넘기를 할 때에 1번, 3번 손가락을 3번 줄에서 떼지 않도록 하자. 이렇게 하면 3번 줄로 원활하게 되돌아올 수 있다. 다 만 줄 뛰어넘기와 동시에 하는 스트레치는 매 우 힘들다. 따라서 손가락이 잘 벌어지도록 하 려면 왼손 손목을 약간 빼고 전체적으로 왼손 을 높이는 듯한 자세를 취하자.

　이러한 스키핑 프레이즈에서는 연주한 음을 잘 멈추는 것도 중요하다. 여기서는 4번 손가락 을 1번 줄 17프렛에서 뗀 후, 다음 3번 줄 14프렛 을 연주하는 순간에 1번 손가락을 1번 줄에 대 서 뮤트하자. 노이즈가 적은 깔끔한 플레이를 위해 열심히 뮤트하자.

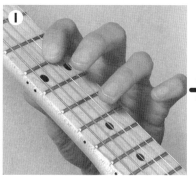

3번 줄 11프렛을 1번 손가락으로 누르는 시점에 3번 손가락의 3 번 줄 14프렛 해머링 준비를 해두자.

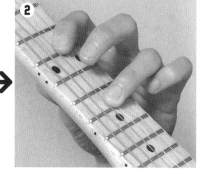

3번 줄 14프렛을 3번 손가락으로 해머링. 1번 줄로의 줄 뛰어넘 기를 의식해서 왼손을 약간 높이자.

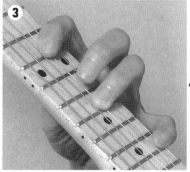

1번 줄 17프렛을 4번 손가락으로 누른다. 이 시점에서도 1번 손 가락과 3번 손가락을 줄에서 떼지 않고 3번 줄을 누르고 있다.

3번 줄 14프렛으로 되돌아간다. 1번 손가락을 1번 줄에 대서 음 을 멈춘다.

[시퀀스 프레이즈] 비교적 짧은 음 형태 또는 코드의 연결을 반복하는 프레이즈. 반복되는 음 형태와 코드가 동일할 필요는 없다.

89

지옥소곡 제2번 '9th 사인'

오른손 강화 종합소곡

 •아르페지오로 얼터네이트를 집중 단련하라!
•9th코드 폼으로 스트레치에 익숙해져라!

LEVEL 🔨🔨🔨🔨🔨 목표 템포 ♩= 175

모범연주 **TRACK 177**
반 주 **TRACK 178**

클린 톤으로 아름다운 선율을 연주하는 아르페지오 프레이즈다. 아름다운 울림이 기분 좋다. 하지만 플레이적으로 보면 빈번하게 줄 이동을 하는 얼터네이트 피킹과 스트레치 폼에 의한 9th 코드 등, 매우 바쁘게 움직여야 한다. 속도보다 정확성을 중시해서 트레이닝을 하자!

＜지옥의 메커니컬 기타 트레이닝 - 스위트홈TV에서 경악의 DVD편＞에서

 이론

주의점 1

스타일리시한 울림의 add9 코드 톤

메인 프레이즈에서 자주 나오는 'add9(애드나인스)'는 트라이어드(3화음)[주]에 9th라는 텐션음을 더한 코드 톤(구성음)으로 이루어진 스타일리시한 울림이 특징이다. add9 코드에는 메이저와 마이너가 있으며, **그림1**이 5번 줄 루트의 코드 톤 포지션이다(메이저와 마이너는 3rd음에 해당되는 2번 줄 포지션이 다르다). 실제로 add9 코드 톤 프레이즈를 연주할 때의 포인트는 메이저/마이너에 상관없이 루트음, 5th음, 9th음의 3음을 스트레치로 누르는 것이다. 2번 손가락(5th음)과 4번 손가락(9th음)은 지판을 누르기 힘들지만, 넥 뒤 엄지손가락의 위치를 조절하면서 손가락을 확실히 벌리자.

그림1 9th 코드 톤 포지션

◎ 루트음 △ 3도음 ☐ 5도음 ● 9th음

(a) 5번 줄 루트 마이너 9th 기본형

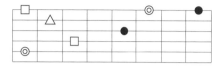

(b) 5번 줄 루트 메이저 9th 기본형

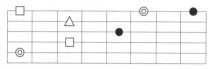

 오른손

주의점 2

피킹 궤도를 의식하면서 줄 뛰어넘기 얼터네이트를 하자!

이 프레이즈처럼 1음씩 줄 이동을 하는 아르페지오 프레이즈는 얼터네이트 피킹으로 계속 연주하기 힘들다. 특히 클린 톤을 적당히 연주할 수 없어 난이도가 높다. 이 프레이즈를 연습할 때에는 속도뿐만 아니라 정확성 향상도 염두에 두기 바란다. 이 프레이즈에서 특히 어려운 부분은 5마디째 2~3째 줄 뛰어넘기 부분이다(**사진①~③**). 3번 줄을 다운 피킹한 후, 2&1번 줄을 뛰어넘어 1번 줄을 정확하게 업 피킹하는 것이 중요하다. 실수로 2번 줄이 울리지 않도록 피킹 궤도에 신경을 써야 한다. 전체적으로 '다운→업' 얼터네이트의 규칙성이 흐트러지지 않도록 주의하자!

3번 줄 14프렛을 다운한 채로 1번 줄로 이동!

줄을 뛰어넘은 후에 1번 줄 10프렛을 업 피킹한다.

이어서 1번 줄 12프렛을 다운 피킹으로 연주하자.

칼럼 61
지옥의 칼럼

더 높은 곳을 향하는 지옥 신자를 위한 도약 아르페지오 트레이닝 프레이즈

여기서는 줄 뛰어넘기가 들어간 아르페지오 엑서사이즈 프레이즈를 소개하겠다(**그림2**). 이 프레이즈는 3번 줄에서 1번 줄로 뛰어넘는 부분이·인사이드 피킹이므로 가운데의 줄=2번 줄을 미스 피킹하지 않도록 피킹 궤도에 주의하자. 또한 정확한 피킹과 동시에 항상 '지금 몇 번 줄을 연주하고 있는가?'를 생각하면서 연주하는 것이 중요하다. TAB악보를 보면서 아무 생각 없이 연습하지 말고, 무엇을 위한 트레이닝인지 머리로 이해하는 것이 테크닉 향상의 지름길이다!

그림2 9th 코드 톤의 스키핑 엑서사이즈

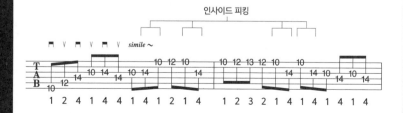

[트라이어드(3화음)] '루트, 3rd, 5th'의 3음으로 구성된 코드. 종류는 '메이저(장3화음)', '마이너(단3화음)', '어그먼트(증3화음)', '디미니시(감3화음)'의 4가지가 있다.

90

지옥소곡 제3번 '사이크시'

기타 테크닉 강화 종합소곡

- 록의 대표적인 테크닉을 익혀라!
- 펜타토닉으로 멜로디컬한 프레이즈를 연주하라!

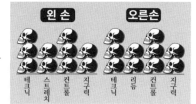

LEVEL ★★★★★

목표 템포 ♩= 110

모범연주 **TRACK 179**
반　　주 **TRACK 180**

록 기타를 완성시키려면 펜타토닉에 의한 블루지한 프레이즈를 연주할 수 있어야 한다. 이 대표적인 록 솔로에 도전해서 프레이즈가 소울풀하게 노래하도록 하는 테크닉을 완전히 마스터하라! 세세한 뉘앙스에 신경을 쓰며 음 하나 하나를 꼼꼼하게 연주하라!

<지옥의 메커니컬 기타 트레이닝 - 스위트홈TV에서 경악의 DVD편>에서

주의점 1 📖 **이론**

풀링 포지션을 익혀서 6연음을 정확하게 연주하자!

이 프레이즈의 바탕은 Em 펜타토닉 스케일이다. 특히 11~12마디째의 포지션에 개방현이 들어간 것이 특징적이다. 이 부분은 한 줄로 풀링 2번+이웃한 줄에서 풀링 1번의 합계 3회 풀링으로 하나의 세트를 이루고 있다. 여기서는 3가지 세트가 등장하므로 미리 각 세트의 풀링 포지션을 확인해두자(**그림1**). 참고로 3세트째(12마디째 1&2박자째)만 ♭5th음(B♭음, 3번 줄 3프렛)을 사용하므로 포지션을 기억하도록 하자. 여섯잇단음 프레이즈지만 3회의 풀링이 있어, 크게 나누어 **셋잇단음이라고 생각하고 타이밍을 잡으면[주]** 연주하기 쉬울 것이다.

그림1　펜타토닉 로우 포지션에서의 풀링 포인트

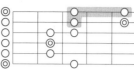

・11마디째 1&2박째　◎루트음=E음

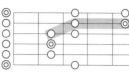

・11마디째 3&4박째

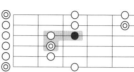

・12마디째 1&2박째　●♭5th음=B♭음

 주의점 2 ✋ **왼손**

2번&1번 손가락으로 슬라이드 플레이를 완성하자!

13~14마디째는 1번 줄 개방을 연주하면서 2번 줄에서 슬라이드를 하는 멜로디어스한 프레이즈다. 기본적으로는 1&2번 줄 커팅이라고 생각하고 피킹하면 된다. 1번 줄 개방음과 2번 줄 슬라이드음 모두 정확히 내도록 하자. 그렇게 하기 위해서는 2번 줄을 누르는 2번 손가락이 1번 줄에 닿지 않도록 세우는 것이 중요하다. 다만 남는 줄을 뮤트하지 않으면 연주하지 않는 3&4번 줄이 울릴 수 있으므로 주의하자(**사진①**). 1번 손가락으로 불필요한 줄을 뮤트하기 바란다(**사진②**).

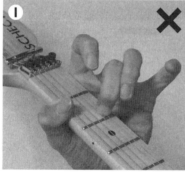

2번 손가락이 1번 줄 개방에 닿지 않도록 손가락을 세우는 것이 좋다. 하지만 이대로는 3번 줄을 뮤트할 수 없다.

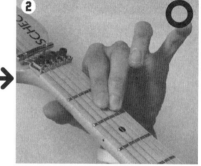

1번 손가락으로 3~4번 줄을 뮤트하자. 1번, 2번 손가락 모두 1번 줄에 닿지 않도록 하자!

 주의점 3 👉 **오른손**

피킹&빠른 줄 뛰어넘기로 6연음 런 프레이즈를 공략!

15마디째의 여섯잇단음 프레이즈는 1박자 단위의 2줄 런 연주법이다. 우선은 각 박자마다 포지션을 익히는 것이 중요하다. 연주할 때에는 1박째 3~5음째와 같이 아웃사이드 피킹이 연속되는 부분에 주의해야 한다. 여기서는 2번 줄 15프렛을 다운으로 연주한 직후에 1번 줄을 뛰어넘어 바로 업 피킹 준비를 한다. 그리고 1번 줄 12프렛 업 피킹 후에도 신속하게 2번 줄을 뛰어넘어서 다운 피킹을 준비하자(**사진③~⑤**). 아웃사이드 피킹은 미스 터치가 발생하기 쉬우므로 서두르지 말고 침착하게 연주하기 바란다.

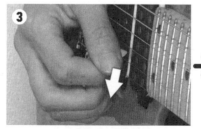

2번 줄 15프렛을 다운으로 연주하고 1번 줄로 이동!

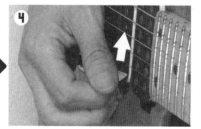

이어서 1번 줄 12프렛을 업 피킹하고…

2번 줄 15프렛을 아웃사이드 다운 피킹으로 연주한다.

[셋잇단음이라 생각하고 타이밍을 잡는다] 풀링을 정확하게 하면 개방현은 반드시 울린다. 따라서 여섯잇단음 프레이즈라도 그 절반인 셋잇단음=3음의 풀링에 집중해서 연주하면 타이밍을 잡을 수 있다!

지옥소곡 제4번 '마카페인'

응용기술 강화 종합소곡

 초절정 테크닉을 연속해서 연주하자!
리듬 체인지에 대응할 수 있는 리듬감을 길러라!

LEVEL ★★★★★★

목표 템포 ♩= 140

모범연주 TRACK 181
반　주 TRACK 182

풀 피킹, 스키핑, 스위프와 이코노미 피킹, 태핑……. 초절정 테크닉이 응축된 엑서사이즈 프레이즈다. 질주하는 느낌으로 각 테크닉을 정확하게 플레이하자. 테크닉이 바뀔 때 버벅거리지 않도록 주의하면서 프레이즈마다 변화하는 리듬에도 주의하자.

<지옥의 메커니컬 기타 트레이닝　스위트홈TV에서 경악의 DVD편>에서

 **주의점 1** 오른손

줄을 뛰어넘는 피킹 이동은 헛 피킹 감각으로 하자!

먼저 5마디째의 스키핑 프레이즈를 해설하겠다. 피킹은 기본적으로 헛 피킹이 들어간 얼터네이트이며, 1~2박자째처럼 줄 뛰어넘기를 하면서 업이 2번 연속되는 부분이 어렵다(**사진①~③**). 오른손은 3번 줄을 업으로 연주한 후에, 왼손이 해머링을 하고 있는 동안 다운 헛 피킹의 느낌으로 1번 줄 아래로 이동시키자. 이렇게 하면 리드미컬한 플레이를 할 수 있을 것이다. 미리 한 음 한 음(16분음 단위)씩 왼손과 오른손 동작을 확인해두고 **느린 템포로 연습을 시작하면**[주] 좋을 것이다.

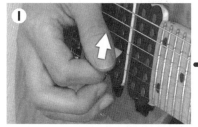
3번 줄을 업으로 연주하면서 줄 뛰어넘기를 의식하자.

해머링 중에 헛 피킹의 느낌으로 줄을 뛰어넘는다.

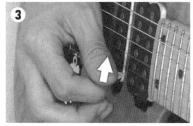
1번 줄 8프렛을 업 피킹으로 리드미컬하게 연주하자.

주의점 2 왼손 오른손

오른손 태핑 감각으로 왼손 해머링을 한다!

8마디째는 태핑 중에서도 난이도가 높은 왼손 선행 프레이즈다. 줄 이동 때에 피킹을 하지 않으므로 왼손으로 강하게 해머링할 필요가 있다. 1~2박자째는 1번 줄 7프렛에서 2번 줄 10프렛으로 넌 피킹으로 이동한다. 이때에 3번 손가락은 오른손 태핑과 같은 감각으로 강하게 해머링을 하면 깔끔한 음이 나올 것이다(**사진④~⑤**). 바로 다음에 나오는 오른손 2번 줄 17프렛 태핑도 리듬에 맞추어 정확하게 하자(**사진⑥**). 이 동작은 4박자째까지 이어지므로 '왼손 해머링→오른손 태핑'의 흐름을 의식하면서 연습하기 바란다.

풀링 후의 1번 줄 7프렛 누르기. 3번 손가락을 의식하자.

3번 손가락으로 2번 줄 10프렛을 강하게 해머링하자.

이어서 오른손으로 2번 줄 17프렛을 태핑한다.

 주의점 3 오른손

초절정 복합기술 공략 열쇠는 다음 동작을 내다보는 손의 이동!

9마디째에는 기본적인 E마이너 트라이어드 스위프 피킹에서 태핑으로 흐르는 복합 테크닉이 등장한다. 5번 줄에서 1번 줄을 향해서 스위프(다운 피킹) 피킹으로 상승한 후(**사진⑦~⑧**), 1번 줄에 도달하면 4번 손가락으로 1번 줄 19프렛을 해머링하자(**사진⑨**). 해머링 중에는 피킹을 하지 않으므로 이 틈에 오른손은 태핑 준비를 해두면 흐르듯이 프레이즈를 연결시킬 수 있을 것이다(**사진⑩**). 이렇듯 움직임의 군더더기를 없애고 항상 앞을 내다보는 운지와 피킹을 명심하는 것이 초절정 프레이즈를 공략하기 위한 지름길이다!

스위프 피킹으로 상승하면서 2번 줄을 다운으로 연주한다.

이어서 1번 줄로 이동. 다운 스위프 피킹은 여기서 끝난다.

1번 줄 19프렛 해머링과 함께 태핑 준비를 하자.

흐르듯이 1번 줄 20프렛을 태핑하자!

[느린 템포로 연습을 시작한다] 공략할 수 없는 프레이즈를 만났을 때에는 반드시 느린 템포부터 연습을 시작하자. '급할수록 돌아가라'는 정신으로 차근차근 실력을 쌓아가자!

92

깨달음의 기타 ~짧은 간격의 규칙적인 연주~

백킹 능력을 기르는 8마디 프레이즈

- 깔끔한 백킹을 목표로 하자!
- 16분음의 같은 음 2회 연주를 마스터하자!

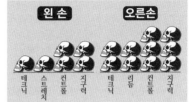

LEVEL ✸✸✸ 목표 템포 ♩= 140 모범연주 TRACK 183 반 주 TRACK 184

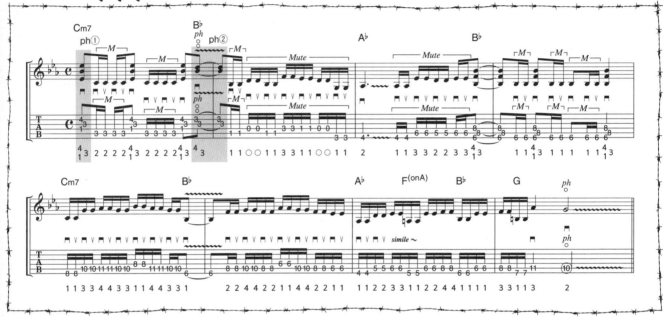

백킹이야말로 록 기타의 핵심적인 매력이다. 브릿지 뮤트를 건 연주와 파워 코드 연주, 오블리가토 등을 담은 이 백킹 프레이즈를 공략해서 리프 마스터가 되어보자. 일부러 Cm라는, 하드록/헤비메탈에는 잘 등장하지 않는 키를 선택했으므로 독특한 포지션에도 주의하자.

위의 악보를 연주할 수 없는 사람은 이것으로 수행하라!

초급 브릿지 뮤트와 마이너7th코드의 운지를 확인하자!

고급 질주하는 16분음에서 같은 음 2회 연주 프레이즈에 익숙해지자!

<지옥의 메커니컬 기타 트레이닝 - 경악의 DVD로 제자 입문편>에서(한국 미발매)

주의점 1  왼손

이등변삼각형의 이미지를 가지고 코드를 정확하게 누르자!

메인 프레이즈 1마디째에 나오는 마이너7th코드는 재즈 하모니를 울리게 하는 장르에서 자주 등장한다. 록에서 메인이 되는 파워 코드와는 폼이 크게 다르므로 미리 누르는 방법을 이해하는 것이 중요하다. 여기서는 5번 줄 루트음을 누르는 2번 손가락과 4번 줄 마이너3rd음을 누르는 1번 손가락, 그리고 3번 줄 7th음을 누르는 3번 손가락이 스트레치 폼이 된다(**사진①**). 1번 손가락을 정점으로 이등변삼각형을 만드는 이미지를 가지고 줄을 누르자. 1마디째 4박째 뒷박의 B♭코드에서는 2&3번 줄에 비브라토를 걸기 때문에 4번과 3번 손가락으로 3프렛을 단단히 누르자(**사진②**).

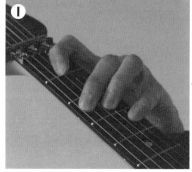

Cm7 코드 폼. 특히 마이너3rd음을 누르는 1번 손가락에 주의하자.

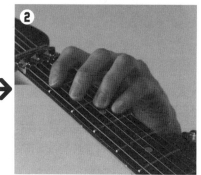

B♭ 코드 폼. 2&3번 줄 3을 동시에 비브라토하므로 4번과 3번 손가락으로 단단히 누르자.

주의점 2 오른손

기타의 보디를 노리고 직선적으로 피크를 움직이자!

메인 프레이즈 5~8마디째처럼 같은 음을 2회씩 피킹하는 리프에서는 보디 쪽을 향해서 직선적인 피킹을 하자(**그림1-a**). 연주한 후, 보디에서 멀어지는 다운 피킹은 시계추 같은 궤도가 되어 쓸데없는 움직임이 많아지므로 좋지 않다(**그림1-b**). 1줄 짝수 피킹은 줄 이동을 한 후에 반드시 다운으로 연주를 시작하므로 직선적인 움직임을 해야 다른 줄을 원활하게 피킹 할 수 있다(**그림1-c**). 줄 아래로 피크를 끼워넣는 느낌으로 다운을 하면 다음의 다운으로 가는 순간에 자연스럽게 줄에 피크가 닿으므로(업 피킹) 다운을 연타하는 느낌으로 얼터네이트를 연주할 수 있다.

그림1-a　직선적인 다운&업 궤도

직선적인 움직임으로 쓸데없는 동작이 적다.

그림1-b　시계추 같은 다운&업 궤도

움직임이 크고 쓸데없는 동작이 많아서 좋지 않다.

그림1-c　업 뒤의 줄 이동 다운도 직선적으로!

②다운
①업

직선적인 움직임이라 줄 이동도 원활하게 할 수 있다.

주의점 3 이론

3음으로 구성된 코드 톤을 익히자!

실제로 메인 프레이즈 5~8마디째를 연주할 때에는 미리 포지션을 기억하는 것이 중요하다. 그 중에서도 특히 코드가 자주 바뀌는 7~8마디째 △3rd의 포지션은 완벽하게 기억해두자(**그림2**). 각 코드는 A♭이 '루트음, #11th음, 5th음', F(on A)가 '△3rd음, 7th음, 루트음', B♭이 '루트음, 4th음, 5th음', G가 '△3rd음, 루트음, ♭9th음'의 **텐션 노트[주]**도 들어간 3음으로 구성되어 있다. 여기서 코드는 1박반마다 바뀌므로 리듬에도 주의하자.

그림2　메인 프레이즈 7~8마디째 포지션

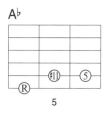

A♭
5

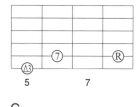

F(onA)
5　　7

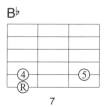

B♭
7

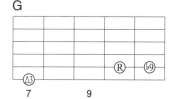

G
7　　9

[텐션 노트] 기본적인 화성음(주로 루트음, 3rd, 5th 등의 트라이어드) 이외의 비화성음(9th, 11th, 13th 등)을 말한다. 비화성음을 사용하면 선율과 울림에 독특한 긴장감을 줄 수 있다.

199

93

깨달음의 기타 ~기초 프레이즈~

기초능력을 익히는 8마디 프레이즈

지옥의 격언

- 대표적인 테크닉을 완전하게 익히자!
- 프레이즈가 노래하게 만드는 표현력을 배우자!

LEVEL 🔨🔨🔨🔨

목표 템포 ♩= 85

모범연주 　TRACK 185
반　주　　TRACK 186

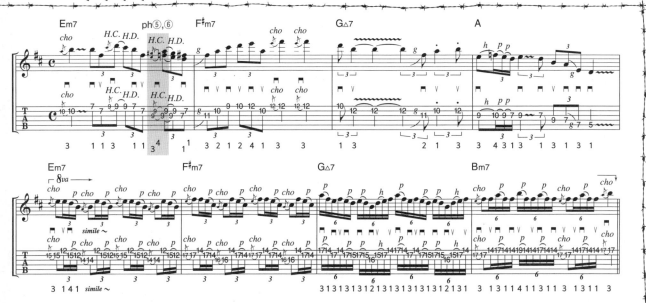

이와 같은 초킹과 비브라토를 사용한 펜타토닉 프레이즈는 록 기타의 대표적인 것이다. 따라서 이 프레이즈를 완벽하게 마스터하면 초절정 기타리스트로 한 발자국 더 나아간 것이라 할 수 있다. 여기서는 세밀한 뉘앙스에도 주의하면서 각각의 테크닉을 마스터하자!

위의 악보를 연주할 수 없는 사람은 이것으로 수행하라!

초급 초킹 감각과 올바른 음정을 익히자.

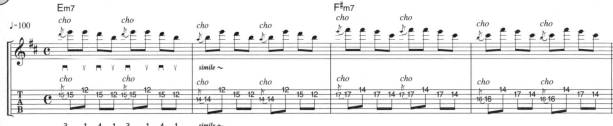

고급 오른손 헛 피킹에 주의하면서 펜타토닉 스케일을 이해하자!

<지옥의 메커니컬 기타 트레이닝 - 경악의 DVD로 제자 입문편>에서(한국 미발매)

주의점 1  왼손

손목의 움직임을 이용해서 줄을 정확하게 밀어 올리자!

초킹의 최대 포인트는 줄을 정확하게 밀어 올리는 것이다. 실제로 연주할 때에는 1번 손가락과 엄지손가락으로 넥을 단단히 쥔다. 4번 손가락을 넥 가까이로 가져가듯이 손목을 움직여서 줄을 밀어 올리자(사진①&②). 초보자는 엄지손가락이 헤드 쪽을 향하는 상태로 넥을 잡는 경우가 많은데 이 폼으로는 손목이 고정되어 손가락에 힘이 들어가지 않으며 손가락이 젖혀진다(사진③&④). 손가락 힘만으로 줄을 밀어 올리려고 하면 손가락이 누워버리므로 주의하자.

넥은 1번 손가락과 엄지손가락으로 단단하게 쥔다.

손목의 움직임을 활용해서 줄을 밀어 올리자!

엄지손가락이 헤드 쪽을 향하는 상태로 넥을 쥐면 안 된다.

손가락 힘만으로 밀어 올리려고 하면 손가락이 누워버린다.

주의점 2 왼손

두 손가락 간격을 유지시켜 두 줄을 밀어 올리자!

메인 프레이즈 1마디째 4박째에 등장하는 더블 벤드는 여러 줄을 동시에 초킹하는 주법이다(벤드는 초킹의 다른 이름). 여기서는 우선 4번 손가락으로 2번 줄 9프렛, 3번 손가락으로 3번 줄 9프렛을 누르고 2음이 함께 울리게 한다(사진⑤). 이때 엄지손가락과 1번 손가락으로 넥을 단단히 잡으면 초킹 연주가 쉬워진다. 이어서 2줄을 동시에 반음 초킹한다(사진⑥). 2줄을 정확하게 반음 올리기 위해서는 3번과 4번 손가락의 간격이 초킹 전후로 바뀌지 않아야 한다. 2줄의 음정변화 폭이 다르면 튜닝이 틀어진 것처럼 들리므로[주] 주의하자.

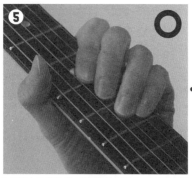
2&3번 줄 9프렛을 4번 손가락&3번 손가락으로 누른다. 넥을 단단히 쥐어서 초킹을 준비하자.

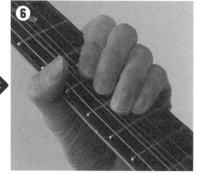
2&3번 줄 9프렛을 동시에 하프 초킹한다. 더블 벤드 중에 3번과 4번 손가락의 간격이 달라지지 않도록 주의하자!

칼럼 62
지옥의 칼럼

위험한 음을 잘 사용하면 완숙한 어른의 멋이 나온다?! ♭5th음에 관한 고찰

'블루지'한 분위기를 내기 위해서는 무엇이 필요할까? 이것을 이해하기 위해서는 복잡한 이론으로 해설을 해야 한다. 하지만, 저자는 독단과 편견으로 '♭5th음'을 펜타토닉 스케일에 잘 어울리게 하는 것이 중요하다고 말하고 싶다. '♭5th음'은 코드와 스케일 위에서 약간 불협화음이 되는 위험한 음이다. 하지만 이 음을 적절하고 정확하게 연주하면 어른의 완숙한 분위기=블루스 느낌이 난다. 기타리스트에게 있어서 '♭5th음'을 사용해 완숙한 분위기를 연출하는 여행은 영원히 이어지는 끝없는 길이다.

♭5th음 사용에 대한 탐구에 끝은 없다. 어울리지 않는 상황에 써서 실패한다고 하더라도 계속 사용하는 것이 진정한 기타리스트다.

[튜닝이 틀어진 것처럼 들린다] 튜닝은 음의 피치를 정확하게 맞추어야 한다. 피치가 어설픈 '초킹 음치'가 되지 않도록 귀의 튜닝 능력을 기르자!

94

깨달음의 기타 ~영웅의 테크닉~

고속 이코노미, 스위프를 익히는 8마디 프레이즈

- 이코노미를 매끄럽게 연주하라!
- 3줄 스위프를 정확하게 연주하라!

왼 손	오른손
테크닉 스트레치 컨트롤 지구력	테크닉 리듬 컨트롤 지구력

LEVEL ★★★★

목표 템포 ♩= 150

모범연주　TRACK 187
반　　주　TRACK 188

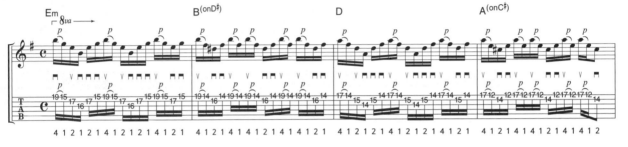

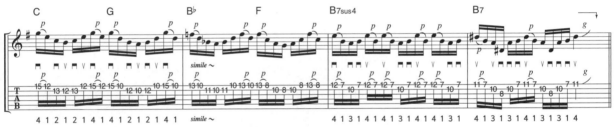

기타 플레이 스피드가 크게 상승한 1980년대를 대표하는 테크닉 중 하나인 '이코노미 피킹'. 이코노미 피킹을 마스터해야만 속주의 왕이 될 수 있다. 여기서는 지옥의 기본 이코노미 패턴이라 할 수 있는 '이게 뭐지' 프레이즈와 3줄 스위프를 마스터하자!

위의 악보를 연주할 수 없는 사람은 이것으로 수행하라!

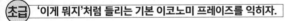

초급 '이게 뭐지'처럼 들리는 기본 이코노미 프레이즈를 익히자.

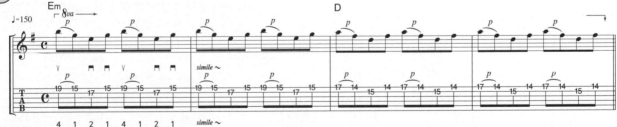

고급 메인 프레이즈 5&6마디째를 공략하기 위한 기초 프레이즈. 리드미컬하게 연주하자.

<시옥의 메커니컬 기타 트레이닝 - 경악의 DVD로 제자 입문편>에서(한국미발매)

주의점 1 📖 이론

5th음을 생략한 7th코드 포지션

우선은 메인 프레이즈 1&3&8마디째에 등장하는 3줄 스위프의 포지션을 익히자(**그림1**). 1마디째 2번 줄 루트의 E마이너 트라이어드와 3마디째 2번 줄 루트의 D메이저 트라이어드는 록에 자주 등장하는 포지션이므로 꼭 기억해 두기 바란다. 8마디째는 B7이라는 약간 변칙적인 코드 톤 포지션이므로 주의하자. 이것은 루트음(1번 줄 7프렛), △3rd음(3번 줄 8프렛, 1번 줄 11프렛), 7th음(2번 줄 10프렛) 구성의 5th음을 생략한 포지션이 특징이다. 이러한 4성 이상의 코드 톤에서는 **5th음을 생략하고[주]** 연주하는 경우가 많다.

그림1　3줄 스위프 포지션

◎ 루트음　■ 7th음

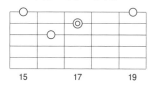
· Em (메인 프레이즈 1마디째)

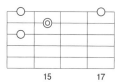
· D (메인 프레이즈 3마디째)

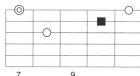
· B7 (메인 프레이즈 8마디째)

주의점 2 📖 이론

스트레치에 주의하면서 대표적인 이코노미를 공략하자!

메인 프레이즈 2&4&7마디째는 '이게 뭐지, 이게이게 뭐지'라는 식으로 들리는 지옥 시리즈에서는 친숙한 대표적인 이코노미 프레이즈다(**그림2**). 2&4마디째는 루트음을 1번 줄에 둔 메이저 트라이어드로, 1번 줄에서는 5th음(1번 손가락)과 루트음(4번 손가락)이 5프렛이나 떨어진 스트레치 포지션이므로 주의하자. 그리고 B7sus4의 코드 톤인 7마디째는 1번 줄의 루트음을 1번 손가락, 마찬가지로 1번 줄의 4th음을 4번 손가락, 2번 줄의 7th음을 3번 손가락으로 누른다. 메인 프레이즈에서 운지가 가장 어려운 포지션이다. 넥 뒤의 엄지손가락 위치를 조절하는 등의 방법으로 손가락을 크게 펴서 연주하자!

그림2　2줄 프레이즈의 포지션

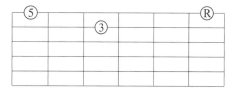
· 메이저 트라이어드

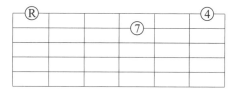
· 7sus4 코드

칼럼 63
지옥의 칼럼

저자 코바야시 신이치가 말하는 제이슨 베커 & 토니 맥칼파인

초절정 기타리스트의 음반을 많이 발표해온 미국의 레이블 '쉬라프넬'이라고 하면 이젠 록에서는 하나의 장르라고 해도 과언이 아니다. 쉬라프넬 아티스트 중 2대 거물이라고 하면 저자는 제이슨 베커와 토니 맥칼파인이라고 생각한다. 두 사람 모두 믿을 수 없을 정도의 초절정 플레이를 가볍게 보여주면서 동시에 프레이즈의 센스와 악곡에 대한 철학도 뛰어나 예술성이 매우 높다. 두 사람 모두 1st 앨범에서는 넘치는 재능과 젊음으로 직선적인 표현이 강하게 느껴진다. 독자 여러분들도 꼭 들어보기 바란다.

Jason Becker
<Perpetual Burn>

10대라는 나이가 믿어지지 않을 정도로 압도적인 초절정 플레이가 가득한 연주 앨범. 전체적으로 클래시컬한 요소가 강하며 멜로디도 가슴에 강렬하게 와 닿는다.

Tony Macalpine
<Edge of Insanity>

치밀하게 구축된 초절정 플레이와 아름다운 선율을 들려주는 네오클래시컬 계열 연주 앨범. 처음부터 끝까지 빌리 시언이 게스트로 참가했다.

[5th음을 생략하고] 록 기타는 루트음과 5th음이 중심이 되는 경우가 많다. 일부러 5th음을 빼고 3th음 또는 7th음을 사용해서 화음의 명암을 강조하거나 멋진 울림으로 만들 수 있다.

95

깨달음의 기타 ~화성과 포지션~

응용력을 익히는 8마디 프레이즈

·크게 이동하는 스위프를 익히자!
·태핑에 의한 스케일 연주를 공략하자!

LEVEL ★★★★★   목표 템포 ♩=155   모범연주 TRACK 189
반 주 TRACK 190

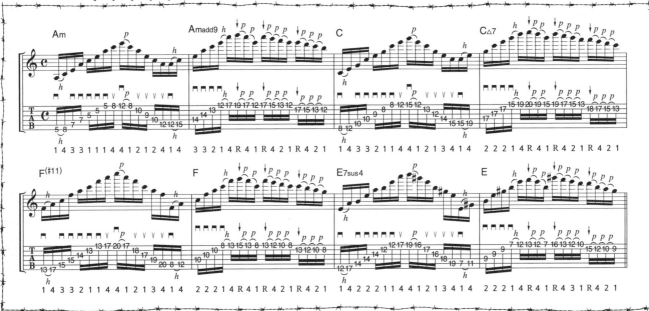

스위프와 태핑은 록 기타의 멋을 담당하는 테크닉이다. 따라서 완벽하게 구사할 수 있게 되면 풍격을 갖춘 초절정 기타리스트로 인정받을 수 있을 것이다. 다양한 스위프 포지션을 익히면서 스위프에서 태핑으로 정확하게 이행하자!

위의 악보를 연주할 수 없는 사람은 이것으로 수행하라!

초급 우선은 스위프의 기본 포지션을 확인하자!

고급 3가지 포지션을 연결시키는 발전 스위프를 배우자!

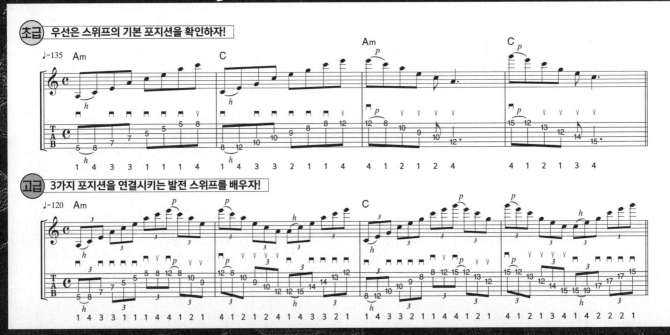

<지옥의 메커니컬 기타 트레이닝 - 경악의 DVD로 제자 입문편>에서(한국·미발매)

주의점 1 이론

3가지 포지션을 매끄럽게 연결시키자!

우선은 메인 프레이즈 1&2마디째에 등장하는 A마이너 트라이어드의 스위프 포지션을 확인하자(**그림1**). 여기서 사용하는 포지션은 3가지로 6번 줄 5프렛(1번 손가락)에서 시작되는 6번 줄 루트 포지션, 1번 줄 12프렛(4번 손가락)에서 시작되는 5번 줄 루트 포지션, 5번 줄 12프렛(1번 손가락)에서 시작되는 5번 줄 루트 포지션이다. 실제로는 6번 줄 루트 포지션은 1번 줄을 향해서 상승하고, 포지션 이동한 후에 1번 줄에서 5번 줄 루트 포지션으로 하강한다. 마지막에는 5번 줄 루트 포지션으로 상승한다. 각 포지션을 정확하게 기억해서 **3가지를 매끄럽게 연결시킬 수[주]** 있도록 하자.

그림1　메인 프레이즈 1&2마디째의 포지션

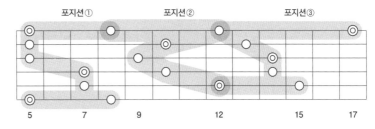

・A마이너 트라이어드

◎루트음＝A음

포지션① 　포지션② 　포지션③

주의점 2 이론

△7th음을 의식하면서 포지션을 익히자!

이어서 메인 프레이즈 3&4마디째에서 사용하는 메이저 트라이어드의 스위프 포지션을 익히자(**그림2**). 여기서는 2가지 메이저 트라이어드 포지션과 하나의 △7th코드 포지션, 총 3가지를 사용한다. 실제 흐름은 6번 줄 8프렛(1번 손가락)에서 6번 줄 루트 포지션은 1번 줄을 향해서 상승하고 이어서 1번 줄 15프렛(4번 손가락)에서 5번 줄 루트 포지션으로 이행한다. 5번 줄로 하강한 후, 마지막은 5번 줄 15프렛(1번 손가락)에서 시작하는 5번 줄 루트의 △7th코드 포지션으로 상승한다. 마지막의 △7th코드 포지션에서는 4번 손가락의 1번 줄 19프렛(=△7th음)을 정확하게 누르자.

그림2　메인 프레이즈 3&4마디째의 포지션

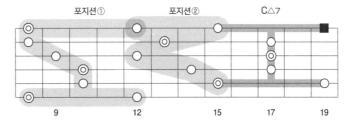

・C메이저 트라이어드

◎ 루트음＝C음　■ △7th음＝B음

포지션① 　포지션② 　C△7

주의점 3 이론

바레를 확실하게 해서 스위프를 매끄럽게 연주하자

메인 프레이즈 7&8마디째는 sus4를 추가한 E메이저의 발전 포지션이므로 주의가 필요하다(**그림3**). 여기서도 연주의 흐름을 해설하겠다. 우선 6번 줄 12프렛(1번 손가락)으로 시작하는 6번 줄 루트의 Esus4 포지션에서 1번 줄로 상승하고 이어서 1번 줄 19프렛(4번 손가락)에서 시작하는 5번 줄 루트의 E메이저 트라이어드로 하강. 마지막에는 5번 줄 7프렛(1번 손가락)으로 시작하는 5번 줄 루트의 E메이저 트라이어드에서 1번 줄을 향해 상승한다. 2번 손가락 바레에 주의하면서 3가지 포지션을 매끄럽게 연결시켜 스위프를 연주하자.

그림3　메인 프레이즈 7&8마디째의 포지션

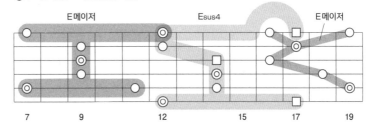

・Esus4 & E 메이저 트라이어드

◎루트음＝E음　□sus4음＝A음

E메이저 　Esus4 　E메이저

[3가지를 매끄럽게 연결시킨다] 여러 포지션을 조합한 프레이즈를 연주할 때에는 특히 각 포지션의 시작과 마침음을 제대로 연주하는 것이 중요하다. 시작과 마침음이 약하면 플레이가 흐릿한 인상이 되므로 주의하자.

'지옥'의 묵시록

-4- '입대편' 이후의 변천사

'지옥의 묵시록' 마지막 편으로, <지옥의 메커니컬 기타 트레이닝 – 입대편>
후의 시리즈가 어떻게 걸어왔는지를 소개한다.

모두가 '지옥 시리즈'를
가지고 있다고 하십니다

코바야시: <지옥의 메커니컬 기타 트레이닝 – 입대편>을 집필할 때 많이 힘들었습니다. '초급, 중급, 고급'의 연습 프레이즈에도 모범연주와 반주음원을 추가해서 부록CD가 2장이 되었습니다. 그 작업도 힘들었습니다. 여기에 마지막 종합연습곡도 3곡이나 되었죠.

스즈키: 종합연습곡도 초급, 중급, 고급으로 3단계 레벨로 했었으니까요.

코바야시: 여하튼 지옥 시리즈는 이 책이 마지막이라고 해서 열심히 힘내서 집필했습니다. 이때는 지옥 콰르텟 활동도 시작했습니다. 리더인 MASAKI 씨도 스케줄에 까다로운 분이어서 담당자가 2명이 된 기분이었습니다(웃음).

스즈키: (쓴웃음).

코바야시: 지옥 시리즈를 완주한 보상으로 제가 내고 싶었던 7현 기타 교본 <지옥의 메커니컬 7현 기타 트레이닝>과 더 쉬운 프레이즈를 연주하는 '천국 시리즈'를 만들어도 된다는 말이 나왔습니다.

스즈키: '7현편'의 동영상 촬영은 정말 힘들었습니다. 코바야시 씨가 2시간 정도 늦게 촬영현장에 오셨어요.

코바야시: 최종연습곡 작업을 아침까지 했는데 그럼에도 완성이 안 됐었습니다(눈물). 그때는 '7현편'과 지옥 시리즈 DVD 제2탄인 <지옥의 메커니컬 기타 트레이닝 – 경악의 DVD로 제자 입문편>이 동시에 진행되었죠. 죽는 줄 알았습니다.

스즈키: 촬영도 늦어진 일정을 따라잡기 위해 상당히 빡빡하게 진행되었습니다.

코바야시: '7현편'은 당시에 그런 교본이 없었기 때문에 저로서는 꼭 만들고 싶었는데 지금까지 냈던 지옥 시리즈의 악보나 그림을 사용할 수가 없었습니다. 7현 기타용으로 전부 다시 만들어야 했습니다.

스즈키: 지옥 시리즈를 계속 내기는 힘들었지만 코바야시 씨의 책은 계속 내고 싶어서 분위기를 바꿔 새로운 컨셉의 시리즈를 해보자는 의견이 있었습니다. 그것이 '천국 시리즈'입니다.

코바야시: 그랬죠. 2012년에 '천국 시리즈'의 제2탄인 <사랑과 승천의 스탠더드 넘버편>을 내고, 그 다음에 <지옥의 베이직 기타 트레이닝>을 집필했습니다.

스즈키: <베이직 기타 트레이닝>은 <입대편>보다 더 쉬운 수준이죠. 결국 제1탄이 가장 어려웠고 그 후에는 점점 난이도가 내려갔습니다. 농담이긴 하지만 제1탄의 첫 번째 프레이즈가 시리즈 중에서 가장 어렵다는 말도 있습니다(웃음).

코바야시: 그 크로매틱 프레이즈는 중국에서도 매우 유명합니다. 악기

점에 가도 모두 알고 있고, 모두가 그 프레이즈에 도전했다가 포기했다고 하더군요(웃음). 전설이 된 프레이즈입니다.

스즈키: 시기적으로도 동영상 사이트에서 '연주해보았다'는 스타일의 콘텐츠가 많았습니다. 따라서 '이런 경우에 연주하고 싶은 프레이즈를 만들어보자'라는 의도도 있었습니다. 그런데 중국에서 그렇게 인기인가요?

코바야시: 중국은 음악과 악기를 배우는 젊은 사람들이 많죠. 악기점 점장님이나 경영자가 '지옥 시리즈' 스타일의 음악을 즐겼던 세대라고 하더군요.

스즈키: 그렇군요. 저도 업무상 아이돌 그룹의 크리에이터와 만나는데요, 특히 록을 좋아하는 30대 전후의 분들은 모두 '지옥 시리즈'를 가지고 있다고 합니다.

코바야시: 얼마 전 어느 비주얼계 기타리스트도 '기타 프레이즈 소재로 사용하고 있습니다'라고 하더군요. 태핑 스타일을 배울 때 <공략하라! 게임 뮤직편>의 'Dr. 와이리 스테이지1'의 플레이가 힌트가 되었다고도 했습니다. 다양한 기타리스트에게 힌트가 되고 있다는 것은 정말 기쁜 일입니다.

제 5 장
지옥의 연습곡집

지옥 시리즈에 도전한 수많은 기타리스트의 마음과 손가락에
좌절을 안겨준 초고난이도 지옥연습곡.
여기서는 그 9곡과 이번 책을 위해 새롭게 만든
최종연습곡 '20년의 사랑을 담아서'를 함께 담아놓았다.

96

지옥의 발레리나

백조의 호수 / 표트르 일리치 차이콥스키

- 테크닉을 종합적으로 연마하자!
- 다양한 코드 톤 플레이를 배우자!

LEVEL ✦✦✦✦

목표 템포 ♩= 170

모범연주 **TRACK 191**
반　주 **TRACK 192**

「LEBEDINOE OZERO OP. 20」 작곡 : Peter Llyich Tchaikovsky

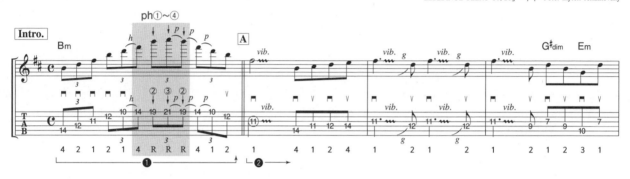

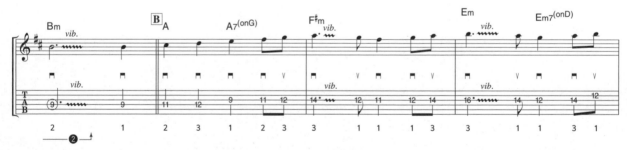

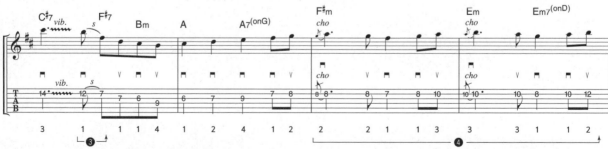

❶ 시작부터 나오는 고난이도의 스위프+태핑 프레이즈. 태핑은 오른손 2번과 3번 손가락을 교대로 사용한다. 확실하게 줄을 두드리자!
❷ 멜로디 연주. 비브라토를 세밀하게 걸어서 뉘앙스를 표현해보자.
❸ 12프렛→7프렛으로 슬라이드로 이동한다. 이동이 크므로 포지션을 틀리지 않도록 주의하자!
❹ 초킹을 하는 멜로디 연주. 2번 줄 8프렛의 2번 손가락 초킹은 줄을 밀어올리기 힘들기 때문에 피치(음정)를 잘 맞추자.

❺ 1줄 프레이즈. 1번 손가락의 움직임을 생각하면서 연주하면 포지션 이동이 쉬워질 것이다.

❻ 줄 이동을 할 때 얼터네이트 피킹의 규칙성이 흐트러지지 않도록 하자.

❼ 하프 뮤트를 활용한 프레이즈. 뮤트의 강약 표현과 뉘앙스를 확실하게 주면서 플레이하자.

❽ 해머링과 풀링에 얼터네이트 헛 스트로크를 넣어서 리듬을 정확하게 타자!

❾ 5줄 스위프 프레이즈. 3박째의 하강→상승 전환에 주의하자.

⑩ 2박 셋잇단음 프레이즈. 셋잇단음 리듬을 너무 의식해서 리듬이 빠르게 튀어나가지 않도록 주의하자!

⑪ 이코노미 프레이즈. 이곳은 업 피킹부터 시작하므로, 시작 부분에서 피킹이 틀리지 않아야 한다!

⑫ 하프 초킹이 이어진다. 초킹의 피치(음정)에 세심한 주의를 기울이자.

⑬ 트레몰로 피킹을 활용한 멜로디 연주. 오른손 손목을 부드럽게 해서 음량이 고르게 피킹하자.

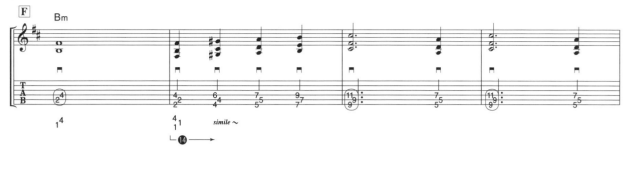

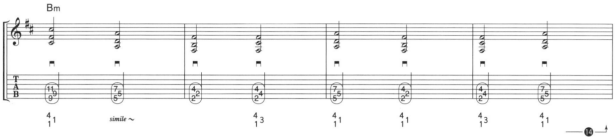

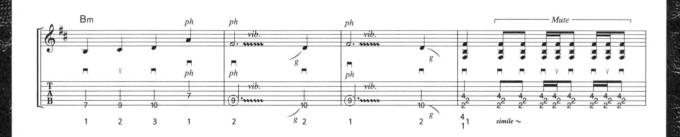

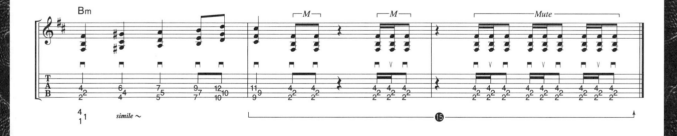

⑭ 옥타브 아래의 5도음을 최저음으로 설정한 변칙적인 파워 코드 플레이. 헤비한 느낌이 나도록 코드를 확실하게 누르자!
⑮ 엔딩의 리프 플레이. 브릿지 뮤트와 쉼표에 주의하면서 날카롭고 깔끔하게 플레이하자.

주의점 1 👉 오른손

두 손가락 태핑을 더한 초고난이도 스위프 피킹

인트로덕션은 스위프에서 태핑으로 흐르는 대표적인 초절정 기술이다. 다만 여기서는 태핑 때에 오른손 두 손가락을 사용하므로 난이도가 높다. 포지션은 Bm 트라이어드의 기본형이다. 우선 5번 줄에서 1번 줄로 스위프로 상승하고, 4번 손가락으로 1번 줄 14프렛을 해머링(사진①)한다. 이때 다음 태핑 준비를 신속하게 한다. 그리고 오른손 2번 손가락으로 태핑(사진②)하고, 그 운지를 유지한 상태로 3번 손가락 태핑을 한다(사진③). 오른손 3번 손가락 태핑은 힘이 잘 안 들어가기 때문에 사진② 때에 조금이라도 높은 곳에서 손가락을 내리도록 의식하자. 그 다음은 오른손 3번 손가락으로 줄을 걸듯이 풀링하자(사진④).

1번 줄 14프렛 운지 때에 태핑 준비에 들어가자.

19프렛 2번 손가락 태핑. 3번 손가락은 21프렛 위에서 대기한다.

3번 손가락 태핑 때에 2번 손가락은 줄에서 떼지 않는다!

3번 손가락을 풀링해서 19프렛의 2번 손가락으로 연결시킨다.

주의점 2 📖 이론

메탈 계열의 1줄 프레이즈는 1번 손가락 움직임이 핵심!

C 5~7마디째는 속주 메탈 기타리스트들의 1줄 풀 피킹 프레이즈[주]다. 1줄 프레이즈는 횡이동이 바쁘기 때문에 이동하는 포지션=스케일의 형태를 기억해둘 필요가 있다(그림1). 이 프레이즈는 B 내추럴 마이너스 케일로 되어있으며, 우선은 1옥타브의 포지션을 머릿속에 넣어두자. 프레이즈 나누기는 16분음 4음씩=1번 손가락으로 시작해서 1번 손가락으로 끝나므로 항상 1번 손가락을 선두로 이동한다. 1번 손가락 움직임이 느슨해지면 스피드를 따라갈 수 없으므로 주의하자.

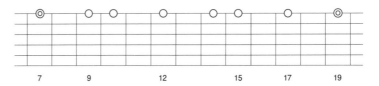
그림1　B 내추럴 마이너 스케일의 1줄 프레이즈

◎토닉=B음

주의점 3 👉 오른손

2번 줄을 연주한 후에는 1번 줄에 피크를 대고 대기!

E 5마디째를 해설하겠다. 이곳은 업피킹으로 연주를 시작한다. 각 박자 3, 4번째 2번 줄에서 1번 줄로의 피킹은 '다운, 다운'의 이코노미 피킹이 된다. 이코노미 피킹에서의 주의점은, 2번 줄을 다운한 후에 피크를 다시 들어 올리지 않는 것이다(그림2). 얼터네이트 업의 헛 스트로크처럼 연주하면 쓸데없는 움직임이 많아지기 때문이다. 또한 2번 줄을 다운한 직후에는 피크를 이웃한 1번 줄에 대고 다음 피킹까지 대기하도록 하자. 느린 템포라도 괜찮으므로 '2번 줄 다운→대기→1번 줄 다운'의 흐름을 확실하게 오른손에 기억시키자.

그림2　이코노미 피킹의 궤도

안 좋은 패턴	좋은 패턴

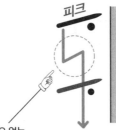
피크

필요 없는
피크 올리기.

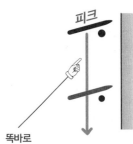
피크

똑바로
다운한다.

[1줄 풀 피킹 프레이즈] 속주 솔로의 상투구. 그 원조는 딥 퍼플의 '하이웨이 스타' 솔로라 할 수 있다. 초절정 기타리스트를 목표로 한다면 반드시 카피하자!

이 곡을 연주할 수 없는 사람은 오른쪽 프레이즈로 수행하라!

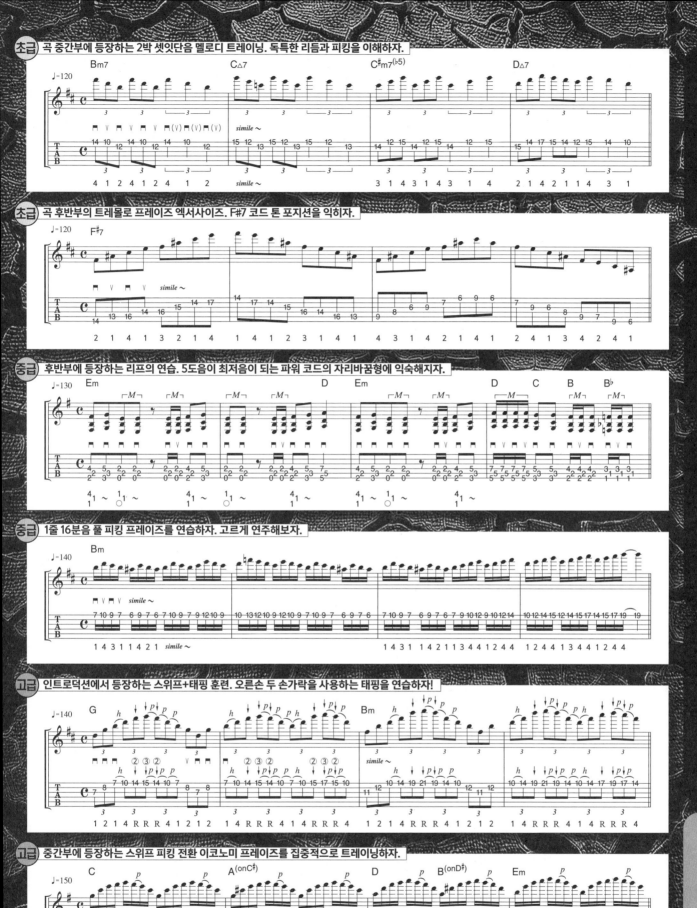

97

지옥의 예정일

교향곡 제5번 <운명> / 루트비히 판 베토벤

왼 손				오른손			
테크닉	스트레치	컨트롤	지구력	테크닉	리듬	컨트롤	지구력

- 머신건 피킹을 단련하자!
- 지판 위를 종횡무진 돌아다녀라!

LEVEL ★★★★★

목표 템포 ♩= 85

모범연주　TRACK 193
반　주　TRACK 194

「SYMPHONIE NR 5 SCHICKSAL OP. 67」　작곡 : Ludwig Van Beethoven

❶ 옥타브 연주법. 4번 줄이 울리지 않도록 왼손으로 확실하게 뮤트하고 뒷박자부터 정확하게 연주를 시작하자.
❷ 해머링&풀링&슬라이드를 활용한 플레이. 3가지 테크닉이 연속된다. 음이 끊어지지 않도록 주의하자.
❸ 코드 플레이. 두 줄이 확실하게 울리도록 정확하게 피킹하자.
❹ 하모나이즈드 초킹 플레이. 두 줄의 음정이 맞도록 정확하게 줄을 밀어 올리자.

<지옥의 메커니컬 기타 트레이닝 (3) - 폭주하는 클래식 명곡편>에서

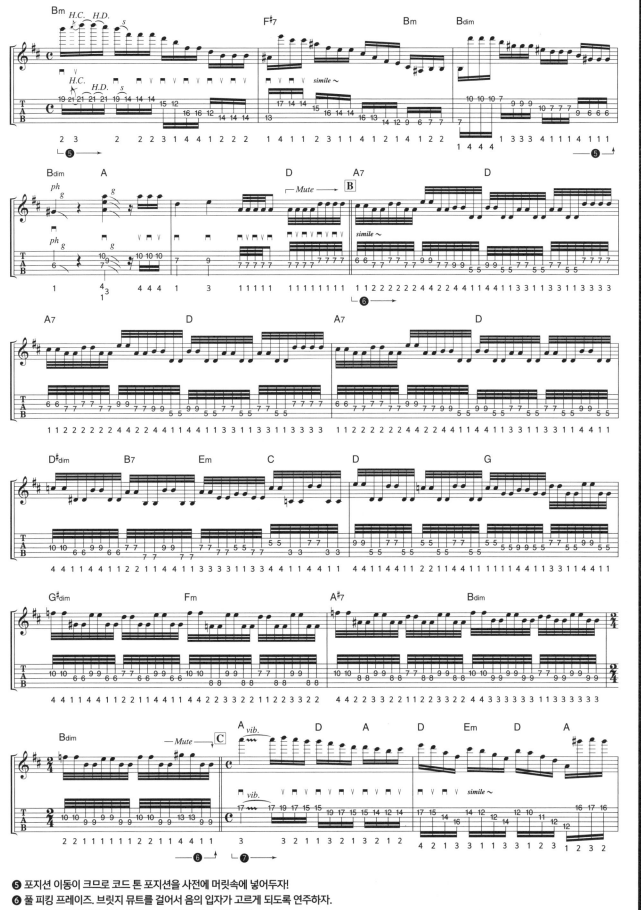

❺ 포지션 이동이 크므로 코드 톤 포지션을 사전에 머릿속에 넣어두자!
❻ 풀 피킹 프레이즈. 브릿지 뮤트를 걸어서 음의 입자가 고르게 되도록 연주하자.
❼ 이동이 큰 프레이즈. 특히 줄 이동 때의 플레이에 주의하자.

⑧ 스키핑 디미니쉬 프레이즈. 상당히 빠르지만 서두르지 말고 정확한 운지와 피킹을 목표로 하자.

⑨ 메커니컬한 하강 프레이즈. 익숙해질 때까지는 느린 템포로 연습하는 것이 좋다.

⑩ 페달 연주법. 페달음(3번 줄 11프렛, 2번 줄 12프렛)을 의식하면서 플레이하자!

⑪ 단음, 파워 코드, 옥타브 연주법 등 세밀하게 지판 누르기가 변화해간다. 사전에 프레이즈의 흐름을 확실하게 기억해두자.

⑫ 초킹을 활용한 플레이. 초킹의 음정과 리듬에 주의하며 뉘앙스를 제대로 표현할 수 있도록 하자!

⑬ 코드 톤 프레이즈. 모두 얼터네이트로 연주하므로 줄 이동이 힘들다. 한 음 한 음 정확하게 연주하자.

⑭ 풀 피킹 프레이즈. 한 음 한 음을 정확하고 힘있게 연주하자.

 **오른손**

주의점 1

섬세한 오른손 움직임으로
파괴적인 사운드를 내자

이 곡에서 여러 번 등장하는 머신건 피킹은 어떻게 파괴력과 질주감을 만들어낼 것인가가 포인트다. 힘으로만 연주하는 것이 아니라, 피크의 움직임이 중요하다. 일반적인 속주에 적합한 피킹은 쓸데없는 진폭을 최소화 하는 타입(**그림1-a**)이다. 하지만 이것으로는 음압감이 나지 않는다. 그에 비해 피크를 이웃한 양쪽 줄 사이 약 2cm를 최대한 활용해서 흔들면 음압감 있는 사운드를 낼 수 있다(**그림1-b**). 소위 말하는 머신건 피킹이란 후자를 말한다. 이 2cm사이를 오가는 섬세한 컨트롤 능력을 가지고 있어야만 한다!

그림1-a 일반적인 고속 피킹

4mm
진폭이 작고 쓸데없는
동작이 적지만 음압이 약하다.

그림1-b 머신건 피킹

2cm
진폭이 커서 음압이 강하다.
다만 피킹 컨트롤이 어렵다.

 왼손

주의점 2

옥타브 연주법의 운지는
1번&4번 손가락으로!

인트로덕션에서는 옥타브 연주법을 사용한다. 옥타브 연주법은 원래 **웨스 몽고메리[주]** 등의 재즈 계열 기타리스트의 테크닉으로 알려져 있으나, 최근에는 라우드 계열 리프에서도 빼놓을 수 없게 되었다. 불필요한 줄의 뮤트가 열쇠를 쥐고 있는 주법이다. 저자는 운지에 1번&4번 손가락을 사용하는 것을 권장하고 싶다(**사진①**). 1번&4번 손가락으로 운지를 하면 손가락을 눕힐 수도 있으므로 1번&4번 손가락의 배부분으로 불필요한 줄의 뮤트도 할 수 있다. 또한 2번 손가락을 뻗어서 6번 줄 뮤트도 가능하다. 참고로 1번&3번 손가락으로 운지를 하면 손가락이 서버려서 뮤트가 어려워진다(**사진②**).

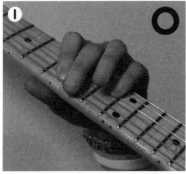

1번&4번 손가락 운지 패턴. 손가락을 눕힐 수 있어 불필요한 줄을 뮤트할 수 있다.

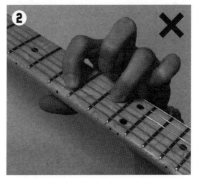

1번&3번 손가락 운지 패턴. 손가락이 서버리기 때문에 다른 손가락의 사용이 어려워져 불필요한 줄의 뮤트가 힘들어진다.

 이론

주의점 3

독특한 포지션의
페달 연주법을 익히자!

D 5마디째에는 페달 연주법이 등장한다. 페달 연주법이란 베이스음을 지속시키는 상태에서 위의 하모니를 전개시키거나, 반대로 고음을 일정하게 유지시키면서 아래의 하모니를 전개시키는 연주법이다(**그림2**). 여기서는 고음부에 페달음을 설정해보았다. 페달음은 3번 줄 11프렛(F♯음)으로 되어있다. 프레이즈의 축이 3번 줄 11프렛이므로 3번 줄 11프렛이 확실하게 울리도록 하는 것이 중요하다. 일반적인 페달 연주법은 독특한 포지셔닝과 피킹의 줄 이동이 많으므로 익숙해질 때까지 반복해서 연습하도록 하자.

그림2 페달 연주법

● …3번 줄 11프렛(F♯음)이 페달음이다.

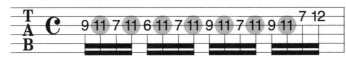

[웨스 몽고메리] 미국 출신의 재즈 기타리스트 (1923~1968). 옥타브 연주법을 재즈 기타에 정착시킨 인물로, 피크를 사용하지 않고 엄지손가락만으로 피킹하는 것도 특징적이다.

이 곡을 연주할 수 없는 사람은 오른쪽 프레이즈로 수행하라!

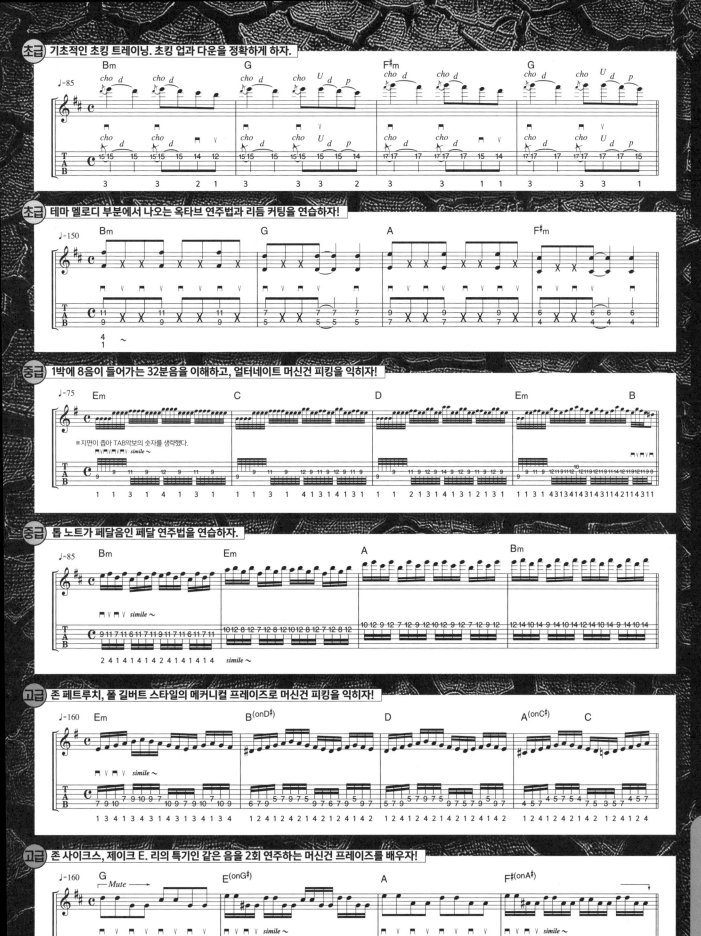

-98-
지옥의 윤회

캐논 / 요한 파헬벨

•헛 스트로크를 포함한 얼터네이트를 마스터하라!
•코드 톤 스키핑을 마스터하라!

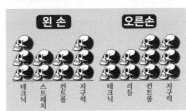

LEVEL ✦✦✦✦ 목표 템포 ♩= 135 (Intro. ~)　모범연주 TRACK 195
　　　　　　　　　　　　♩= 180 (Ⓒ 4소절째~) 반　주 TRACK 196

「CANON A 3 CON SUO BASSO UND GIGUE」 작곡 : Johann Pachelbel

❶ 개방현을 활용한 리프 플레이. 얼터네이트 헛 스트로크를 확실하게 넣고, 리듬을 타면서 플레이하자!
❷ 스키핑 프레이즈. 미리 포지션을 파악해 줄 이동 때에 미스 터치를 하지 않도록 하자.

❸ 6음 단위의 16분음 프레이즈. 리듬이 흐트러지지 않도록 16분음을 정확하게 느끼면서 연주하자!

❹ 도중에 들어가는 셋잇단음 리듬에 주의하면서 마지막까지 얼터네이트로 연주하자!

❺ 템포가 바뀌므로 이 앞 마디에서 카운트를 확실하게 잡아두자.

❻ 아르페지오 플레이. 줄 이동이 많다. 오른손으로 하프 뮤트를 확실하게 걸자.

❼ 메인 테마의 멜로디 연주. 포지션 이동이 많으므로 양손의 미스 터치에 주의하자.

주의점 1  오른손

헛 스트로크 방법을 이해해서 리드미컬하게 연주하자!

인트로덕션은 헛 스트로크를 섞어 사용하는 리프 프레이즈다. 헛 스트로크는 다운과 업의 2가지가 있다. 업 헛 스트로크에 비해 다운 헛 스트로크에서는 의외로 고전할 수도 있다(**그림1**). 저자도 초보시절에는 업 헛 스트로크밖에 몰라서 상당히 고생했다. 실제로 연주할 때에는 앞뒤의 업 피킹을 의식하는 것은 물론, '업→다운→업'의 움직임을 **일련의 세트로 연주하는**[주] 것이 중요하다.

　다운 헛 스트로크에서는 누구나 고전한다. 따라서 익숙해질 때까지는 '천천히&확실하게&크게' 헛 스트로크를 넣는 것이 좋다.

그림1 헛 스트로크

다운 헛 스트로크　　업　　헛 스트로크(다운)　　업

업 헛 스트로크　　다운　　헛 스트로크(업)　　다운

주의점 2  이론

스키핑 프레이즈의 트라이어드 형태를 익히자!

A에서는 스키핑 프레이즈가 등장한다. 포지션은 메이저와 마이너의 기본형이지만, 루트음의 위치는 4번 줄과 5번 줄의 2가지 패턴이다(**그림2**). 메이저와 마이너의 차이는 루트음 다음에 연주하는 3도음이다. 모양의 차이를 확실하게 이해하자.

　참고로 저자는 '줄이 바뀌어도 항상 4번 손가락이 같은 프렛을 누르는 것이 메이저', '줄이 바뀌어도 항상 1번 손가락이 같은 프렛을 누르는 것이 마이너'라고 외우고 있다. 또다른 주의할 점은 줄 뛰어넘기 동작이다. 익숙해질 때까지는 줄 뛰어넘기 때의 왼손과 오른손 운지&피킹 포인트를 천천히 확인하면서 타이밍을 맞추는 연습을 하자.

그림2 메이저&마이너의 트라이어드 포지션

◎루트음

메이저 트라이어드 포지션

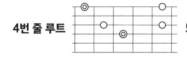
4번 줄 루트

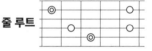
5번 줄 루트

마이너 트라이어드 포지션

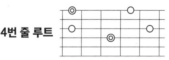
4번 줄 루트

5번 줄 루트

주의점 3 왼손 오른손

운지에 힘이 요구되는 고도의 스위프 피킹+태핑

F 8마디째에 나오는 고도의 스위프 피킹+태핑을 해설하겠다(**사진①~④**). 여기서는 우선 대표적인 스위프로 상승해서 1번 줄을 태핑하고, 다음에 풀링으로 연결되므로 왼손 4번, 1번 손가락의 운지를 유지시켜야 한다. 이어서 왼손이 선행해서 2번 줄 12프렛을 태핑한다. 왼손 태핑에서는 2번 손가락을 지판에 대해서 수직으로 내려치듯이 때리자. 그 후, 왼손 2번 손가락을 남긴 상태로 오른손으로 16프렛을 태핑한다. 바로 풀링(12프렛)으로 흘러가므로, 왼손 2번 손가락은 줄에서 떼지 않아야 한다. 난이도가 높지만 서두르지 않고 연주하기 바란다.

1번 줄 11프렛 운지. 왼손 2번 손가락을 2번 줄 위에 준비시키자.

2번 줄 12프렛 태핑. 이번에는 오른손 태핑을 준비!

2번 줄 16프렛 태핑. 왼손 2번 손가락을 줄에서 떼지 말자!

오른손 풀링. 여기까지 왼손 2번 손가락 운지를 유지시키자!

[일련의 세트로 연주한다] 기타 연주에는 반드시 일련의 흐름이 있다. 앞뒤의 움직임을 포함해 몸으로 익혀두면 안정감 있는 연주가 가능해진다.

초보가 사랑을 담아서

<지옥의 베이직 기타 트레이닝>에서

 · 지금까지 익힌 테크닉을 총동원해서 완주하자!

목표 템포 ♩= 190　　　모범연주 TRACK 197　　반주 TRACK 198

LEVEL ✦✦✦✦✦✦✦✦✦✦

❶ 멜로디 연주. 스타카토와 비브라토를 표현하면서 기타를 노래하게 하자.

❷ 16분음 풀링 프레이즈. 빠르지만 정확하게 소리를 내자.

❸ 옥타브 주법. 음이 탁해지지 않도록 연주하지 않는 줄은 철저히 뮤트하자.

❹ 풀 피킹 프레이즈. 얼터네이트를 유지하면서 포지션 이동을 원활히 하자.
❺ 태핑 프레이즈. 미리 포지션을 확인해두자.
❻ 아르페지오 프레이즈. 코드를 단단히 누르고 음을 연결시키면서 연주하자.
❼ 스위프 피킹 프레이즈. 뮤트에 신경을 쓰면서 깔끔한 소리가 나도록 연주하자.

⑧ 6번 줄 개방을 활용한 리프. 뮤트의 온, 오프를 명확하게 컨트롤하자.

⑨ 멜로디 연주. 운지에 주의하며 음을 충분히 늘이자.

⑩ 펜타토닉 프레이즈. 하프 초킹의 피치를 정확히 맞추자.

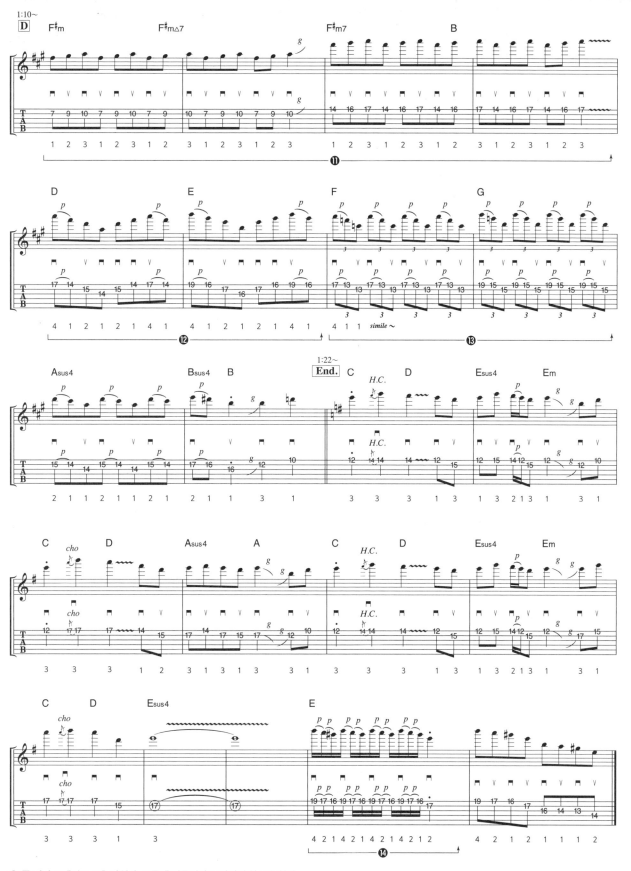

⑪ 풀 피킹 프레이즈. 3음 단위다. 도중에 리듬이 흐트러지지 않도록 하자.
⑫ 3줄 이코노미 피킹 프레이즈. 반드시 지정된 피킹 순서를 지키자.
⑬ 스트레치 프레이즈. 1번 손가락 바레와 풀링을 원활히 하자.
⑭ 빠른 풀링 프레이즈. 3음 단위의 리듬을 타면서 왼손 손가락을 빠르게 움직이자.

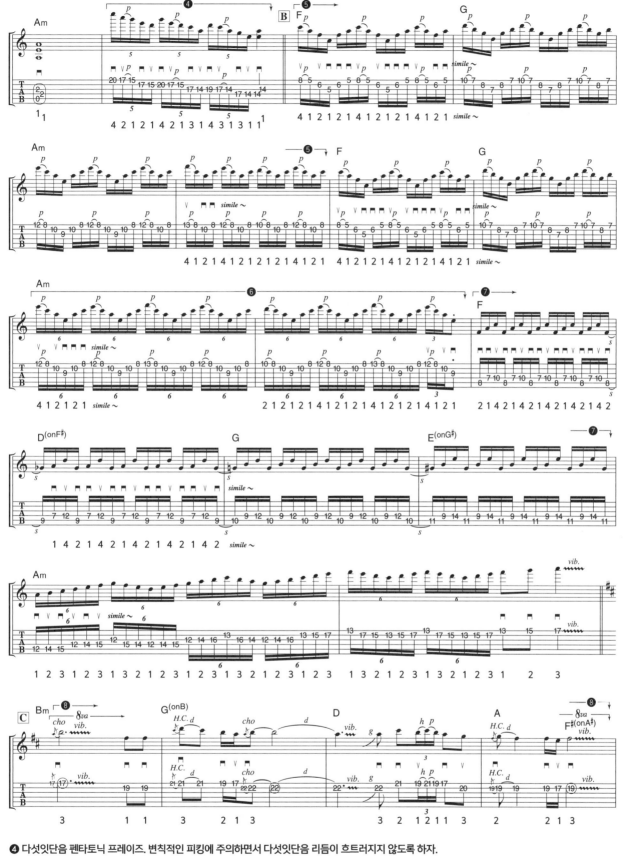

❹ 다섯잇단음 펜타토닉 프레이즈. 변칙적인 피킹에 주의하면서 다섯잇단음 리듬이 흐트러지지 않도록 하자.
❺ 3줄 스위프 피킹 프레이즈. 16분음을 유지하면서 확실하게 코드 톤을 연주하자.
❻ 이쪽도 3줄 스위프 피킹 프레이즈. 여기서는 여섯잇단음표로 되어있으므로 ❺로부터의 리듬 변화에 주의하자.
❼ 2줄 이코노미 피킹 3음 프레이즈. 마지막까지 16분음을 유지하면서 연주하자.
❽ 애절한 기타 프레이즈. 초킹의 피킹과 타이밍 등의 뉘앙스에 주의하자.

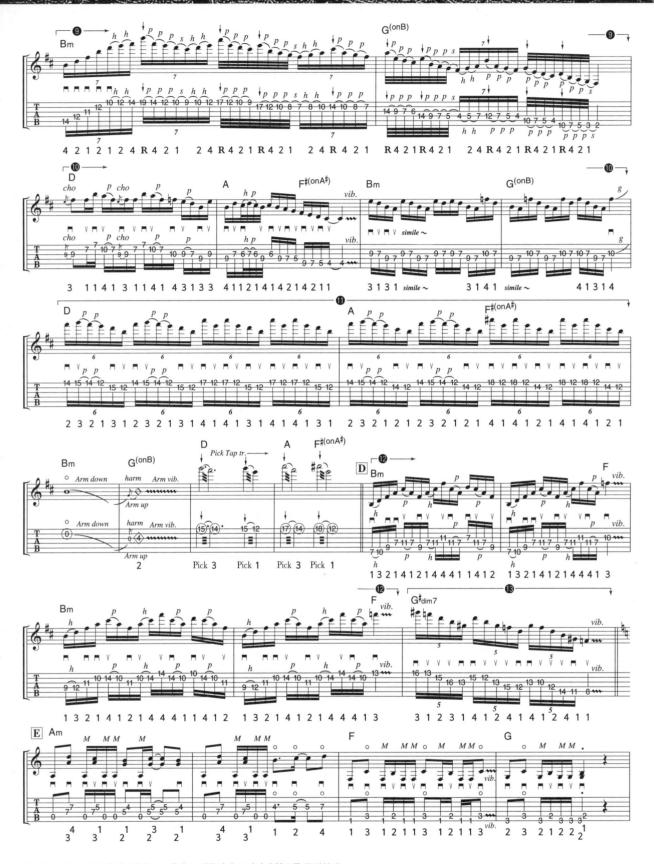

❾ 5줄 스위프 피킹+태핑&레가토 프레이즈. 리듬이 흐트러지지 않도록 주의하자.
❿ 대표적인 펜타토닉 솔로. 약간 변칙적인 피킹으로 되어있다.
⓫ 여섯잇단음 얼터네이트 피킹 프레이즈. 리듬을 정확하게 이해하고 연주하자.
⓬ 리치 코첸 스타일의 5성 코드 톤 프레이즈. 피킹이 복잡하므로 확실하게 리듬을 잡으면서 연주하자!
⓭ 다섯잇단음 디미니쉬 코드 톤 프레이즈. 독특한 포지셔닝과 이코노미 피킹에 주의하자.

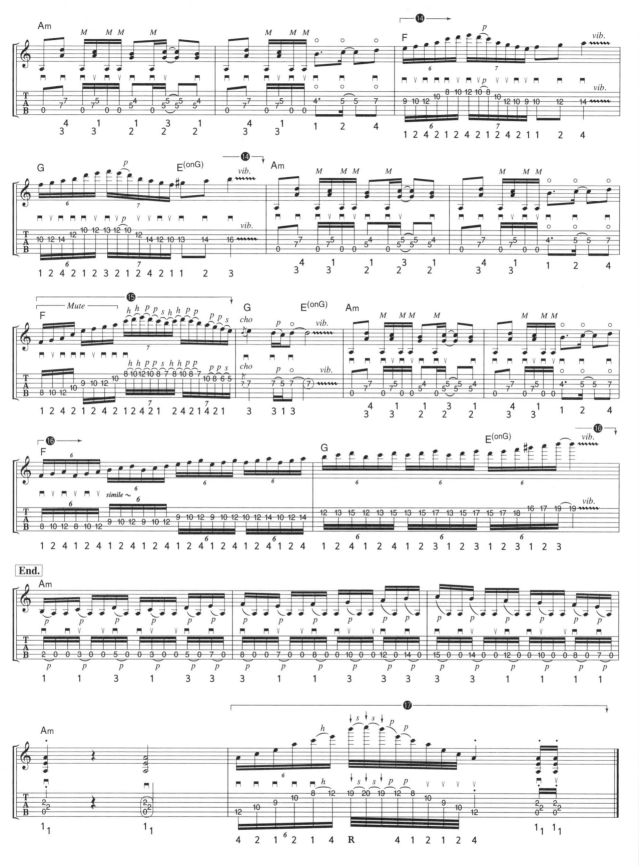

⓮ 3줄 스위프 피킹 프레이즈. 여섯잇단음+일곱잇단음 리듬에 주의하면서 확실하게 코드 톤을 연주하자.

⓯ 5줄 이코노미 피킹 프레이즈. 줄 이동이 많으므로 리듬이 흐트러지지 않도록 하자.

⓰ 고속 머신건 피킹 프레이즈. 뮤트의 강도에 주의하면서 뉘앙스를 확실하게 주자.

⓱ 5줄 스위프 피킹+태핑 프레이즈. 스위프 피킹 후의 태핑&슬라이드를 확실하게 하자.

101

지장보살이 사랑을 담아서

<지옥의 메커니컬 기타 트레이닝 (2) – 사랑과 열반의 테크닉 강화편>에서

•지금까지의 고행의 성과를 보여라!

목표 템포 ♩= 170 　　모범연주 TRACK 201 　반주 TRACK 202

LEVEL ★★★★★★★★★★

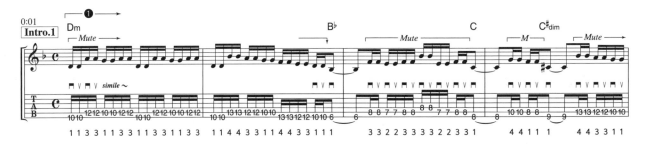

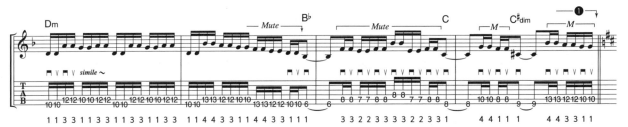

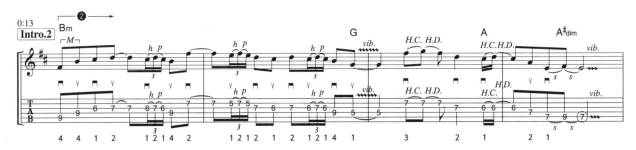

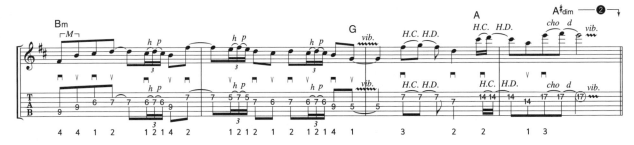

❶ 양식미 계열 고속 2줄 리프. 브릿지 뮤트를 확실하게 걸고 2음씩 얼터네이트로 연주하자!

❷ 메인 멜로디 프레이즈. 운지에 주의하면서 멜로디를 원활하게 연결시키자.

❸ 16분음 상승&하강 풀 피킹 프레이즈. 음의 입자를 고르게 유지시키면서 끝까지 단숨에 연주하라!

❹ 피킹 하모닉스&슬라이드 플레이. 오른손의 신속한 히트&어웨이로 하모닉스를 내자.

❺ 줄 이동을 동반한 레가토 플레이. 3손가락을 세트로 흐르듯이 연주하자. 줄 이동 때의 노이즈에도 주의하자!

❻ 스트레치를 하는 줄 뛰어넘기 프레이즈. 해머링&풀링에 주의하면서 정확하게 피킹하자!

❼ 업 피킹부터 시작하는 이코노미 프레이즈. 도중에 스트레치가 있으므로 핑거링에도 주의하자!

❽ 넌 피킹으로 하강하는 스위프 피킹 프레이즈. 프렛을 강하게 눌러서 확실하게 음을 내자!

⑨ 스티브 바이 스타일 스위프 피킹&레가토 플레이. 음이 끊어지거나 리듬이 흐트러지지 않도록 하자. 하강은 넌 피킹이다.

⑩ 폴 길버트 스타일 스키핑 프레이즈. 정확한 운지와 피킹으로 리드미컬하게 플레이하자.

⑪ 왼손 선행형 태핑 프레이즈. 왼손 운지와 뮤트 능력이 시험을 받는다. 오른손을 잘 사용해서 노이즈 대책을 세우자!

⑫ 2회 연속 태핑 플레이. 오른손을 신속하게 움직이는 것이 중요하다. 동시에 왼손의 포지션 이동에도 주의하자.

⑬ 잭 와일드 스타일 풀 피킹 프레이즈. 2&3번 줄을 1번 손가락 바레로 누르지 말자!

⑭ 애절한 기타 솔로. 초킹 피치와 뒷박자 리듬에 주의하면서 이모셔널하게 연주하자!

⑮ 초킹&태핑 플레이. 태핑 슬라이드에서는 오른손을 줄에서 떼지 않도록 하자!
⑯ 5줄 스위프 프레이즈. 도중에 들어가는 태핑 슬라이드에도 주의하자.
⑰ 연속 하강&다섯잇단음 프레이즈. 힘으로만 연주하지 말고 한 음 한 음을 확실하게 연주하자!

102

본 조교가 사랑을 담아서

<지옥의 메커니컬 기타 트레이닝 – 입대편>에서

・진정한 최종시련 연습곡. 영혼을 불태워 도전하라!

목표 템포 ♩= 160　　모범연주 TRACK 203　　반주 TRACK 204

LEVEL

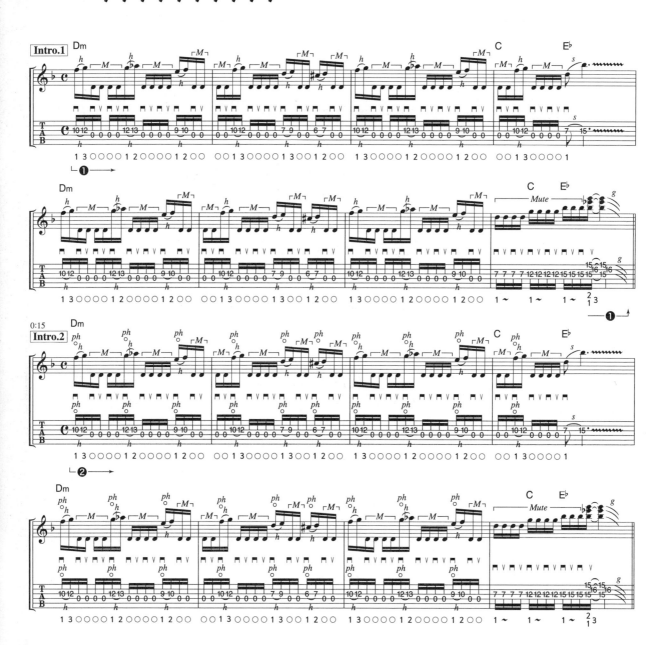

❶ 고속리프. 해머링과 개방현 뮤트를 확실하게 하자!
❷ 피킹 하모닉스를 더한다. 정확하게 연주하자!

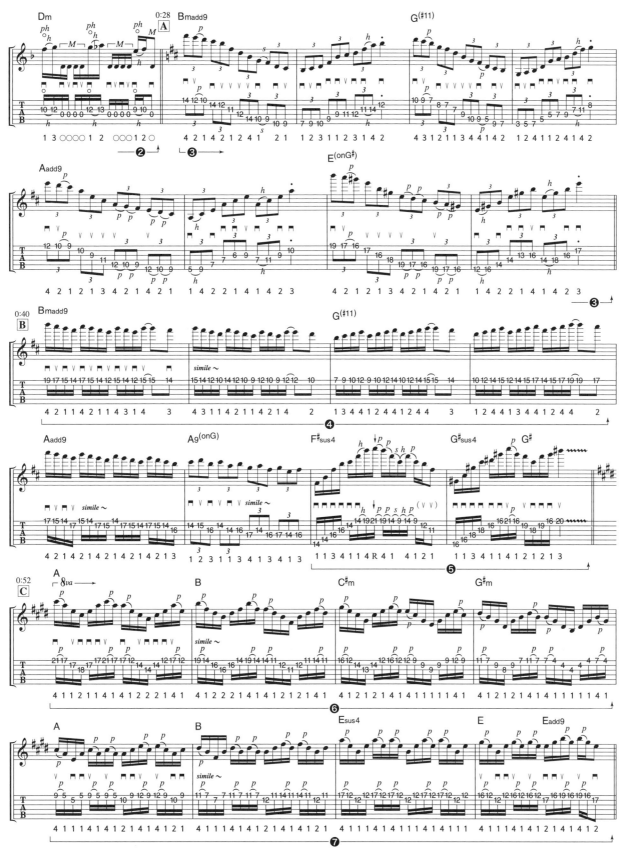

❸ 이동이 큰 스위프 프레이즈. 포지션을 확실하게 익히자.

❹ 1줄 프레이즈. 전반부에서는 1번 손가락, 후반부에서는 4번 손가락 포지션을 신속하게 이동시켜라!

❺ 6줄 스위프. sus4 코드를 사용한 독특한 포지션에 주의하자!

❻ 3줄 스위프. 트라이어드 포지션을 확실하게 파악하자.

❼ 업 피킹으로 시작하는 2줄 이코노미 프레이즈. 리드미컬하게 플레이하자!

⑧ 폴 길버트 스타일 얼터네이트 프레이즈. 고른 음량으로 연주하자.

⑨ 리드미컬한 스키핑 프레이즈. 9th음을 더한 포지션을 익히자!

⑩ 폴리리듬 스타일 리프. 8분음 5개가 하나로 묶이는 리듬을 이해하자!

⑪ 크로매틱 프레이즈. 도중에서 리듬이 어긋나지 않도록 주의하자.

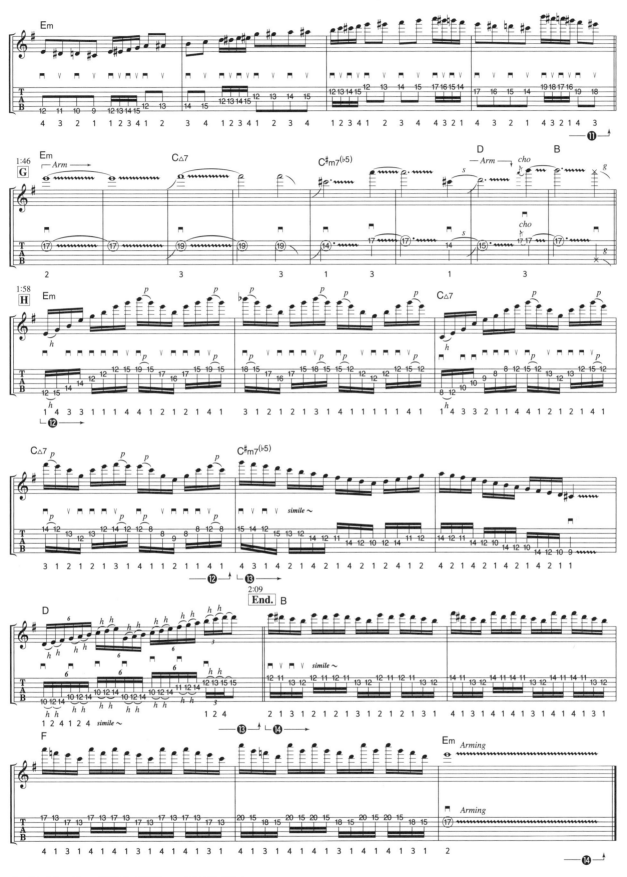

⑫ 6줄+3줄 스위프. 세밀하게 변화하는 포지션에 주의하자.

⑬ 얼터네이트에서 해머링으로 매끄럽게 전환하자.

⑭ 얼터네이트 프레이즈. 16분음표 6음+6음+4음 단위를 이해하고 연주하자!

103

자학에 사랑을 담아서

<지옥의 메커니컬 기타 트레이닝 – 스위트홈TV에서 경악의 DVD편>에서

·너의 모든 것을 걸고 도전하라!

목표 템포 ♩= 120　　　모범연주 TRACK 205　　반주 TRACK 206

LEVEL ⚔⚔⚔⚔⚔⚔⚔⚔⚔⚔

❶ 16분음 메커니컬 프레이즈. 인사이드와 아웃사이드 피킹이 교대로 나오므로 미스 터치에 주의하자!
❷ 여섯잇단음 태핑 프레이즈. 기계처럼 정확한 리듬을 유지하면서 연주하자.

❸ 리듬이 바뀌는 태핑 프레이즈. 여섯잇단음과 32분음을 정확하게 전환하자.

❹ 16분음 스키핑 프레이즈. 줄을 뛰어넘는 부분의 인사이드&아웃사이드 피킹에 주의하자.

❺ 풀 피킹과 레가토로 연주하는 여섯잇단음 프레이즈. 일정한 리듬과 음량으로 연주하자!

❻ 디미니쉬 프레이즈. 이동 포지션을 이해하고, 슬라이드로 매끄럽게 음을 연결시키자.

❼ 16분음→여섯잇단음의 리듬 체인지에서 리듬이 느리거나 빨라지지 않도록 하자.

❽ 초킹의 음정에 주의하면서 프레이즈가 노래하는 느낌으로 연주하자.

❾ 여섯잇단음 이코노미 피킹 프레이즈. 피킹을 일정하게 유지하면서 음을 깔끔하게 연결시키자.

❿ 고속 레가토 프레이즈. 32분음 리듬을 유지하면서 해머링&풀링, 슬라이드를 정확하게 하자.

⓫ 3줄 스위프 피킹 프레이즈. 도중에 쉼표가 있으므로 리듬이 너무 앞으로 튀어나가지 않도록 하자!

⑫ 여섯잇단음→16분음으로 리듬이 바뀐다. 해머링&풀링을 기점으로 리듬을 체인지하자!

⑬ 5줄 스위프 피킹 프레이즈. 상승 직후의 슬라이드는 4번&1번 손가락을 세트로 움직이자.

⑭ 여섯잇단음 머신건 피킹 프레이즈. 아웃사이드와 인사이드 피킹의 궤도 차이를 의식하면서 연주하자.

104

수행에 사랑을 담아서

<지옥의 메커니컬 기타 트레이닝 – 경악의 DVD로 제자 입문편>에서(한국 미발매)

• 이것이 마지막 시련이다. 전력을 다해라!

목표 템포 ♩= 170　　　모범연주 TRACK 207　　반주 TRACK 208

LEVEL

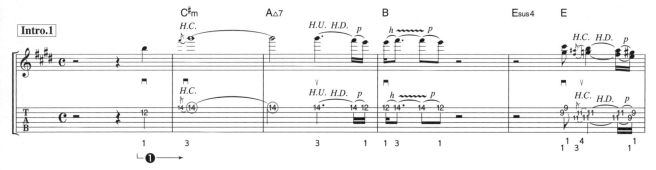

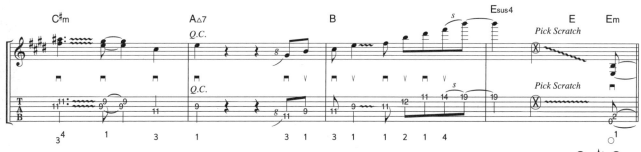

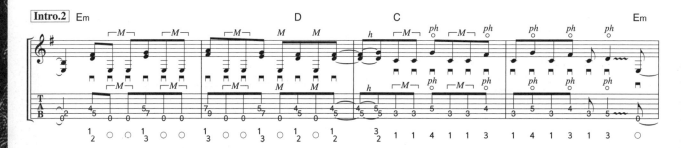

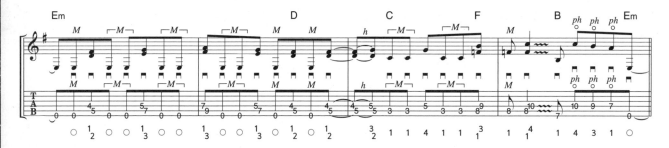

❶ 블루지한 멜로디 연주. 초킹, 비브라토, 쉼표 처리에 주의하자.
❷ 6번 줄 개방을 활용한 리프. 브릿지 뮤트의 온/오프와 피킹 하모닉스를 정확하게 하자.

❸ 16분음 레가토 프레이즈. 해머링과 풀링을 정확하게 연주해서 음을 매끄럽게 연결시키자.
❹ 16분음 스키핑 프레이즈. 줄 이동과 함께 오른손 얼터네이트 헛 스트로크에도 주의하자.
❺ 머신건 피킹 프레이즈. 16분음을 유지하면서 다이내믹하게 연주하자.
❻ 다섯잇단음 트릴 프레이즈. 정확하게 리듬을 타면서 해머링과 풀링을 하자.
❼ 16분음 시퀀스 프레이즈. 음을 3박자 반씩 나누어 생각하면 좋다.

⑧ 다섯잇단음 디미니시 프레이즈. 포지션 이동 때에 리듬이 너무 급하게 나가지 않도록 하자.

⑨ 셋잇단음을 메인으로 하는 스위프 프레이즈. 리듬을 정확하게 유지하는 것이 중요하다.

⑩ 16분음 3줄 스위프 프레이즈. 풀링이 들어가서 만들어지는 변칙 피킹에 주의하자.

⑪ 16분음 이코노미 프레이즈. 상승 후 되돌아 내려갈 때 주의하자.

⑫ 변박자 프레이즈. 박자를 정확히 카운트하면서 연주하는 것이 중요하다.

⑬ 애절한 프레이즈. 초킹 음정과 비브라토 주법에 세심한 주의를 기울이자.

⑭ 16분음을 메인으로 하는 레가토 프레이즈. 줄 이동 때의 왼손 4번 손가락 태핑을 정확하게 하자.

⑮ 이코노미 피킹의 시퀀스 프레이즈. 음형을 완벽하게 파악한 후에 연주하자.

⑯ 스위프는 16분음, 태핑은 여섯잇단음 또는 다섯잇단음을 정확하게 유지하면서 연주하자.

⑰ 옥타브 주법에 의한 커팅. 연주하지 않는 줄은 뮤트하고, 오른손을 크게 흔들어 연주하자.

105

20년의 사랑을 담아서

<스파르타 베스트편> 종합연습곡

•20년 동안의 지옥의 메커니컬 트레이닝을 정복하라!

목표 템포 ♩= 135

모범연주 TRACK 209   반주 TRACK 210

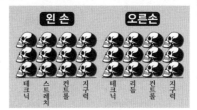

LEVEL ✦✦✦✦✦✦✦✦✦

❶ 2번 줄 개방현의 연속 풀링. 포지션을 정확하게 파악하고, 16분음 리듬을 유지시키자.

❷ 2음을 고속으로 해머링&풀링하는 트릴 플레이. 1박에 3회 정도의 트릴을 목표로 하자.

❸ 개방현에 대한 풀링이 2번 줄에서 1번 줄로 이동한다. 왼손 포지션 이동에 주의하면서 노이즈가 나지 않도록 하자.

❹ 포지션 이동을 정확히 파악하고 스타카토, 초크업과 함께 애절한 멜로디를 연출하자.

❺ 3줄 스위프 프레이즈. 16분음을 유지하면서 리드미컬하게 코드 톤을 연주하자.
❻ 여섯잇단음 고속 펜타토닉 피킹 프레이즈. 1줄에 3음의 펜타토닉을 손가락을 펼쳐서 정확히 누르자.
❼ 다섯잇단음 펜타토닉 프레이즈. 변칙적인 피킹에 주의하면서 다섯잇단음 리듬이 흐트러지지 않도록 하자.
❽ 반박자 셋잇단음, 여섯잇단음, 16분음을 포함한 레가토 프레이즈. 피킹과 레가토에서 리듬이 흐트러지지 않도록 하자.
❾ 치킨 피킹이 포함된 펜타토닉 프레이즈. 업 피킹 타이밍에서 2번 손가락 치킨 피킹을 넣으면 이해하기 쉽다.

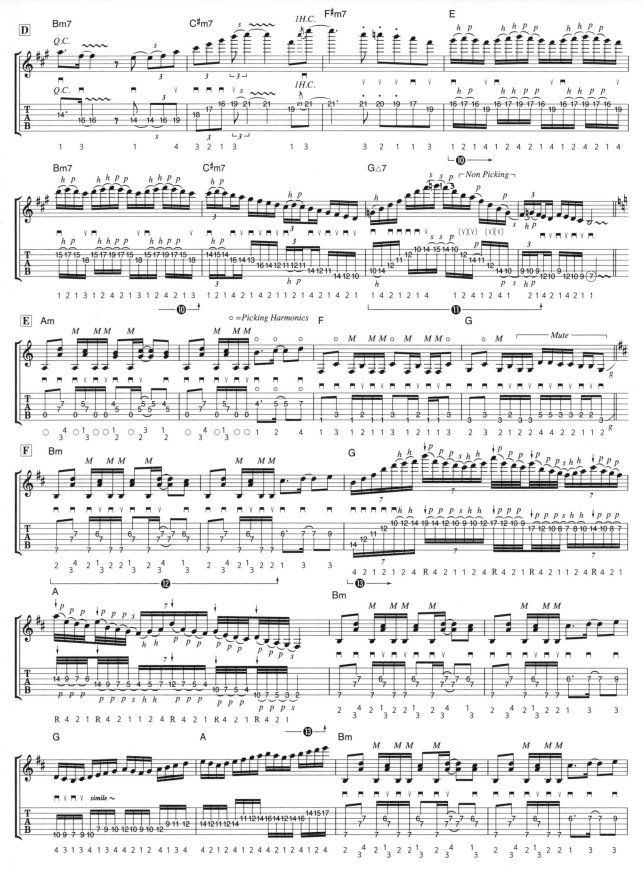

⑩ 16분음 레가토 프레이즈. 해머링과 풀링을 정확하게 연주해서 음을 매끄럽게 연결시키자.
⑪ 1번 줄에 슬라이드를 넣은 5번 줄 루트의 스위프 프레이즈. 넌 피킹 하강 프레이즈는 음을 확실하게 내야 한다.
⑫ 줄을 뛰어넘는 백킹 리프. 코드 부분과 루트의 브릿지 뮤트 온, 오프를 의식하면서 힘차게 연주하자.
⑬ 5번 줄 스위프+태핑&레가토 프레이즈. 리듬이 흐트러지지 않도록 하자.

⑭ 스위프에 의한 대이동 프레이즈. 셋잇단음 리듬에 주의하고 변칙적인 피킹은 외워서 연주하자.

⑮ 고속 여섯잇단음 상승 레가토 프레이즈. 포지션을 정확히 파악하고 리듬을 유지하면서 매끄럽게 음을 연결시키자.

⑯ 개방현을 넣은 리프. 16분음 리듬 유지와 얼터네이트 헛 피킹에 주의하면서 리드미컬하게 연주하자.

⑰ 6줄+3줄 스위프. 포지션이 순간이동한다. 16분음에서 여섯잇단음으로의 리듬 체인지를 멋지게 연주하자.

저자 프로필

코바야시 신이치
Shinichi Kobayashi

기타리스트, 작곡가, 편곡가. 1995년부터 프로 활동 시작. 헤비록 밴드 'R-ONE'에서의 활동을 통해 ESP와 SCHECTER 기타의 7현 기타 개발에 참여. 대히트를 기록한 <지옥의 메커니컬 트레이닝> 시리즈 저자들로 이루어진 슈퍼 밴드 '지옥 콰르텟'으로도 활동을 하고 있으며 지금까지 5장의 앨범을 발표했다. 솔로 앨범으로는 <넥타이 지옥>, <과학자의 진실> 등을 발표했다. 프로듀서로는 Aldious, Cyntia, SAKI, Re:No 등의 아티스트를 담당했으며, 게임음악을 제작하기도 했다. 2000년부터 2018년까지 음악학교 MI재팬 기타학과에서 특별강사를 했으며, 2018년에는 온라인 기타학교 DOJO를 개교했다. 2021년부터는 중국 본토에서 본격적으로 음악활동 시작. 2024년 기준으로 TikTok과 bilibili에서 2만 명 내외의 팔로어를 보유하고 있다.

https://linktr.ee/Shinichi_Kobayashi

● 새로운 종합연습곡 '20년의 사랑을 담아서'에 사용된 기자재

기타는 저자가 개발에 참여한 SCHECTER의 시그니처 모델 'AC-Y6 / SIG'. 앰프는 Positive Grid의 BIAS MINI GUITAR (현재 단종)를 사용했다. 기타 이펙터는 높은 품질과 가성비를 자랑하는 ZOOM의 멀티 스톰프, MS-50G+를 사용. 베이스 세션에는 이케다 코헤이를 초빙했으며, 드럼은 Addictive Drums 2의 음원이 사용되었다(드럼 프로그래밍은 이케다가 담당). DAW는 Digital Performer 11, 오디오 I/O는 MOTU의 M2가 사용되었다.

SCHECTER AC-Y6 / SIG

ZOOM MS-50G+ MultiStomp

지옥의 트레이닝을 마친 그대에게
~맺음말~

지옥 훈련을 20년 동안 해온 사람도, 이번에 처음 지옥 연습에 도전한 사람도, 여기까지 온 용사들이여, 축하한다. 여러분은 단순히 기타 테크닉을 단련한 것이 아니다. 여러 가지 난관을 극복하고 자신의 한계를 뛰어넘어 진정한 기타리스트의 길을 걷기 시작한 것이다. 하지만 이것으로 끝이 아니다. 여기서 만족한다면 진정한 초절정 기타리스트가 될 수 없다.

기타리스트로서 가장 중요한 것은 '지금까지 익힌 테크닉을 어떻게 활용해서 세상과 후세에 전할 것인가'에 대해서 고민하는 것이다. 밴드를 결성해서 라이브를 하는 것도 좋고, 오리지널 곡을 만들어 발표하는 것도 좋고, SNS에 동영상을 올려 널리 공유하는 것도 좋을 것이다. 중요한 것은 여러분의 음악을 제3자에게 들려주고, 그들의 피드백을 통해서 자기 자신을 더욱 단련시키는 것이다.

아마도 처음에는 혹평을 들을 수 있다. 하지만 그것이 바로 성장의 원동력이며 진짜 기타리스트가 되기 위한 시련이다. 기타라는 악기는 들어가면 들어갈수록 어렵다. 그렇기 때문에 항상 나아지려는 마음을 가지고 끊임없이 도전해야 한다. 지금, 지옥 트레이닝의 끝까지 왔다고 해서 안심해선 안 된다. 당장 첫 페이지로 돌아가서 지옥의 트레이닝을 다시 시작하기 바란다. 정점에 도달하기 위해서는 자신을 항상 단련시켜야 한다.

20년에 걸쳐 지옥 트레이닝을 해준 기타리스트 여러분들에게 사랑을 담아 감사를 드린다. 정말 감사합니다!

지금까지 저자의 집필을 도와주시고, 시리즈의 기획자이자 편집자인 스즈키 켄야 씨, 디자인을 담당한 이시자키 유타카 씨, 표지 일러스트를 그려주신 란 와카바 씨, 그리고 그 밖의 모든 스태프 여러분들에게도 이 자리를 빌어 깊은 감사를 드립니다. 감사합니다!

마지막으로, 앞으로는 지옥 신자인 여러분들이 쌓아올린 음악의 힘으로 세상에 그리고 후세에 기타 사운드를 전달하기 바란다. 여러분의 연주가 국경을 뛰어넘는 음악활동과 커뮤니케이션을 만들어내고, 지구의 평화를 유지하는 힘이 되길 기원한다. 이 작은 기타라는 악기가 가져다주는 큰 가능성을 믿고 앞으로도 음악의 길로 나아가길 바란다.

코바야시 신이치

Guitar
magazine

저옥의 메커니컬
기타 트레이닝

20주년 기념판! 스파르타 베스트편

발행일 | 2025년 3월 3일 초판 1쇄 발행

지은이 | 코바야시 신이치 Shinichi Kobayashi
펴낸이 | 하성훈
펴낸곳 | 서울음악출판사
주소 | 서울시 서초구 반포대로 22길 85 에덴빌딩 3층
인터넷 홈페이지 | www.srmusic.co.kr
등록번호 | 제2001-000299호 · **등록일자** | 2001년 4월 26일

Guitar Magazine Jigoku No Mechanical Training Phrase
20 Nen No Oiwai Compla Junshu No Sparta Best Ban
© 2024 Shinichi Kobayashi
All rights reserved.

Original edition published in Japanese by Rittor Music, Inc.

©서울음악출판사

값 26,666원
ISBN 979-11-6750-119-6